古典文獻研究輯刊

三五編

潘美月・杜潔祥 主編

第 12 冊

書蔡氏傳旁通

〔元〕陳師凱 撰

鍾雲瑞、賈啟豪 點校

國家圖書館出版品預行編目資料

書蔡氏傳旁通／〔元〕陳師凱 撰；鍾雲瑞、賈啟豪 點校 --
初版 -- 新北市：花木蘭文化事業有限公司，2022〔民 111〕
目 4+238 面；19×26 公分
（古典文獻研究輯刊 三五編；第 12 冊）
ISBN 978-626-344-114-9（精裝）
1.CST：書經 2.CST：研究考訂
011.08   111010304

ISBN-978-626-344-114-9

9 786263 441149

古典文獻研究輯刊
三五編　第十二冊　　　　　　ISBN：978-626-344-114-9

書蔡氏傳旁通

作　　　者　〔元〕陳師凱
點　　　校　鍾雲瑞、賈啟豪
主　　　編　潘美月、杜潔祥
總 編 輯　杜潔祥
副總編輯　楊嘉樂
編輯主任　許郁翎
編　　　輯　張雅淋、潘玟靜、劉子瑄　美術編輯　陳逸婷
出　　　版　花木蘭文化事業有限公司
發 行 人　高小娟
聯絡地址　235 新北市中和區中安街七二號十三樓
　　　　　　電話：02-2923-1455／傳真：02-2923-1452
網　　　址　http://www.huamulan.tw 信箱 service@huamulans.com
印　　　刷　普羅文化出版廣告事業
初　　　版　2022 年 9 月
定　　　價　三五編 39 冊（精裝）新台幣 98,000 元　　版權所有・請勿翻印

書蔡氏傳旁通

〔元〕陳師凱 撰
鍾雲瑞、賈啟豪 點校

點校者簡介

　　鍾雲瑞，男，1990 年生，山東壽光人。山東大學儒學高等研究院中國古典文獻學博士，師從許嘉璐先生、杜澤遜教授。現為山東理工大學文學與新聞傳播學院副教授，主要研究方向為《尚書》學。目前主持國家社科基金後期資助項目、教育部人文社科青年基金項目各一項，發表學術論文十餘篇。

　　賈啟豪，女，1997 年生，山西沁縣人。曲阜師範大學孔子文化研究院碩士研究生，主要研究方向為儒學文獻。

提　　要

　　《書蔡氏傳旁通》是元代陳師凱研究《尚書》的重要著作。該書以疏證蔡沈《書集傳》為主，本著「疏不破注」的原則，於名物度數蔡《傳》所稱引而未詳者，一一博引繁稱，析其端委。此書旨在發揮蔡《傳》，是一部補充蔡《傳》不足的有用之作，可視為《書集傳》的疏義補商之作。陳師凱在對《書集傳》訓詁名物及訂補時，多能發揮己解，由此可見陳氏的經學思想與訓詁學造詣。

　　關於《書蔡氏傳旁通》的版本，目前主要有五個，即日本內閣文庫藏元至正五年余氏勤有堂刻本、日本國立公文書館藏日本正保四年京都林甚右衛門翻刻元至正五年余氏勤有堂本、清康熙年間刻通志堂經解本、清文淵閣四庫全書本、中國國家圖書館藏清鈔本。本次整理以通志堂經解本為底本，通校諸本。通過校勘發現，通志堂經解本與文淵閣四庫本當是同一版本系統，日本正保四年本雖翻刻余氏勤有堂本，但多有文字改動，而清鈔本當係照錄余氏勤有堂本。

山東省高等學校人文社科研究項目
「清代《御纂七經》研究」（J18RA221）

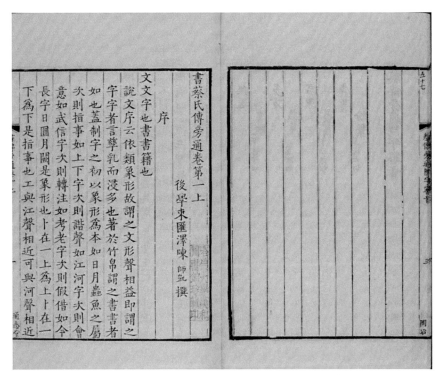

哈佛大學漢和圖書館藏清康熙間刻通志堂經解本《書蔡氏傳旁通》

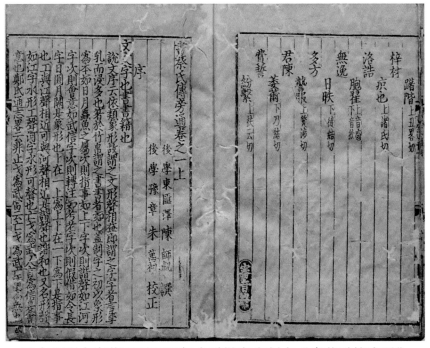

日本內閣文庫藏元至正五年余氏勤有堂刻本《書蔡氏傳旁通》

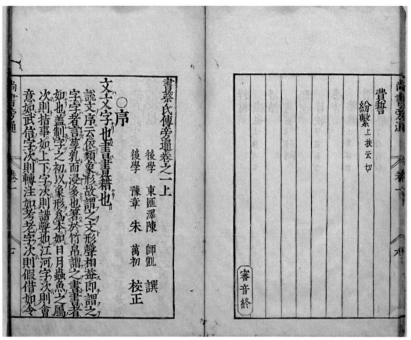

日本國立公文書館藏日本正保四年京都林甚右衛門翻刻
元至正余氏勤有堂本《書蔡氏傳旁通》

中國國家圖書館藏清鈔本《書蔡氏傳旁通》

欽定四庫全書

書蔡氏傳旁通卷一上　　元　陳師凱　撰

　　序

文文字也書書籍也

說文序云依類象形故謂之文形聲相益即謂之

字字者言孳乳而浸多也著於竹帛謂之書書者

如也蓋制字之初以象形為本如日月蟲魚之屬

次則指事如上下字次則諧聲如江河字次則會

清文淵閣四庫全書本《書蔡氏傳旁通》

目次

點校說明

　　元代是程朱理學盛行天下的時代，這一時期的《尚書》學承襲南宋學術餘緒而繼續向前發展。科舉考試定於公令，「經義一道，各治一經，《詩》以朱氏為主，《尚書》以蔡氏為主，《周易》以程氏、朱氏為主」，於是士大夫奉命唯謹，相率傳習程朱理學。元代學術囿於宋學領域之內，繼承因襲多於獨創新見，但元代《尚書》學是《尚書》學史上一個獨特的階段，在注疏疑辨方面起到上承宋學、下啟明清的重要作用。

　　陳師凱，字叔才，江西都昌人，生卒年月及事蹟皆不可得詳。嘗隱居廬山不仕，名其地曰東匯澤。其祖父陳大猷為朱熹三傳弟子，其父陳澔博學尚古，為元代大儒，而陳師凱本人專究理學，易象、樂律皆有著述，曾為《靈棋經》作疏，並撰著《書蔡氏傳旁通》行於世。祖孫三代皆以著述有功聖教，是名副其實的文化世家。

　　《書蔡氏傳旁通》是陳師凱研究《尚書》的重要著作。該書目的在於疏證蔡沈《書集傳》，本著「疏不破注」的原則，於名物度數蔡《傳》所稱引而未詳者，一一博引繁稱，析其端委。此書旨在發揮蔡《傳》，是一部補充蔡《傳》不足的有用之作，故此書有功於蔡《傳》。陳師凱在對《書集傳》訓詁名物及訂補時，多能發揮自己的觀點與見解，由此可見陳氏的經學思想與訓詁學造詣。

　　關於《書蔡氏傳旁通》的版本，目前主要有五個，即日本內閣文庫藏元至正五年余氏勤有堂刻本（簡稱「余氏勤有堂本」），日本國立公文書館藏日本正保四年京都林甚右衛門翻刻元至正五年余氏勤有堂本（簡稱「日本正保四年本」），清康熙年間刻通志堂經解本（簡稱「通志堂經解本」），清文淵閣

四庫全書本（簡稱「文淵閣四庫本」），中國國家圖書館藏清鈔本（簡稱「清鈔本」）。本次整理以通志堂經解本為底本，通校諸本。通過校勘發現，通志堂經解本與文淵閣四庫本當是同一版本系統，日本正保四年本雖翻刻余氏勤有堂本，但多有文字改動。余氏勤有堂本末尾有牌記「至正乙酉歲四月余氏勤有堂印行」，清鈔本與之同，且行款文字一致，故推測清鈔本當係照錄余氏勤有堂本。限於學識，書中難免有校勘不精、句讀錯訛之處，還請專家學者批評指正。

鍾雲瑞　賈啟豪

二○二二年春於曲阜師範大學

清文淵閣四庫全書本提要

　　臣等謹案：《書蔡傳旁通》六卷，元陳師凱撰。師凱家彭蠡，故自題曰「東匯澤」。其始末則不可得詳。此書成於至治辛酉。以鄱陽董鼎《尚書輯錄纂注》本以羽翼蔡《傳》，然多採先儒問答，斷以己意。大抵辯論義理，而於天文、地理、律曆、禮樂、兵刑、龜策、河圖、洛書、道德、性命、官職、封建之屬皆在所略。遇《傳》文片言之賾，隻字之隱，讀者不免囁嚅齟齬。因作是編，於名物度數蔡《傳》所稱引而未詳者，一一博引繁稱，析其端委。其蔡《傳》歧誤之處，則不復糾正。蓋如孔穎達諸經《正義》主於發揮注文，不主於攻駁注文也。然不能以迴護注文之故廢孔氏之《疏》，則亦不能以迴護蔡《傳》之故廢師凱之書矣。知其有所遷就而節取所長可也。乾隆三十九年九月恭校上。

　　總纂官臣紀昀、臣陸錫熊、臣孫士毅

　　總校官臣陸費墀

書蔡傳旁通序

天道無心而成化，聖人有心而無為。夫惟其有心也，故無為而無不為。惟其無為而無不為，故動而世為天下道，行而世為天下法，言而世為天下則，此二帝三王之所以不能不有《書》也。《書》既有矣，凡一動一行一言，雖千萬世而一日矣。然《書》出於千萬世之前，而《書》讀於千萬世之後，則其一動一行一言，又烏得而備知之？此朱、蔡師弟子之所以不能不有《傳》也。《傳》既成矣，後之讀者將不能究朱子之所傳，不能領蔡氏之所受，又不能如其行輩之所講明，則雖有《傳》，猶未能備知也。此鄱陽董氏之所以有《輯錄纂注》也。然其輯錄，特答問之多端；纂注，又專門之獨見。初學於此，苟本傳尚未曉析，而乃遊目廣覽，則茫無畔岸，吾誰適從？是董氏所纂，乃通本傳以後之事，殆未可由此以通本傳也，此《旁通》之所以贅出也。嗟夫！《書》之有《傳》，如堂之階，如室之戶，未有不由此而可以造其地也。然《傳》文之中，片言之噴，隻字之隱，呻其佔畢之際，囁嚅而齟齬者，不為無矣。況有所謂天文、地理、律曆、禮樂、兵刑、龜策、河圖、洛書、道德、性命、官職、封建之屬，未可以一言盡也。是以《旁通》之筆，不厭瑣碎，專務釋《傳》，固不能效《正義》之具舉，但值片言隻字之所當尋繹，所當考訓者，必旁搜而備錄之，期至於通而後止。俾初學之士對本傳於前，置《旁通》於側，或有所未了者，即轉矚而取之左右，庶幾微疑易釋，大義易暢，乘迎刃之勢，求指掌之歸。吾見其有融會貫通之期，無囁嚅齟齬之患矣。其言道德、性命之際，文理已明者，略為衍說；或於名物、度數之末，無乃太簡者，則詳究所出，以致弗明弗措之意焉。由是以了本傳，次及《輯錄纂注》，則先入者定而中不搖，權度在我而外不惑，近可以得諸儒之本旨，遠可以會朱、蔡之授受。若夫二

帝三王之所以為天下道，為天下法，為天下則者，則又存乎其人而已。雖然，愚之所以云云而不避晉越者，〔註1〕非敢為通人道也，為初學小子費師說者設也。以謏聞而陳之通人之前，寧不詒玉卮無當之誚乎？姑藏之以俟知者。時至治元年，歲次辛酉四月六日，後學東匯澤陳師凱序。

〔註1〕「晉」，清鈔本作「僭」。

蔡傳旁通引用書目

徐鉉校定說文
陸德明經典釋文
九經古注
九經注疏
隸古尚書
春秋公羊傳
春秋穀梁傳
儀禮經傳通解
楊信齋祭禮通解
朱子書說
朱子語類
朱子大全集
朱子四書
朱子周易本義
朱子易學啟蒙
朱子詩傳
程子易傳
董氏書傳輯纂
程氏禹貢圖
長安禹跡圖
石刻尚書圖

陸淳春秋纂例

啟蒙附錄

王太古見易

嚴氏詩緝

呂氏詩記

俞氏周禮復古編

史記

前漢書

後漢書

三國志

晉書

南史

北史

隋書

舊唐書

新唐書

五代史

宋紀事本末

金志

遼志

史記索隱

史記正義

杜氏通典

鄭夾漈通志略

國語韋氏解

國策鮑氏解

稽古錄

蘇子古史

通鑑

皇極經世書

郭忠恕佩觿

衛宏古文奇字序

爾雅

爾雅疏

博雅

楚辭注

劉向說苑

蔡氏律呂本原

蔡氏洪範內篇

東坡地理指掌圖

李善文選注

文苑英華

文鑒

曾南豐文集

衛宏漢官舊儀

李埴續補漢官儀

三輔黃圖

周子易通

管子

列子

莊子

荀卿子

楊子法言

韻會

玉篇

唐韻

樂史寰宇記

輿地志

輿地要覽

崔豹古今注

程氏敍論

薛氏古文

西山讀書記
洪範五行傳
周書王會篇
諡法解
本草

蔡傳旁通卷目

蔡傳本六卷，今分為十一卷。

蔡傳旁通隱字審音

堯典

丌上　上居之切。

婬直　上胡冷切。

舜典

周髀　下傍米切。

相近　一音攘祈，又音祖迎。

幽宗　宗音祭，雩宗同。

祝號　上之秀切。

空圍　上音孔。

搏埴　上音團，下音石。

攦工　上力結切。

大禹謨

九韶　上音大。

洚洞　上胡貢切。

益稷

乘輴　下音春。

乘樏　下力追切。

作橇　下音蕝。

作毳　下昌芮切。

作橋　下丘遙切。

作槒　下九玉切。

虎螷　下音誅，又以季切。

黹紩　上張里切，下音姪。

鷩冕　上必列切。

甄櫟　上音真。

頌鐘　上音容。

箾韶　上音簫。

蠃者　上力果切。

禹貢

沾縣　上丁念切。

赤緹　下音低。

渴澤　上音竭。

潡水　上音彄。

遼濡　下乃官切。

作沛　下子禮切。

滳河　上音商。

汲水　上音汴。

狙獾　下音歡。

潐水　上音楚。

有潄　下苦郭切。

沂沭　下食聿切。

胊山　上音劬。

埏埴　上始然切。

禫纖　上徒感切。

楩梓　上皮連切。

下雋　下字兗切。

波溠　下側駕切。

冤句　下音劬。

湔氐　上子千切。

西徼　下吉弔切。

沫水　上音妹，又音末。

魚復　　下音腹。

佷山　　上音衡。

毳罽　　下音計。

斜川　　上音邪。

吐谷　　下音欲。

馮翊　　上音憑。

休屠　　下音除。

燉煌　　上徒門切。

濩澤　　上烏國切。

崈高　　上音崇。

傅易　　上音敷，下音陽。

犍為　　上音乾。

瀾洿　　洿當作諾，讀如字。

滇池　　上音顛。

滇雟　　下先蘂切。

砱礫　　上音零，下音力。

汉水　　上初化切。

酌突　　上北角切

蔡放　　上素達切。

甘誓

觀扈　　上音館。

姺邳　　上西典切。

以萪　　下音鄒。

盤庚

作岇　　下音由。

說命

諒闇　　上音梁，下音菴。

武成

甲胖　　下音釁。

旅獒

蹐階　　上丑略切。

梓材

疢也　上諸氏切。

洛誥

胞翟　上音庖，下音狄。

無逸

日昳　下徒結切。

多方

讋服　上質涉切。

君陳

萎薾　下乃結切。

費誓

紛繫　上扶云切。

書蔡氏傳旁通卷第一上

序

文，文字也。書，書籍也。

《說文序》云：「依類象形，故謂之文。形聲相益，即謂之字。字者，言孳乳而浸多也。著於竹帛謂之書。書者，如也。」蓋制字之初，以象形為本，如「日」「月」「蟲」「魚」之屬；次則指事，如「上」「下」字；次則諧聲，如「江」「河」字；次則會意，如「武」「信」字；次則轉注，如「考」「老」字；次則假借，如「令」「長」字。日圓、月闕，是象形也。「卜」在「一」上為「上」，「卜」在「一」下為「下」，是指事也。「工」與「江」聲相近，「可」與「河」聲相近，是諧聲也。諧，和也。又名形聲，如江字，水形工聲；河字，水形可聲也。亡戈為「武」，人言為「信」，是會意也。鄭氏《通志略》云：「非止戈為武，當云亡戈為武。亡讀為無也。」考字足左回，老字足右轉，是轉注也。「使令」之「令」，借音「令尹」之「令」；「長短」之「長」，借音「長幼」之「長」，是假借也。此文字第一門，故詳言之。

揆，度也。

度，入聲。《孟子集注》云：「其揆一者，言度之而其道無不同也。」

伏羲以木德王，神農以火德王，黃帝以土德王，少昊以金德王，顓頊以水德王，高辛以木德王，唐堯以火德王，虞舜以土德王，夏禹以金德王，商湯以水德王，周文、武以木德王。

此皆據《釋文》。愚案：[註1]終始五德之傳，起戰國鄒衍之說。其合於

〔註1〕「案」，余氏勤有堂本、日本正保四年本、清鈔本作「按」。下同，不出校。

經者，《月令》五人帝，春帝，太皥，〔註2〕即伏羲也；夏帝，炎帝，即神農也；中央，黃帝，即軒轅也；秋帝，少皥，即少昊也；冬帝，顓頊，即高陽也。此其說之合者也。其不合於經者，夏后氏尚黑，非金德也；殷人尚白，非水德也；周人尚赤，非木德也。此其不合者也。

顏師古曰：「《家語》云：『孔騰，字子襄。』」

此據《前漢·藝文志》注文也。陸氏《釋文·序錄》云：「秦禁學，孔子之末孫惠壁藏之。」而《釋文》注又與師古說同，故蔡氏亦據之。

掌故晁錯。

掌故，官名。錯，初捕反。〔註3〕

齊人語，多與潁川異。

伏生齊人，晁錯潁川人。

科斗，蟲名，蝦蟇子，書形似之。

即三代時字，起於黃帝之史倉頡，歷代修改，至周宣王時，太史籀又加損益，為大篆十五篇，與古文並行。孔子書六經時，以黑漆寫之於竹簡，漆書點畫稠濃，形類蝦蟇子。秦時獄吏程邈作隸書，即今常行楷字。李斯作小篆，即今玉箸篆。時人以隸書便於徒隸，書寫簡易，皆競習之。故三代古文棄而不習，至漢時無能識者，乃妄稱為科斗書，在三代時無科斗之號也。幸伏生口傳於前，孔壁發藏於後，安國得以考論文義，遂使三代古文得傳於今日，此萬世之功也。

為隸古定，謂用隸書以易古文。

孔氏《疏》云：「言隸古者，正謂就古文體而從隸定之。」《釋文·序錄》云：「《古文尚書》皆科斗文字，孔安國以校伏生所誦，為隸古寫之。」愚案：隸古《尚書》，宋時郴學有板，其字蓋用隸書筆法，寫古文點畫平正，無詰屈蟠糾之勢。若今《廣韻》《玉篇》內所載古字，非用隸書，換易古文也。「易」字當是「寫」字之誤。又案：郭忠恕《佩觿》云：「《尚書》，宋、齊舊本，隸寫古文。」

焚書在三十四年。

《疏》云：「始皇三十四年，因置酒咸陽宮，丞相李斯奏請，天下敢有藏

〔註2〕「太」，清鈔本作「大」。下同，不出校。

〔註3〕「掌故官名錯初捕反」，余氏勤有堂本、日本正保四年本、清鈔本作「掌故初捕官名」。

《詩》、《書》、百家語者，悉詣守、尉雜燒之。〔註4〕有敢偶語《詩》《書》者，棄市。令下三十日不燒，黥為城旦。」

坑儒在三十五年。

《疏》云：「三十五年，始皇以方士盧生求仙藥不得，以為誹謗，諸生連相告引，四百六十餘人，皆坑之咸陽。」又衛宏《古文奇字序》云：「秦改古文，以為篆隸，國人多誹謗。秦患天下不從，而召諸生，至者皆拜為郎，凡七百人。又密令冬月種瓜於驪山硎谷之中溫處，瓜實，乃使人上書曰：『瓜冬有實。』有詔天下博士諸生說之，人人各異，則皆使往視之，而為伏機。諸生方相論難，因發機，從上填之以土，皆終命也。」

詳此章雖說「《書序》序所以作者之意」，而未嘗以為孔子所作。至劉歆、班固，始以為孔子所作。

《漢書‧藝文志》云：「《書》之所起遠矣，至孔子篹焉，孟康曰：「篹音撰。」上斷於堯，下訖於秦，凡百篇，而為之序，言其作意。」《志》乃班固所刪劉歆《七略》中語也。又案：《古周書》七十篇，孔子所刪去者，而今每篇亦皆有序冠其篇首，則知百篇小序決非孔子所作矣。

江充造巫蠱，敗戾太子。

《疏》云：「蠱者，怪惑之名，指體，則毒藥害人者是。若行符厭俗之為魅，令人蠱惑，夭年傷性，皆是也。以蠱皆巫之所為，故曰巫蠱。武帝末年，淫惑鬼神，由此奸人江充因而行詐，先於太子宮埋桐人，告上云：『太子宮有蠱氣。』上信之，使江充治之，於太子宮果得桐人。太子知己不為此，以江充故為陷己，因而殺之。而帝不知太子實心，謂江充言為實，即詔丞相劉屈氂發三輔兵討之，太子赦長安囚與鬬，不勝而出走，奔湖關自殺。」

古文。

安國壁中《書》也。

今文。

伏生口傳《書》也。

裁二十餘篇，陸氏曰：「即馬、鄭所注二十九篇是也。」本二十八篇，後加偽《泰誓》一篇。

《堯典》《舜典》合。《皋陶謨》《益稷》合。《禹貢》《甘誓》《湯誓》《盤庚》

〔註4〕「雜」，余氏勤有堂本、日本正保四年本、清鈔本作「親」。

三篇合。《高宗肜日》《西伯戡黎》《微子》《牧誓》《洪範》《金縢》《大誥》《康誥》《酒誥》《梓材》《召誥》《洛誥》《多方》《多士》《立政》《無逸》《君奭》《顧命》《康王之誥》合。《呂刑》《文侯之命》《費誓》《秦誓》。已上是伏生口傳二十八篇，今開所合者，共三十三篇。蔡《傳》後云「古文、今文皆有」者，此是也。

增多伏生二十五篇。

《大禹謨》《五子之歌》《胤征》《仲虺之誥》《湯誥》《伊訓》《太甲》三篇、《咸有一德》《說命》三篇、《泰誓》三篇、《武成》〔註5〕《旅獒》《微子之命》《蔡仲之命》《周官》《君陳》《畢命》《君牙》《冏命》。已上是壁中《書》多於伏生者也。蔡《傳》後云「今文無，古文有」者，此篇是也。凡今文所有，古文亦有之，故止稱「今文無，古文有」，不稱「今文有，古文無」也。

復出此篇並序。

《舜典》《益稷》《盤庚》中下二篇、《康王之誥》，此五篇，伏生所合，安國析出之，通前伏生二十八篇，安國增多二十五篇，及此析出五篇，並小序一篇，共五十九篇。除開小序，冠篇首，正五十八篇也。又案：隸古《尚書》自《堯典》稱第一，至《秦誓》第五十八，中間《禹貢》《湯誓》《泰誓》不更稱第一也。

古文讀應爾雅，故解古今語而可知也。

案：《藝文志》「故」字上更有一「雅」字，讀連下句。顏師古於《詩經》《魯故》下注云：「故者，通其指義也，它皆類此。今流俗《毛詩》改『故訓傳』為『詁』字，失真耳。」又案：《爾雅》有《釋詁》篇，如顏說，則「雅故」者，即《爾雅·釋詁》也。讀《書》者依「雅故」解古今語，則義可通矣。「故」字上當補「雅」字。

《晉書》又云：「鄭沖以古文授蘇愉，愉授梁柳，柳之內兄皇甫謐又從柳得之，而柳又以授臧曹，曹始授梅頤，頤乃於前晉奏上其書，而施行焉。」

據孔穎達敘此歷歷，今本《晉書》無之，恐太宗未修以前舊史所載也。《隋書·經籍志》云：「伏生口傳二十八篇，又河內女子得《泰誓》一篇，獻之。武帝時，魯恭王壞孔子舊宅，得其末孫惠所藏之書，字皆古文。孔安國以

〔註5〕「成」，文淵閣四庫本作「城」。

今文校之，得二十五篇。其《泰誓》與河內女子所獻不同。又伏生所誦，有五篇相合。安國並依古文，開其篇第，以隸古字寫之，合成五十八篇，作傳。會巫蠱事起，不得奏上，私傳其業於都尉朝，朝授膠東庸生，謂之《尚書》古文之學，而未得立。後漢扶風杜林傳《古文尚書》，同郡賈逵為之作訓，馬融作傳，鄭玄亦為之注。然其所傳，唯二十九篇，又雜以今文，非孔舊本。自餘絕無師說。晉書秘府所存，〔註6〕有《古文尚書》經文，今無有傳者。及永嘉之亂，歐陽、大、小夏侯《尚書》並亡。濟南伏生之傳，唯劉向父子所著《五行傳》是其本法，而又多乖戾。至東晉元帝時，豫章內史汝南梅賾，字仲真，始得安國之傳，奏之，時又闕《舜典》一篇。齊建武中，吳興姚方興於大桁市得其書，〔註7〕奏上，比馬、鄭所注多二十八字，於是始列國學。」又云：「《古文尚書·舜典》一卷，晉豫章太守范甯注。」《釋文·序錄》云：「齊明帝建武中，吳興姚方興採馬、王之注，造孔傳《舜典》一篇，云於大桁頭買得，上之。」郭忠恕《佩觿》云：「吳興大舺，戶剛反，船舶之類。」又《通鑒》：「劉裕梟桓玄首於大桁。」桁與舺、航同。〔註8〕船與市，未詳孰是。

　　張霸所偽作。

　　《釋文·序錄》云：「百兩篇者，東萊張霸分析二十九篇，以為數十。又採《左傳》《書序》，為作首尾，凡百二篇。篇或數簡，文意淺陋。成帝時，劉向校之，非是，後遂黜其書。」

堯典

　　《說文》：「典，從冊在丌上，尊閣之也。」

　　本注云：「典，五帝之書也。從冊在丌上，尊閣之也。」丌，居之切，下基也。愚案：「典」字於六書屬形兼意。《疏》云：「策長二尺二寸，簡長一尺二寸。」《漢書·藝文志》云：「率簡二十五字者，脫亦二十五字；簡二十二字者，〔註9〕脫亦二十二字。」愚觀《書》中脫簡錯簡，多不過三十字，則古書凡千萬言者，簡編甚繁，不可無架閣之所也。

　　曰、粵、越通，古文作「粵」。

　　此即安國隸古文。

〔註6〕「晉書」，據《隋書·經籍志》當作「晉世」。
〔註7〕「吳興姚方興」，余氏勤有堂本、日本正保四年本、清鈔本作「吳姚興方」。
〔註8〕余氏勤有堂本、日本正保四年本、清鈔本無「同」字。
〔註9〕日本正保四年本無「者」字。

九族，高祖至玄孫之親。

此本安國及馬氏、鄭氏說。高祖一、曾祖二、祖三、父四、己五、子六、孫七、曾孫八、玄孫九。

舉近以該遠，五服、異姓之親亦在其中也。

此是包歐陽、夏侯及林氏說：父族有四，父本族一，姑夫二，姊妹夫三，女夫四；母族有三，母父族一，母母族二，姨母家三；妻族有二，妻父族一，妻母族二。

二十八宿眾星為經，金木水火土五星為緯。

經，不動者也。緯，往來行動者也。案：《通志略》載：「殷巫咸、齊甘德、魏石申，三家經星，都三百座，一千四百六十五星，內二十八宿，計一百六十六星。」

辰，以日月所會，分周天之度為十二次也。

《晉·天文志》云：「自軫十二至氐四為壽星，於辰在辰。自氐五至尾九為大火，於辰在卯。自尾十至斗十一為析木，於辰在寅。自斗十二至女七為星紀，於辰在丑。自女八至危十五為玄枵，於辰在子。自危十六至奎四為諏訾，於辰在亥。自奎五至胃六為降婁，於辰在戌。自胃七至畢十一為大梁，於辰在酉。自畢十二至井十五為實沈，於辰在申。自井十六至柳八為鶉首，於辰在未。自柳九至張十六為鶉火，於辰在午。自張十七至軫十一為鶉尾，於辰在巳。」凡二十八宿度數，闊狹多少，隨時推步，故歷代移易不同，今但據《晉史》以見其概耳。其日月所會，則每年立春後十六日有餘，而日躔諏訾之次，其正月合朔，則在玄枵矣。

春分之旦，朝方出之日，而識其初出之景。

春分之日，初出之景，於地則在卯方之中，於日則在卯時之中。蓋春分已前，則冬至日出辰，漸漸南來，〔註10〕未及乎卯中也。春分已後，漸漸北去，至夏至，而日出寅，又過乎卯中也。直至秋分，則又自北而來，至於卯中。秋分以後，又自卯中南行而至於辰，為冬至。故春分、秋分，日皆出卯，晝夜皆五十刻，而氣候亦得寒溫之中也。

星鳥，南方朱鳥七宿，唐一行推以鶉火為春分昏之中星也。

朱鳥七宿，井、鬼、柳、星、張、翼、軫也。一行，玄宗時僧。《舊唐書》

〔註10〕「南」，余氏勤有堂本、日本正保四年本作「而」。

云：「姓張，名遂，魏州人，公謹之孫，出家為僧於嵩山。一云改名敬賢。推《周易》大衍之數，撰《開元大衍曆》。」中星者，所以正四時日行之所在。昏中則夕見於地之正南方，旦中則晨見於地之正南方。《月令》記昏、旦二中，《堯典》止記昏中。古者玉衡之器，以玉為管，橫設之，以二端對南北。自南面北望之，則北極正對管之北端；自北面南望之，則昏時某星，正直管之南端。在南上正午之地，故謂之中星。其北極一處，則凝然不動，常對管端。其南上中星，則逐時移動，每夜定挨過一度。蓋太陽所在，星輝隱沒，本不知其行在甚度，惟從中星推之。中星挨至某宿第幾度，則黃道日軌亦退至西上日入處某宿第幾度。晝考諸日影，夜考諸中星，則七政之運皆可推，而曆日不差矣。鶉火，午上柳、星、張三宿也。自驚蟄至清明，則此三宿逐次為中星。當春分之夕，則星宿為中星也。然此只是就《堯典》論之，後世如《月令》《史》《漢》《晉》《隋》《唐》《宋》諸書所載中星皆不同，有二十四氣中星，又有五更中星，蓋後世曆法漸密，推步愈精，不如古曆之簡易也。

《史記索隱》作「南為」，謂所當為之事也。

《索隱》云：「譌依字讀。春言東作，夏言南譌，皆是耕作營為，勸農之事。」《史記正義》云：「譌，於偽反。」據此，《索隱》仍依《史記》作「譌」，但闕孔本作「訛」耳。

敬致，《周禮》所謂「冬夏致日」，蓋以夏至之日中祠日而識其景，如所謂「日至之景，尺有五寸，謂之地中」者也。

案：《周禮》言「致日」者五處。《春官·馮相氏》云：「冬夏致日，春秋致月，以辨四時之敘。」《注》云：「冬至日在牽牛，景丈三尺。夏至日在東井，景尺五寸。」《疏》云：「春、秋分，日在婁角，而景長七尺三寸六分。」《地官·大司徒》云：「以土圭之法測土深，正日景，以求地中。」又云：「日至之景，尺有五寸，謂之地中。」《疏》云：「土圭尺有五寸，周公欲求土中而營王城，故有土圭度日影之法。測，度也。深，謂日景長短之深也。『正日景』者，夏日至，晝漏半表，北得尺五寸景，正與土圭等，即地中也。」古注云：「景尺有五寸者，南戴日下萬五千里，地與星辰四遊升降於三萬里之中，是以半之，得地之中也。」鄭司農云：「以夏至之日，立八尺之表，其景適與土圭等，謂之地中。今潁川陽城地為然。」《疏》云：「『南戴日下萬五千里』者，景一寸差千里，故於地中尺五寸，景去南戴日下萬五千里。」《春官·典瑞》云：「土圭以致四時日月。」《疏》云：「『度其景至不至』，《通卦驗》云：『冬

至，立八尺之表，晝漏半度之表，北得丈三尺景。』是其景至也。或長或短，則為不至也。」《地官‧土方氏》：「掌土圭之法，以致日景。」《注》云：「致日景者，夏至景尺有五寸，冬至景丈三尺，其間則日有長短。」《疏》云：「謂冬至日極短，夏至日極長。其極長極短之間，冬至後日漸長，夏至後日漸短。假令冬至日南至之後，日漸北之時，日行大分六，小分四。大分者，一寸為十分；小分者，十分寸之一分，又為十分。但日景一寸，則於地千里。大分一為百里，小分一則為十里。則冬至後，日向南行六百四十里。但冬至丈三尺景，除本尺五寸，外加丈一尺五寸。從冬至至春分，晝夜等之時，則減五尺七寸半景。從春分到夏至，又減五尺七寸半景，則減盡丈一尺五寸。惟有尺五寸在，以為夏至之景。南戴日下萬五千里，謂之地中，故云『其間則日有長短』也。」《冬官‧玉人》云：「土圭尺有五寸，以致日，以土地。」《注》云：「致日，度日景至否。」《疏》云：「於地中立八尺之表，於晝漏半。夏至日，表北尺五寸，景與土圭等。冬至日，丈三尺，為景至。若不依此，皆為不至，故云『度景至不』也。但景至與不至，皆由君政得失而來。度之者，若不至，使君改德教也。」愚案：歷代史志皆載日晷，其長短並不同，文多不錄，學者當自於全史考之可也。

　　日至之景，尺有五寸，謂之地中。

　　《晉‧天文志》云：「鄭眾說：『土圭之長，尺有五寸。以夏至之日，立八尺之表，其景與土圭等，謂之地中。今潁川陽城地也。』鄭玄云：『凡日景於地，千里而差一寸。景尺有五寸者，南戴日下萬五千里也。』以此推之，日當去其下地八萬里矣。日邪射陽城，則天徑之半也。〔註11〕天體員如彈丸，〔註12〕地處天之半，而陽城為中，則日春秋冬夏，昏明晝夜，去陽城皆等，無盈縮矣。故知從日斜射陽城，為天徑之半也。以句股法言之，旁萬五千里，句也；立極八萬里，股也；從日斜射陽城，弦也。以句股求弦法入之，得八萬一千三百九十四里三十步五尺三寸六分，天徑之半，而地上去天之數也。倍之，得十六萬二千七百八十八里六十一步四尺七寸二分，天徑之數也。以周率乘之，徑率約之，得五十一萬三千六百八十七里六十八步一尺八寸二分，周天之數也。」一度，凡千四百六里二十四步六寸四分。《隋‧天文志》云：「先驗昏旦，

〔註11〕「徑」，余氏勤有堂本、通志堂經解本、清鈔本作「經」，據日本正保四年本、文淵閣四庫本改。
〔註12〕「天」，諸本無，據日本正保四年本補。「員」，文淵閣四庫本作「圓」。

定刻漏，分辰次，乃立儀表於準平之地，名曰南表。漏刻上水，居日之中，更立一表於南表影末，名曰中表。夜依中表，以望北極樞，而立北表，令參相直。三表皆以懸準定，乃觀。三表直者，其立表之地，即當子午之正。三表曲者，地偏僻。每觀中表，以知所偏。中表在西，則立表處在地中之西，更當向東求地中。若中表在東，則立表處在地中之東，更當向西求地中。取三表直者，為地中之正。又以春、秋二分之日，〔註13〕旦始出東方半體，〔註14〕乃立表於中表之東，名曰東表。令東表與日及中表參相直。是日之夕，日入西方半體，又立表於中表之西，名曰西表。亦從中表西望，西表及日參相直。乃觀三表直者，即地南北之中也。若中表差近南，則所測之地在卯酉之南。中表差在北，則所測之地在卯酉之北也。進退南北，求三表直正東西者，則其地處中，居卯酉之正也。」宋元嘉十九年，遣使往交州測景。夏至日影，出表南三寸二分。何承天計陽城去交州路當萬里，而景差一尺八寸二分，是六百里而差一寸也。唐太史議曰：「交州去洛九千里，蓋山川回折使之然。以表考其弦，當五千里乎。」五千里影差一尺八寸二分，則一千里管三寸六分四十秒。日至之景，尺有五寸，則止該四千里，不盡四分四十秒。開元二年，遣使天下候影，太史監南宮說擇河南平地，設水準繩墨，植表，以引度之。大率五百二十六里，晷差二寸餘。南候林邑，冬至晷六尺九寸，夏至在表南五寸七分。北候鐵勒，夏至晷四尺一寸三分，冬至晷二丈九尺二寸六分。計陽城南距林邑徑六千一百一十二里，〔註15〕五月日在天頂北六度，北距鐵勒與林邑正等，則五月日在天頂南二十七度四分。舊說千里而差一寸，疏矣。

東方蒼龍七宿，火，謂大火。

蒼龍七宿，角、亢、氐、房、心、尾、箕也。大火，卯宮，氐、房、心也。心亦獨稱大火。

北方玄武，七宿之虛星。

玄武七宿，斗、牛、女、虛、危、室、壁也。

日行至是，則淪於地中，萬象幽暗，故曰幽都。

日出止於寅，日入止於戌，所行黃道，則斜繞東、南、西三方，其北方

〔註13〕「日」，日本正保四年本作「旦」。

〔註14〕「旦」，日本正保四年本作「日」。

〔註15〕「徑」，通志堂經解本、文淵閣四庫本作「經」，據余氏勤有堂本、日本正保四年本、清鈔本改。

亥、子、丑三位，日行之所不到，惟夜半，然後轉至地下北方，而其光景沈伏，〔註16〕不能反照，故曰「淪於地中，萬象幽暗」也。

西方白虎，七宿之昴宿。

白虎七宿，奎、婁、胃、昴、畢、觜、參也。

唐一行所謂「歲差」者，是也。

一行《日度議》曰：「考古史及日官候簿，以通法之三十九分太為一歲之差。自帝堯演紀之端，在虛一度，及今開元甲子，卻三十六度。日在虛一，則鳥、火、昴、虛皆以仲月昏中，合於《堯典》。」《石刻尚書圖》云：「古法以紀蔀為宗，從伏羲先天甲寅，積周一千八百一十四紀，再入十五紀人元，一十有二蔀。當癸酉蔀，歲在己丑，而生帝堯。至甲辰，歲十有六即位。越二十有一歲，得甲子，而演紀作曆。是年天正冬至，日在虛一度。」又案《紀元曆》：「歲周三百六十五度二千四百三十六分，此一歲之氣積也。周天三百六十五度二千五百六十四分，太陽所躔周天之度也。歲差一百二十八分，注云：『以歲周數除周天數，即得太陽歲行不及之分。』度母一萬，〔註17〕注以一度為萬分。自演紀至開元十二年甲子冬至，日在斗十度，凡退三十八度四千一百二十八分。至乾德二年甲子冬至，日在斗六度，凡退四十一度四千八百四十八分。至仁宗慶曆四年甲申冬至，日在斗五度。此法通古合今，故知堯曆日在虛一度，而鳥、火、昴、虛以仲月昏中，合《堯典》。」愚案：自堯二十一年甲子，至今至治元年辛酉，計三千六百五十八年。堯時冬至，日在虛一，今在箕九，退過四十三度，即以四十三為法，除三千六百五十八，得八十五，是大約八十五年退一度矣。

三百六十五度四分度之一者。

三百六十五度之外，其餘分於一度之中，當四分之一。如以一度分作九百四十分，當得二百三十五分也。

繞地左旋者。

坐北面南，則東為左，西為右。天運降於西，升於東，故為左旋。

常一日一周，而過一度者。

天運一日夜轉一匝。三百六十五度四分度之一之外，又攙進一度也。《朱

〔註16〕「沈」，余氏勤有堂本、日本正保四年本、清鈔本作「沉」。下同，不出校。
〔註17〕「母」，文淵閣四庫本作「每」，日本正保四年本作「單」。

子語錄》云：「日月皆從角起，日則一日運一周，依舊只到那角上。天則周了，又過那角些子，日日累將去，到一年便與日會。」又曰：「而今若就天裏看時，只是行得三百六十五度四分度之一。若把天外來說，則是一日過了一度。季通嘗言：『論日月，則在天裏；論天，則在太虛空裏。若去那太虛空裏觀天，自是日日袞得不在舊時處。』」

麗天。

麗者，附而不綴之義。二十八宿及眾星不動者，皆綴定於天體矣。

不及一度者。

恰行一周，不及天所攙過一度也。《朱子語錄》陳安卿嘗問：「天道左旋，自東而西，日月右行，則如何？」朱子曰：「橫渠說日月皆是左旋，說得好。蓋天行甚健，一日一夜，周天三百六十五度四分度之一，而又過一度。日行速，健次於天，一日一夜，周三百六十五度四分度之一，正恰好。被天進一度，則日卻成每日退了一度。積至三百六十五日四分日之一，則天所進過之度，又恰周得本數，而日所不及之度，亦恰退盡本數，遂與天會而成一年。月行遲，一日一夜，三百六十五度四分度之一，行不盡，比之天卻成退了十三度有奇。進數為順天而左，退數若逆天而右。曆家以進數難算，只以退數算之，故謂之右行，且曰：『日行遲，月行速也。』」

九百四十分者。

曆家額設一日細數也。

九百四十分日之二百三十五者。

即四分日之一也。

與天會者。

天每日攙過一度，則是日每日追不及一度，直待三百六十五日四分日之一，而後日追及天也。如是觀之，卻不是。日一年一周天，乃是天一年而攙過一周天也。日一日一周天，一年有三百六十五次周天，天一年三百六十六次周天。

十九分度之七者。

以一度分作十九分，月行不及天十三度之外，於十九分度之中，又不及七分也。此是並天攙過一度算。如以一度為九百四十分，而以十九除之，則每分該四十九分四釐七毫三絲六忽八微；以七乘之，該三百四十六分三釐一

毫五絲七忽六微。以十九乘為全度，該九百三十九分九釐九毫九絲九忽二微，虧八微。月一日夜，實行三百五十二度八百二十八分六釐八毫四絲三忽四微，不及天十三度三百四十六分三釐一毫五絲七忽六微。

九百四十分日之四百九十九者。

以一日十二時，除九百四十，則一時該七十八分三分分之一。此云「四百九十九」者，是六時令二十九分也。〔註18〕

而與日會者。

日月合朔也。每年正月朔，或立春前，或立春後，皆會於玄枵。二月朔，會娵訾，逆周十二位。

十二會，得全日三百四十八者。

十二個二十九日也。

五千九百八十八者。

十二個四百九十九分也。

如日法九百四十而一得六者。

以九百四十為一日之法，而除五千九百八十八，得六個九百四十，為六日也。

不盡三百四十八者。

除六個九百四十，該五千六百四十之外，尚餘三百四十八也。

通計得日三百五十四者。

有全日三百四十八，並餘分之積，得六日也。

九百四十分日之三百四十八者。

即上除不盡之數，計四時令三十四分三分分之二也。〔註19〕

三百六十者。

曆家設此為常額，多於此者為盈，少於此者為虛。《易》曰：「乾之策，二百一十有六；坤之策，百四十有四。凡三百有六十，當期之日。」正謂此也。

氣盈者。

從二十四氣算來，三百六十之外，所多者也。

〔註18〕「令」，日本正保四年本作「零」。
〔註19〕「令」，日本正保四年本作「零」。

朔虛者。

從十二月朔算來，三百六十之內，所少者也。

一歲閏率者。

合氣盈朔虛之數也，其詳具於左方。

一日，九百四十分。

一月，二十九日四百九十九分。

一歲，三百六十五日二百三十五分，是日行之數，二十四氣一周也。

一年，三百五十四日三百四十八分，是月行之數，十二月朔一周也。

一期，大約三百六十日，以為常數。

從二十四氣算來，則日與天會，多五日二百三十五分，為氣盈。從十二月朔算來，則月與日會，少五日五百九十二分，為朔虛。合氣盈朔虛，而閏生焉。

一年閏率，十日八百二十七分。

二年閏率，二十一日七百一十四分。

三年閏率，三十二日六百一分。除二十九日四百九十九分作一閏，外餘三日一百二分。

四年閏率，一十三日九百二十九分。

五年閏率，二十四日八百一十六分。借下年四日六百二十三分，湊作再閏。

六年閏率，六日二百四分。

七年閏率，一十七日九十一分。

八年閏率，二十七日九百一十八分。借下年一日五百二十一分，作第三閏。

九年閏率，九日三百六分。

十年閏率，二十日一百九十三分。

十一年閏率，三十一日八十分。作第四閏，外餘一日五百二十一分。

十二年閏率，一十二日四百八分。

十三年閏率，二十三日二百九十五分。

十四年閏率，三十四日一百八十二分。作第五閏，外餘四日六百二十三分。

十五年閏率，一十五日五百一十分。

十六年閏率，二十六日三百九十七分。借下年三日一百二分，湊作第六閏。

十七年閏率，七日七百二十五分。

十八年閏率，一十八日六百一十二分。

十九年閏率，二十九日四百九十九分。正作第七閏，無餘無欠。

一年率十日八百二十七分，十九年積一百九十日一萬五千七百一十三分，除為二百六日六百七十三分，分為七閏，每閏二十九日四百九十九分，除盡無餘，故曰「氣朔分齊，謂之一章」。一行云：「曆法合二始以定剛柔，二中以定律曆，二終以紀閏餘。」二始者，一為陽始，二為陰始；一奇為剛，二偶為柔。甲、丙、戊、庚、壬為剛日，乙、丁、己、辛、癸為柔日。二中者，五為陽中，六為陰中。五者，十日；六者，十二辰也。五音及十二律為六十，十日十二辰，亦為六十，故《律曆志》兼之。二終者，十為陰終，九為陽終。故閏法以十九歲為一章也。三歲一閏，非四則三；五歲再閏，非十一則十二；八歲三閏，非八則九；十一歲四閏，非四則五；十四歲五閏，非正則二；十六歲六閏，非十則九；十九歲七閏，非六則七。

鯀，崇伯名。

《疏》云：「崇國，伯爵。」《史正義》引皇甫謐云：「崇，夏鯀封。虞、夏、商、周皆有崇國。」殷之崇國，文王所伐者。《寰宇記》：「在京兆鄠縣。」

鯀婞直。

《楚辭注》：「婞，胡冷反，很也。」〔註20〕

書蔡氏傳旁通卷第一中

舜典

> 東晉梅賾上孔《傳》。

案：此注全用孔氏《疏》，檢《晉書》無之，惟《隋書・經籍志》有此事，而以「姚方興」為「姚興」，以「方」字讀連下文，又以「大航」為「大桁」，未知孰是。

> 王、范之注。

王肅、范甯也。《隋志》有王肅注《古文尚書》十一卷，范甯注《古文尚書・舜典》一卷。陸氏《釋文》云：「《舜典》，王氏注。相承云梅賾上孔氏傳《古文尚書》，亡《舜典》一篇，時以王肅注頗類孔氏，故取王注從『慎徽五典』以下為《舜典》，以續孔《傳》。徐仙民亦音此本，今依舊音之。『曰若稽古帝舜曰重華協於帝』，此十二字，是姚方興所上，孔氏傳本無。阮孝緒《七錄》亦云然，方興本或此下更有『濬哲文明，溫恭允塞，玄德升聞，乃命以位』，凡二十八字異，聊出之，於王注無施也。」愚案：此前題云「王氏注」，又云「今依舊音之」，又云「聊出之，於王注無施」，則陸氏似謂此注仍是王氏本，特附入方興所上二十八字，或十二字。又案《序錄》云：「《舜典》一篇，仍用王肅本。」則今古注《舜典》，是王氏注明矣。

> 齊蕭鸞。

南朝齊明帝。

> 隋開皇初，購求遺典。

開皇三年，因秘書牛弘上表言典籍散逸，詔獻書一卷，賚縑一匹。

《左氏》所謂「無違教」也。

見文十八年。

此蓋又兼四岳之官。

四岳，主四方之諸侯。經云「賓於四門」，故知舜以百揆兼四岳也。

《易》「震驚百里，不喪匕鬯」，意為近之。

程子曰：「雷之震動，驚及百里，人無不懼而自失。唯宗廟祭祀，執匕鬯者，則不致於喪失。人之致其誠敬，莫如祭祀，則雖雷震之威，不能使之懼而失守。故臨大震懼，能安而不自失者，唯誠敬而已。」朱子曰：「匕，所以舉鼎實。鬯，以秬黍酒和鬱金，所以灌地降神者也。」

《天文志》云：「言天體者三家。」

案：此段注全據孔氏《疏》。此所謂《天文志》，乃蔡邕所作，非諸史之志也。

一曰周髀，傍米切。**二曰宣夜，三曰渾天。**

《晉書》云：「一曰蓋天。」蔡邕所謂「周髀」者，即蓋天之說也。其本包犧氏立周天曆度，其所傳，則周公受於殷商。周人志之，故曰周髀。

宣夜，絕無師說，不知其狀如何。

孔《疏》云：「宣，明也；夜，幽也。幽明之數，其術兼之，但絕無師說。」今案《晉志》云：「宣夜之書云：惟漢秘書郎郗萌記先師相傳云：『天了無質，仰而瞻之，高遠無極，眼瞀精絕，故蒼蒼然也。』譬之旁望遠道之黃山而皆青，俯察千仞之深谷而窈黑。夫青非真色，而黑非有體也。日月眾星，自然浮生虛空之中，其行其止，皆須氣焉。是以七曜或逝或住，或順或逆，伏見無常，進退不同，由乎無所根繫，故各異也。故辰極常居其所，而北斗不與眾星西沒也。攝提、填星皆東行，日行一度，月行十三度，遲疾任情，其無所繫著可知矣。若綴附天體，不得爾也。」愚案：此說頗似朱子所謂天無形質，只是氣旋轉之說。

《周髀》之術。

《晉志》云：「髀，股也。股者，表也。其言天似蓋笠，地法覆槃，天地皆中高外下。北極之下〔註1〕，為天地之中，其地最高，〔註2〕而滂沲四

〔註1〕「下」，清鈔本作「不」。
〔註2〕「最」，日本正保四年本作「景」。

隤，〔註3〕三光隱映，以為晝夜。天中高於外衡冬至日之所在六萬里，北極下地高於外衡下地亦六萬里，外衡高於北極下地二萬里。天地隆高相從，日去地恒八萬里。日麗天而平轉，分冬夏之間行道為七衡六間。每衡周徑里數，各依算術，用句股重差，推暑景極遊，以為遠近之數，皆得於表股者也，故曰《周髀》。漢王仲任據蓋天之說，日隨天而轉，非入地。夫人目所望，不過十里，天地合矣，實非合也，遠使然耳。今視日入，非入也，亦遠耳。當日入西方之時，其下之人亦將謂之為中也。四方之人，各以其近者為出，遠者為入矣。何以明之？今試使一人把大炬火，夜行於平地，去人十里，火光滅矣，非滅也，遠使然耳。今日西轉不復見，是火滅之類也。」愚案：孔《疏》下「天似」下脫「蓋笠地法」四字，蔡《傳》亦脫之，當補。

渾天說曰：「天包地外，猶卵之裏黃，圓如彈丸。」

此說是吳中常侍廬江王蕃所作也，《晉志》亦引之。又案：《晉志》及孔《疏》，「裏」字皆作「裹」，取包裹之義。今蔡《傳》諸本並訛作「裏」字。又《隋書》謂如卵則稍長，不若如彈丸為是。

其天居地上，見者一百八十二度半強。

此度是自東數向西去，直排定者，如機上數經絲也。

北極出地上三十六度，南極入地下亦三十六度。

此下數句論度數，直至冬至，去極一百一十五度，皆是自北數向南去。橫布定者，如機上數緯絲也。愚案：在天度數，其初止以為日行之限，布在黃道上，斜繞天腹，其三百六十五度，如甜瓜文，北極如甜瓜蒂。其後渾天家見天體圓如彈丸，南北東西縱廣如一，遂借三百六十五度闊狹之限，橫布於天，以記三極相去，及出地入地、冬夏二至、春秋二分，日行相去中間所隔廣狹多寡之數，是以渾天說中所論度數，有以縱言者，有以橫言者，讀者宜別之。

洛下閎始經營之，〔註4〕鮮于妄人又量度之。至宣帝時，耿壽昌始鑄銅為之象。

此皆據孔《疏》，《漢志》不載。今案《晉志》云：「漢太初，初洛下閎、鮮于妄人、耿壽昌等造圓儀，以考曆度。」又案《隋志》云：「渾天儀者，羲

〔註3〕「浥」，日本正保四年本作「沱」。
〔註4〕「洛」，清鈔本作「落」。下同，不出校。自「洛下閎始經營之」至「相結於四極之內列二」，余氏勤有堂本、日本正保四年本無。

和之舊器，積代相傳，謂之機衡。又有渾天象者，以著天體，以布星辰。古舊渾象，以二分為一度，周七尺三寸半，而莫知何代所造。今案曆喜云：〔註5〕『洛下閎為武帝於地中轉渾天，定時節，作《泰初曆》。』或其所制也。」一云：洛下閎，姓姚氏，字長公，隱於洛下，巴人也。愚案：《隋志》分儀、象為二篇，謂機衡為儀，謂有機無衡者為象。故《注疏》及《傳》亦或言象，或言儀，各有所指也。

宋錢樂又作渾天儀，衡長八尺，孔徑一寸，璣徑八尺，圓周二丈五尺強。

錢樂，本名樂之，孔《疏》脫「之」字。《南史》無傳。《隋志》言：「徑八尺者，漢候臺銅儀也。」又「梁華林重雲殿前所置銅儀，亦徑八尺，檢其鐫題，是劉曜光初六年，史官丞孔挺所造。」又云：「宋文帝元嘉十三年，太史令錢樂之採效儀象，鑄銅為之。徑六尺八分少，周一丈八尺二寸六分少。地在天內，不動，以為渾儀，則內缺衡管，以為渾象，則地不在外，是別為一體。」愚案：孔《疏》與正史大同小異，蔡《傳》止據《疏》義耳。

歷代以來，其法漸密，本朝因之，為儀三重，其在外曰六合儀，次其內曰三辰儀，最其內曰四遊儀。

渾儀至唐李淳風、一行而法甚密。「本朝因之」者，言宋亦因用舊儀之法，不曾改創法度也。案《新唐書·天文志》：「貞觀初，李淳風上言：『舜在璿璣玉衡，以齊七政，則渾天儀也。』太宗因詔為之。七年儀成，表裏三重，下據準基，狀如十字，末樹鼇足，以張四表。一曰六合儀，有天經雙規、金渾緯規、金常規，相結於四極之內。列二十八宿、十日、十二辰、經緯三百六十五度。二曰三辰儀，圓徑八尺，有璿璣規、月遊規，列宿距度，七曜所行，轉於六合之內。三曰四遊儀，玄樞為軸，以連結玉衡遊箭而貫約規矩。又玄樞北樹北辰，南距地軸，傍轉於內。玉衡在玄樞之間，而南北遊，仰以觀天之辰宿，下以識器之晷度。皆用銅。帝稱善，置於凝暉閣。」又《舊唐書·天文志》云：〔註6〕「開元九年，詔一行與梁令瓚更造渾儀，鑄銅為圓天之象，上具赤道、黃道，周天度數，注水激輪，令其自轉，一日一夜，天轉一周。命之曰水運渾天俯視圖，置於武成殿前。」其規環尺寸，具載《唐志》，文多不錄。宋太宗更名太平渾儀。

〔註5〕「曆」，據《隋書·天文志》當作「虞」。
〔註6〕余氏勤有堂本、日本正保四年本、清鈔本無「書」字。

四遊儀

《爾雅疏》云：「地與星辰俱有四遊升降。立春西遊，春分正中；立夏北遊，夏至極下；立秋東遊，〔註7〕秋分正中；立冬南遊，冬至極上。夏至之時，地下萬五千里，冬至上游萬五千里，升降於三萬里之中。」愚謂：天動地靜，地氣雖升降，而地之體則隤然不動。所謂四遊，決無此理，輒據此以釋四遊儀之所以得名耳。

黑雙環所刻去極度數。

皆是自北數向南去之度。

赤單環、黃單環所刻度數。

皆是自西數向東去之度。

曆家之說，又以北斗魁四星為機，杓三星為衡。

《史記·天官書》云：「北斗七星，所謂『琁璣玉衡，以齊七政』。」《索隱》曰：「《春秋運斗樞》云：『斗，第一天樞，第二琁，〔註8〕第三璣，第四權，第五衡，第六開陽，第七搖光。第一至第四為魁，第五至第七為標。』」〔註9〕《晉志》云：「魁四星為琁璣，〔註10〕杓三星為玉衡。」

郊祀者，祭昊天之常祭。

古者天子以冬至日於國之南郊，祭天於圜丘。於郊，故謂之郊。鄭氏《通志略》云：「祀昊天上帝，禮神之玉以蒼璧，〔註11〕其牲及幣，各隨玉色。牲用一犢，幣用繒，長丈八尺。王服大裘，其冕無旒，尸服亦然。乘玉輅，錫繁纓十有再就。建太常十有二旒。罇及薦醴之器以瓦。〔註12〕爵以匏，藉神之席以藁稭及蒲，翦而不納，配以帝嚳。」

禋，精意以享之謂。

見《國語》。

所尊祭者，其祀有六。

《禮記疏》云：「『埋少牢於泰昭，祭時也』者，謂祭四時陰陽之神也。泰

〔註7〕「東」，余氏勤有堂本、清鈔本作「冬」。

〔註8〕「琁」，余氏勤有堂本、日本正保四年本、清鈔本作「旋」，文淵閣四庫本作「璇」。

〔註9〕「標」，日本正保四年本、文淵閣四庫本作「杓」。

〔註10〕「琁」，余氏勤有堂本、日本正保四年本、清鈔本作「旋」。

〔註11〕「璧」，日本正保四年本作「壁」。

〔註12〕「罇」，日本正保四年本作「鐏」。

昭，壇名也。昭，取明也。春夏為陽，秋冬為陰。若祈陰則埋牲，祈陽則不應埋之。今總云『埋』者，以陰陽之氣俱出入於地中，而生萬物，故並埋之，以享陰陽為義也。用少牢者，降於天地也。自此以下，及日月至山林，並少牢也。先儒並云不薦熟，唯殺牲埋之也。〔註13〕『相近於坎壇，祭寒暑也』者，『相近』當為『攘祈』。攘，卻也。寒暑之氣應退而不退，則祭攘卻之，令退也。祈，求也。寒暑之氣應至而不至，則祭求之，令至也。寒則於坎，寒，陰也；暑則於壇，暑，陽也。『王宮，祭日也』者，王，君也。宮，亦壇也，營域如宮也。日神尊，故其壇曰君宮也。『夜明，祭月也』者，祭月，壇名也。月明於夜，故謂其壇為夜明也。『幽宗，祭星也』者，祭星，壇名也。幽，闇也。『宗』當為『禜』，禜，壇域也。星至夜而出，故曰幽也。為營域而祭之，故曰幽禜也。『雩宗，祭水旱也』者，亦壇名也。雩，吁嗟也。水旱為人所吁嗟。禜，亦營域也。為營域而祭之，故曰雩禜也。」

群神，謂丘陵墳衍、古昔聖賢之類。

《周禮·大司徒》：「辨其山林、川澤、丘陵、墳衍、原隰之物。」《注》云：「積石曰山，竹木曰林，注瀆曰川，水鍾曰澤，土高曰丘，大阜曰陵，水涯曰墳，下平曰衍，高平曰原，下濕曰隰。」愚謂：地有十等，蔡《傳》止云「丘陵墳衍」者，又案《小宗伯》：「兆山川、丘陵、墳衍，各因其方山川。」已見上文，故此止稱「丘陵墳衍」也。古昔聖賢者，《小宗伯》注云：「三皇、五帝、九皇、六十四民，咸祀之。」愚謂：如《祭法》，有功烈於民者，皆是也。

桓圭

《周禮疏》云：「桓，若屋之桓楹。桓，宮室之象，所以安其上也。四植謂之桓。柱之豎者，豎之則有四稜也。桓圭，蓋以桓為琢飾，長九寸。」

信圭、躬圭

《周禮注》云：「『信』當作『身』，皆象以人形為琢飾，欲其慎行保身。皆長七寸。」

穀璧、蒲璧

《周禮注》云：「穀所以養人。蒲為席，所以安人。二玉蓋以穀、蒲為琢飾，皆徑五寸。不執圭者，未成國也。」愚按《大宗伯》云：「七命賜國，子、男五命。」故云「未成國也」。

〔註13〕「埋」，余氏勤有堂本、清鈔本作「理」。

天子執冒。

《周禮疏》云：「方四寸，邪刻之。」

燔柴以祀天。

《禮記》：「燔柴於泰壇。」燔音煩。《疏》云：「燔柴於泰壇者，謂積薪於壇上，而取玉幣及牲，置柴上燔之，使氣達於天也。」《祭禮通解》云：「陽祀自煙始，陰祀自血起。」

五岳視三公，四瀆視諸侯，其餘視伯、子、男者也。

《王制》疏云：「五岳視三公，四瀆視諸侯，其餘山川視伯，小者視子、男。」鄭《注》云：「謂其牲幣、粢盛、籩豆、爵獻之數，非謂尊卑。」劉向《說苑》曰：「五嶽何以視三公？能大布雲雨焉，能大斂雲雨焉。觸石而出，膚寸而合，不崇朝而雨天下，施德博大，故視三公也。四瀆何以視諸侯？能蕩滌垢濁焉，能通百川於海焉，能出雲雨千里焉，為施甚大，故視諸侯也。山川何以視子、男也？能出物焉，能潤澤物焉，能生雲雨，為恩多，然品類以百數，故視子、男也。」

肆覲東后。

《王制》疏曰：「覲，見也。謂見東方諸侯。」案《覲禮》云：「諸侯覲於天子，為宮，方三百步，四門，壇十有二尋，深四尺。」鄭《注》云：「王巡守至於方岳之下，諸侯會之，亦為此宮以見之。王升，立於壇上，南面；諸公，中階之前，北面；諸侯，東階之東，西面；諸伯，西階之西，東面；諸子，門東，北面；諸男，門西，北面。王降階，南面而見之，三揖。既升壇，使諸侯升，公拜於上等，侯、伯於中等，子、男於下等。」

律，凡十二管，皆徑三分有奇，空音孔。圍九分，而黃鍾之長九寸。

《律呂本原》云：「天地之數，始於一，終於十。其一、三、五、七、九為陽，九者，陽之成也。其二、四、六、八、十為陰，十者，陰之成也。黃鍾者，陽聲之始，陽氣之動也，故其數九。分寸之數，具於聲氣之元，不可得而見。及斷竹為管，吹之而聲和，候之而氣應，而後數始形焉。均其長，得九寸；審其圍，得九分；積其實，得八百一十分，是為律本，度量權衡，於是而受法，十一律由是而損益焉。」〔註14〕

〔註14〕「十一」，日本正保四年本作「十二」。

大呂以下，律呂相間，以次而短，至應鍾而極焉。

《律呂本原》云：「黃鍾九寸，大呂八寸三分七釐六毫，太蔟八寸，夾鍾七寸四分三釐七毫三絲，姑洗七寸一分，仲呂六寸五分八釐三毫四絲六忽，蕤賓六寸二分八釐，林鍾六寸，夷則五寸五分五釐一毫，南呂五寸三分，無射四寸八分八釐四毫八絲，應鍾四寸六分六釐。」

以之制樂而節聲音。

《律呂本原》云：「黃鍾之數，九九八十一，是為五聲之本。故宮聲八十一，三分損一，以下生徵。徵聲五十四，三分益一，以上生商。商聲七十二，三分損一，以下生羽。羽聲四十八，三分益一，以上生角。角聲六十四，以三分之，不盡一算，數不可行，此聲之數所以止於五也。」朱子曰：「五聲之序，宮最大而沈濁，羽最細而輕清。商之大次宮，徵之細次羽，而角居四者之中焉。」愚謂：五聲之大小，出於五行之生數，數少者清，數多者濁。天一生水，數最少，故羽最清。天五生土，數最多，故宮最濁。地二生火，故徵之清次羽。地四生金，故商之濁次宮。天三生木，居四者之中，故角音之清濁，亦居四者之中也。實本於河洛之自然，豈人力之所強為哉？

以之審度而度長短。

《律呂本原》云：「度者，分、寸、尺、丈、引，所以度長短也。生於黃鍾之長，以子穀秬黍中者九十枚度之，一為一分，十分為寸，十寸為尺，十尺為丈，十丈為引。」《注》云：「凡黍實於管中，則十三黍，三分黍之一而滿一分，積九十分，則千有二百黍矣。故此九十黍之數，與下章千二百黍之數，其實一也。」《前漢・律曆志》云：「以子穀秬黍中者，一黍之廣度之。」蔡元定云：「一黍之廣為分，故累九十黍，為黃鍾之長；積一千二百黍，〔註15〕為黃鍾之廣。」愚案：孔《疏》云：「以一黍之廣度之，千二百黍為一分。」非也。

以之審量而量多少。

《律呂本原》云：「量者，龠、合、升、斗、斛，所以量多少也。生於黃鍾之容，以子穀秬黍中者一千二百實其龠，以井水準其概，以度數審其容，合龠為合。」《注》云：「兩龠也。十合為升，二十龠也。十升為斗，二百龠也。十斗為斛，二千龠也。」愚案：元《定律呂書》以合龠為合，而蔡《傳》謂「十龠為合」，蓋誤於孔《疏》也。孔《疏》謂「十龠為合」，非也。《漢志》

〔註15〕余氏勤有堂本、日本正保四年本、清鈔本無「一」字。

亦謂「合龠為合」。蓋合者，取合併二龠之義，故一升該二十龠，一斛該二千龠也。若謂「十龠為合」，則一斛該萬龠，而量過於大矣。西山父子以律呂名家，不應相反，是殆誤錄《疏》文而失於檢正也。據《朱子文集》，亦作「合龠為合」，《洪範內篇》亦作「合龠為合」，蔡《傳》之訛當改。

以之平衡，而權輕重。

《律呂本原》云：「權衡者，銖、兩、斤、鈞、石，所以權輕重也。生於黃鍾之重，以子穀秬黍中者一千二百實其龠。百黍重一銖，一龠重十二銖，二十四銖為一兩。」《注》云：「兩龠也。十六兩為斤，三十二龠也。三十斤為鈞，九百六十龠也。四鈞為石，三千八百四十龠也。」孔《疏》云：「衡，平也。權，重也。稱上謂之衡，稱錘謂之權。」

黃鍾所以為萬事根本。

《史記·律書》：「王者制事立法，物度軌則，壹稟於六律。六律為萬事根本焉。」蔡氏又推黃鍾為六律之元，故曰黃鍾為萬事根本也。

五禮，吉、凶、軍、賓、嘉。

《周禮·大宗伯》：「以吉禮事邦國之鬼神示，祇。以禋祀祀昊天上帝，以實柴祀日、月、星、辰，以槱燎祀司中、司命、飌風。師、雨師。以血祭祭社稷、五祀、五嶽，以貍埋。沈沉。祭山林、川澤，以疈辜。辜祭四方百物。以肆剔。獻祼享先王，以饋食享先王，以祠春享先王，以禴夏享先王，以嘗秋享先王，以烝冬享先王。以凶禮哀邦國之憂，以喪禮哀死亡，以荒禮哀凶札，以弔禮哀禍災，以禬禮哀圍敗，以恤禮哀寇亂。以賓禮親邦國，春見曰朝，夏見曰宗，秋見曰覲，冬見曰遇，時見曰會，殷見曰同。時聘曰問，殷覜曰視。以軍禮同邦國，大師之禮，用眾也；大均之禮，恤眾也；大田之禮，簡眾也；大役之禮，任眾也；大封之禮，合眾也。以嘉禮親萬民，以飲食之禮親宗族兄弟，以昏冠之禮親成男女，以賓射之禮親故舊朋友，以饗燕之禮親四方之賓客，以脤膰之禮親兄弟之國，以賀慶之禮親異姓之國。」《注》云：「禋祀，煙氣之臭聞者。槱，積也。《詩》：『薪之槱之。』三祀皆積柴，實牲體焉。或有玉帛，燔燎而升煙，所以報陽也。司中，三能。台。司命，文昌宮。風師，箕也。雨師，畢也。陰祀自血起，貴氣臭也。社稷，土穀之神。社祀，勾龍。稷祀，棄。五祀，五官之神。少昊氏之子曰重，為勾芒，食於木；該為蓐收，食於金；脩及熙為玄冥，食於水。顓頊氏之子曰黎，為祝融后土，食於火土。五嶽，東岱、南衡、西華、北恒、中嵩高。祭山林曰埋，川澤曰沈。疈辜，疈牲

胸也。謂磔攘及蜡祭。肆，進所解牲體，謂薦孰時也。〔註16〕獻，獻醴，謂薦血腥也。祼，灌以鬱鬯，謂始獻尸求神也。祫言肆獻祼，禘言饋食，著有黍稷，互相備也。札，疫癘也。禍災，水火也。禬禮，同盟者合會財貨，以更其所喪。恤，鄰國相憂也。殷見，殷猶眾也。殷覜，諸侯使卿以大禮眾聘。大師，用其義勇。大均，均其地政、地守、地職，所以憂民。大田，簡車徒。大役，築宮室。大封，正封疆。嘉，善也，所以因人心之善者而為之制。脤膰，社稷宗廟之肉。」

繡、玄、黃。

不見《禮經》，蔡《傳》只據古注，孔《疏》亦云未知出何書，王肅所注同。

羔、雁、雉。

《疏》云：「羔，取其群而不失其類。鴈，取其候時而行。雉，取其守介死，不失節。」雉不可生，知「一死」是雉也。

民功曰庸。

《夏官·司勳》文。王功曰勳，若周公。國功曰功，若伊尹。民功曰庸，若后稷。事功曰勞，若禹。治功曰力，若咎繇。戰功曰多，若韓信。

中古之地，但為九州。

中古，指禹治水以前。《朱子大全集》作「古者中國之地」。

始分冀東恒山之地為并州。

「東」字誤。《夏官·職方氏》云：「正北曰并州，其山鎮曰恒山。」《朱子語類》云：「分冀州西為并州。」今案《長安禹跡圖》及《東坡地理指掌圖》，皆以并州在冀州之西。《通典》云：「并州，左有恒山之險，右有大河之固。」則在冀之西明矣。

其東北醫無閭之地為幽州。

《職方氏》云：「東北曰幽州，其山鎮曰醫無閭。」《注》云：「醫無閭在遼東。」《書疏》云：「知分冀州為并州者，以《職方》有幽、并，周立州名，必因於古，知舜時當有幽、并。且《職方》幽、并山川，於《禹貢》皆冀州之域，知分冀州為之也。」

〔註16〕「孰」，日本正保四年本作「熟」。

又分青之東北遼東等處為營州。

《爾雅》曰：「齊曰營州。」《疏》云：「齊有營丘，豈是名乎？」《書疏》云：「齊即青州之地，知分青州為之。」董氏《輯纂》引曾氏，謂「分冀為營」，又引王氏，謂「非分青為營」，二說皆非。又案杜氏《通典》：「以安東府，屬古青州。」《指掌圖》云：「以青州越海，析遼東之地為營州。」《注》云：「今安東府。」與《通典》合，營非分於冀，明甚。又案《指掌圖》云：「舜肇分為十二州。蓋以古冀州南北闊大，分衛水為并州，衛水在真定。分燕以北為幽州。」又案：堯都平陽，後為唐國，唐後為晉，今為平陽路。舜都蒲阪，為今河中府。禹都晉陽，又徙安邑，安邑屬解州。在《禹貢》時，皆屬冀州；在舜分十二州時，皆屬并州。《通典》言：「左有恒山，右有大河。」則唐、虞、夏所都，皆在并州之域，但并州設未久，後復合於冀，故《五子之歌》曰：「惟彼陶唐，有此冀方。」後世地理書皆以《禹貢》為定，莫能別此三都為并州爾。

冀州止有河內之地，今河東一路是也。

案《地理指掌圖》宋河東路所管，平陽、隆德、威勝、平定、太原、大通、寧化、岢嵐、汾、遼、絳、隰、火山、靖康、代、忻、石、憲、麟、豐、〔註17〕保德，二十一郡。然皆正并州之境，不知何以指為冀州之地，恐以《職方》有「其浸汾、潞」之文，而并州「浸淶、易」，故以河東為冀州歟？然汾、晉之地，自《史》《漢》而下，皆以為并，輿地所載，沿革甚詳，尚再思之。

每州封表一山，為一州之鎮，如《職方氏》。

《職方氏》云：「東南曰揚州，其山鎮曰會稽，澤藪曰具區，川三江，浸五湖。正南曰荊州，山鎮曰衡山，澤藪曰雲夢，川江、漢，浸潁、湛。河南曰豫州，山鎮曰華山，澤藪曰圃田，川滎、雒，〔註18〕浸波、溠。正東曰青州，山鎮曰沂山，澤藪曰望諸，〔註19〕川淮、泗，浸沂、沭。〔註20〕河東曰兗州，山鎮曰岱山，澤藪曰大野，川河、泲，浸盧、維。正西曰雍州，山鎮曰嶽山，澤藪曰弦蒲，川涇、汭，浸渭、洛。東北曰幽州，山鎮曰醫無閭，澤藪曰貕養，川河、泲，浸淄、時。河內曰冀州，山鎮曰霍山，澤藪曰楊紆，川漳，浸

〔註17〕「豐」，日本正保四年本作「豊」。
〔註18〕「滎」，余氏勤有堂本、日本正保四年本、清鈔本作「熒」。
〔註19〕「望」，日本正保四年本作「孟」。
〔註20〕「沭」，余氏勤有堂本、日本正保四年本、清鈔本作「沐」。

汾、潞。正北曰并州，山鎮曰恒山，澤藪曰昭餘祈，川虖池、嘔夷，浸淶、易。」

然舜既分十有二州，至商時又但言「九圍」「九有」，《周禮·職方氏》亦止列為九州，則是十二州蓋不甚久，不知其自何時復合為九也。

《周禮疏》云：「此州界，揚、荊、豫、兗、雍、冀與《禹貢》略同者，不失本處，雖得舊處，猶有相侵入，不得正。若周之兗州，於《禹貢》侵青、徐之地。周之青州，於《禹貢》侵豫州之地。周之雍、豫，於《禹貢》兼梁州之地。周之冀州，小於《禹貢》時冀州，以其北有幽燕、并州，故知也。周之九州無徐、梁，《禹貢》有徐、梁，無幽、并。《爾雅》云：『兩河間有冀州，河南曰豫州，濟東曰徐州，河西曰雍州，漢南曰荊州，江南曰揚州，燕曰幽州，濟、河間曰兗州，齊曰營州。』《詩譜》曰：『雍、梁、荊、豫、徐、揚之民，咸被其化。』數不同者，《禹貢》所云堯、舜法，《爾雅》所云似夏法，《詩譜》所云似殷法。自古以來，皆有九州，惟舜時暫置十二州，至夏時還為九州，故《春秋》云『夏之方有德也，貢金九牧』，是也。」愚案：十二州至禹即位時，必復為九州。而其州名，必合《爾雅》，而不合《禹貢》。《爾雅》又云：「從《釋地》以下至九河，皆禹所名。」既為禹所名，乃有幽、營而無青、梁，是不用《禹貢》舊名也。謂禹時未復九州歟？則既有十二州，何為貢金九牧，而所鑄者九鼎邪？〔註21〕何為《五子之歌》以所都為冀方邪？〔註22〕可以知省十二為九者，必禹時無疑也。

夏、楚二物。

《學記》注云：「夏，榎也，古雅反。楚，荊也。」《爾雅》注云：「榎，今之山楸。」

金，黃金。贖，贖其罪。

黃金，依孔氏《傳》，《疏》云：「黃金，銅也。古之贖罪皆用銅，漢始用黃金，但少其斤兩，令與銅相敵。」愚謂：贖者，贖鞭、扑之罪。

此五句，從重入輕。

典刑最重，流宥次之，鞭輕，扑又輕，贖又輕。

〔註21〕「邪」，余氏勤有堂本、日本正保四年本、清鈔本作「耶」。
〔註22〕「邪」，余氏勤有堂本、日本正保四年本、清鈔本作「耶」。

二句，或由重而即輕。

指「眚災肆赦」，所犯雖重，然出於過誤不幸，直赦之也。

或由輕而即重。

指「怙終賊刑」，所犯雖輕，然有所倚恃，故意再犯，必賊殺之也。

據此經文，則五刑有流宥而無金贖。

金贖在鞭、扑之下。鞭、扑已在五刑之外，以待罪之輕者。金贖又在鞭、扑之外，則輕之又輕者。蓋典刑至重，鞭、扑至輕，流宥以待典刑之稍輕，金贖以待鞭、扑之尤輕者。當分作三段看。典刑、流宥為一段，所以言其重也；鞭、扑、金贖為一段，所以言其輕也；眚災、怙終為一段，所以言法外意也。

殛則拘囚困苦之。

《朱子語錄》云：「殛，非殺也。《洪範》云『殛死』，猶今言貶死。」又云：「殛鯀於羽山，想是偶然在彼而殛之。」

隨其罪之輕重而異法。

《輯纂》引孫氏云：「放重於流，竄重於放，殛重於竄。」

怒在四凶，舜何與焉？

可怒者在四凶，非舜之私意怒之也。程子云：「喜怒在事，則理之當喜怒者也。」又云：「如鑑之照物，妍媸在彼，隨物應之而已。」

《春秋傳》所記四凶之名，與此不同，說者以窮奇為共工，渾敦為驩兜，饕餮為三苗，檮杌為鯀。

《文公十八年》注云：「渾敦，不開通之貌。窮奇，其行窮其好奇。〔註23〕檮杌，頑凶無儔匹之貌。〔註24〕貪財為饕，貪食為餮。」

堯十六即位。

在位七十載，該八十六年。又試舜三載，該八十九年。又不聽政二十八載，該一百一十七年。《稽古錄》云：「壽百一十七歲而崩。」

孔氏云「喪畢之明年」，不知何所據。

蓋以上文有「三載」字，此繫以「月正元日」，故意為百姓，既喪三載，則舜亦為喪畢之明年也。《孟子》云：「堯崩，三年之喪畢，舜避堯之子於南河之南。」是也。

〔註23〕「窮其」，余氏勤有堂本、日本正保四年本、清鈔本作「窮奇」。
〔註24〕「儔」，余氏勤有堂本、日本正保四年本、清鈔本作「疇」。

能者擾而習之也。

《左傳》云「不相能也」，與此「能」字義相近。

僉，眾也。四岳所領四方諸侯，有在朝者也。

舜問四岳，四岳止一人，而稱「僉曰」者，可知為四岳所領諸侯之辭也。

平水土者，司空之職。

《周官》云：「司空掌邦土，居四民，時地利。」

如周以六卿兼三公。

《輯纂》引傅良云：「周、召以師保為冢宰，是卿兼三公也。《顧命》自『同召太保奭』以下，皆卿也。是時召公為保，兼冢宰，芮伯為司徒，彤伯為宗伯，畢公為司馬，皆是以三公兼之。」

後世以他官平章事知政事，亦此類也。

李沆制詞：「呂蒙正中書侍郎兼戶部尚書平章事。」鄭獬制詞：「富弼尚書左僕射兼門下侍郎同中書門下平章事。」

士，理官也。

《月令》注：「理，獄官也。夏曰大理。」《韻會》云：「皋陶為大理。」

《呂刑》所謂「上服」「下服」是也。

《呂刑》云：「上刑適輕下服，下刑適重上服。」蔡《傳》云：「事在上刑，而情適輕，則服下刑。舜之宥過無大，《康誥》所謂『大罪非終』者，是也。事在下刑，而情適重，則服上刑。舜之刑故無小，《康誥》所謂『小罪非眚』者，是也。」

惟大辟棄之於市，宮刑則下蠶室，餘刑亦就屏處。蓋非死刑，不欲使風中其瘡，誤而至死。

宮刑，腐刑也。如草木腐，而生意絕也。《前漢‧司馬遷傳》：「茸以蠶室。」師古云：「茸，人勇反，推也。蠶室，初腐刑所居，溫密之室也。」又衛宏《漢官舊儀》云：「皇后親桑於苑中蠶室，置蠶官令、丞，諸天下官下法，皆詣蠶室，與婦人從事。」又《三輔黃圖》云：「蠶室，行腐刑之所，司馬遷下蠶室。」屏處，隱風處也。《朱子語錄》云：「宮刑下蠶室，其他底刑，也是就個隱風處。不然牽去當風，割了耳鼻，豈不害破傷風，胡亂死了人。」又《祭義》云：「古者天子、諸侯必有公桑蠶室，近川而為之，築宮仞有三尺，棘牆而外閉之。」《疏》云：「仞三尺，高一丈也。棘牆者，牆上置棘。外閉，謂扇在戶外閉也。」

《曲禮》六工。

殷制。

《周禮》有攻木之工。

《考工記》云：「攻木之工七，輪、輿、弓、廬、匠、車、梓。攻金之工六，築、冶、鳧、栗、段、桃。攻皮之工五，函、鮑、韗、韋、裘。設色之工五，畫、繢、鍾、筐、㡛。刮摩之工五，玉、榔、雕、矢、磬。搏埴之工二，陶、旊。」

攎工垂之指。

陸氏《釋文》云：「攎，呂係反，又力結反。」

虞，山澤之官，《周禮》分為虞、衡，屬於夏官。

「夏」字誤。案《周禮・地官》：「山虞，每大山，中士四人，下士八人；中山，下士六人；小山，下士二人。林衡，每大林麓，下士十有二人。中林麓如中山之虞，小林麓如小山之虞。川衡，每大川，下士十有二人；中川，下士六人；小川，下士二人。澤虞，每大澤大藪，中士四人，下士八人；中澤中藪，如中川之數；小澤小藪，如小川之數。府、史、胥、徒在外。」《輯纂》引曾氏云：「益蓋為眾虞之長耳。」又《周禮注》云：「虞，度也。度知山之大小及所生者。衡，平也。平林麓之大小及所生者。」

三禮，祀天神、享人鬼、祭地祇之禮。

其詳已見上文「五禮」下。天神，昊天上帝、日月星辰、司中、司命、風師、雨師，是也。人鬼，先王宗廟是也。地祇，社稷、五祀、五嶽、山林川澤是也。

《周禮》亦謂之宗伯，而都家皆有宗人之官。

《周禮・春官》「宗伯掌邦禮」，其屬有都宗人、家宗人。《注》云：「都，王子弟所封，及公卿所食邑。家，謂大夫所食采地。」

《大司樂》「掌成均之法」。

賈氏《疏》云：「成均，五帝學名。」〔註25〕「大司樂以樂德教國子，中、和、祇、庸、孝、友；以樂語教國子，興、道、諷、誦、言、語；以樂舞教國子，舞《雲門》《大卷》《大咸》《大磬》《大夏》《大濩》《大武》。」〔註26〕

〔註25〕「學」，日本正保四年本作「樂」。
〔註26〕「磬」，余氏勤有堂本、日本正保四年本作「磬」。

蕩滌邪穢，斟酌飽滿。

出《史記・樂書》。主聲音而言，其和平，足以蕩滌人之邪穢；其節奏，足以斟酌人之飽滿，所謂「樂而不淫」「和而不流」也。《周子通書》曰：「樂聲淡而不傷，和而不淫。入其耳，感其心，莫不淡且和焉。淡則欲心平，和則躁心釋。」

動盪血脈，流通精神。

亦出《史記》。主舞蹈而言，其動以干戚，飾以羽旄，屈伸俯仰，綴兆舒疾，足以動盪人之血脈，流通人之精神，所謂「樂行而倫清，耳目聰明，血氣和平」者也。

養其中和之德，而救其氣質之偏者也。

《樂記》云：「先王本之情性，稽之度數，制之禮義，合生氣之和，道五常之行，使之陽而不散，陰而不密，剛氣不怒，柔氣不懾，四暢交於中，而發作於外，皆安其位，而不相奪也。」又曰：「樂也者，天地之命，中和之紀。」又《周子通書》云：「優柔平中，德之盛也。天下化中，治之至也。」又曰：「樂者，本乎政也。政善民安，則天下之心和。故聖人作樂，以宣暢其和心，達於天地，天地之氣感而大和焉。」愚案：周子之言中和，是兼內外體用而言。若《中庸》所謂中和，則中為性之德，和為情之德。靜而無少偏倚，則能養其中矣；動而無少差繆，則能養其和矣。蓋氣質之性，有剛善、剛惡、柔善、柔惡之偏，惟能養其中和之德，則直者必溫，寬者必栗，剛者不至於虐，簡者不至於傲矣。

大抵歌聲長而濁者為宮，以漸而清且短，則為商、為角、為徵、為羽，所謂「聲依永」也。

《朱子語類》云：「古人曉音律，風角、鳥占皆能之。」愚案《管子・地員篇》云：「凡聽徵，如負豬豕，覺而駭。凡聽羽，如鳴馬在野。凡聽宮，如牛鳴窌中。凡聽商，如離群羊。凡聽角，如雉登木以鳴，音疾以清。」李淳風云：「宮音，如牛鳴牢中，隆隆如雷聲響。商音，如離群之羊，如叩鍾，[註27]如飛集之羽，如汲水，咨嗟聲感人。角音，如千人語，銀銀然令人悲哀，如人叫啾啾，如千人呼嘯，如雞登木。徵音，如奔馬炎上，如縛彘駭起。羽音，如擊濕鼓，如流水揚浪，激聲相磋，如麋鹿鳴。」人之歌聲，難以類比。愚嘗察

〔註27〕「鍾」，文淵閣四庫本作「鐘」。

之人聲，怒聲多宮，哀聲多商，樂聲多角，喜聲多徵，聚聲多羽。如歌聲，則又以其抑揚高下而辨之。如燕太子丹送荊軻至易水上，高漸離擊筑，荊軻和而歌，為變徵之聲。士皆垂淚涕泣，又前而為歌曰：「風蕭蕭兮易水寒，壯士一去兮不復還。」復為羽聲忼慨，士皆瞋目，髮盡上指冠。如此皆在歌呼抑揚之間，變徵之聲清楚，故能使人幽憂涕泣。復為羽聲，本尚幽怨，纔加忼慨，則其聲頓揚，近於變宮，便能聳動感激，使人瞋目豎髮。故人之聽聲，必在聲入心通之妙，難以言述。古之雅歌，今皆不傳，雖《詩》章具在，終不得其抑揚高下之法也。

假令黃鍾為宮，則太蔟為商，姑洗為角，林鍾為徵，南呂為羽。蓋以三分損益，隔八相生而得之，餘律皆然。即《禮運》所謂「五聲、六律、十二管，還相為宮」也。

「三分損益，隔八相生」者，三分黃鍾之長而損其一，自子至未，下生林鍾。長短已見前，如黃鍾九寸，三分而損一，則得六寸，為林鍾之長。三分林鍾之長而益其一，自未至寅，上生太蔟。三分太蔟之長而損其一，自寅至酉，下生南呂。三分南呂之長而益其一，自酉至辰，上生姑洗。三分姑洗之長而損其一，自辰至亥，下生應鍾。三分應鍾之長而益其一，自亥至午，上生蕤賓。三分蕤賓之長而益其一，自午至丑，上生大呂。三分大呂之長而損其一，自丑至申，下生夷則。三分夷則之長而益其一，自申至卯，上生夾鍾。三分夾鍾之長而損其一，自卯至戌，下生無射。三分無射之長而益其一，自戌至巳，上生仲呂。陽律生陰呂，謂之下生。凡五位，布算者倍其實，三其法。陰呂生陽律，謂之上生。凡六位，四其實，三其法。又案：蔡氏《律呂證辨》云：「大呂、夾鍾、仲呂，止得半聲，必用倍數，乃與天地之氣相應，故應鍾上生蕤賓，蕤賓又復上生大呂也。」《朱子語類》云：「自唐以前，樂律尚有制度可考；唐以後，都無可考。杜佑《通典》所算，本朝范、馬諸公，非惟不識古制，自是於唐制亦不曾看。《通典》又不是隱僻底書，不知當時諸公何故皆不看。」愚案：《語錄》朱子多責人不讀《通典》，今據「五聲、六律、十二管，還相為宮」，《禮運》注疏極詳，諸史志亦言之，西山蔡氏《律呂本原》尤為明白，茲不遍錄，具載《通典》，說於後云：「五聲、六律，旋相為宮。其用之法，先以本管為均，八音相生，或上或下，取五聲令足，然後為十二律旋相為宮。若黃鍾之均，以黃鍾為宮，黃鍾下生林鍾為徵，林鍾上生太蔟為商，太蔟下生南呂為羽，南呂上生姑洗為角，此黃鍾之調也。姑洗皆三分之次，故用正律之聲也。

若大呂之均，以大呂為宮，大呂下生夷則為徵，夷則上生夾鍾為商，夾鍾下生無射為羽，無射上生仲呂為角，此大呂之調也。仲呂皆三分之次，故用正律之聲也。太蔟之均，以太蔟為宮，太蔟下生南呂為徵，南呂上生姑洗為商，姑洗下生應鍾為羽，應鍾上生蕤賓為角，此太蔟之調也。蕤賓皆三分之次，故用正律之聲也。夾鍾之均，以夾鍾為宮，夾鍾下生無射為徵，無射上生仲呂為商，仲呂上生黃鍾為羽。黃鍾正律之聲長，非商三分去一之次，此用其子聲為羽也。黃鍾下生林鍾為角，林鍾子聲短，非仲呂為商之次，故還用林鍾正管之聲為角。夾鍾之調，有四正聲、一子聲。姑洗之均，以姑洗為宮，姑洗下生應鍾為徵，應鍾上生蕤賓為商，蕤賓上生大呂為羽。正聲長，用其子聲為羽。大呂下生夷則為角，夷則子聲短，故還用正聲為角。此姑洗之調，亦正聲四，子聲一也。仲呂之均，以仲呂為宮，仲呂上生黃鍾為徵，正聲長，用其子聲。黃鍾下生林鍾為商，林鍾子聲短，用正聲為商。林鍾上生太蔟為羽，太蔟正聲長，故用其子聲為羽。太蔟下生南呂為角。此仲呂之調，正聲三，子聲二也。蕤賓之均，以蕤賓為宮，蕤賓上生大呂為徵，大呂正聲長，故用子聲為徵。大呂下生夷則為商，夷則上生夾鍾為羽，正聲長，故用子聲為羽。夾鍾上生無射為角，子聲短，還用正聲為角。此蕤賓之調，亦二子聲，三正聲也。林鍾之均，以林鍾為宮，林鍾上生太蔟為徵，太蔟正聲長，用子聲為徵。太蔟下生南呂為商，南呂上生姑洗為羽，姑洗正聲長，故用子聲。姑洗下生應鍾為角，應鍾子聲短，還用正聲為角。此林鍾之調，亦子聲二，正聲三也。夷則之均，以夷則為宮，夷則上生夾鍾為徵，夾鍾正聲長，故用子聲為徵。夾鍾下生無射為商，子聲短，故還用正聲為商。無射上生仲呂為羽，仲呂正聲長，故用子聲為羽。仲呂上生黃鍾為角，黃鍾正聲長，故用子聲為角。此夷則之調，正聲二，子聲三也。南呂之均，以南呂為宮，南呂上生姑洗為徵，姑洗正聲長，故用子聲為徵。姑洗下生應鍾為商，應鍾子聲短，故用正聲為商。應鍾上生蕤賓為羽，蕤賓正聲長，用子聲為羽。蕤賓上生大呂為角，正聲長，用子聲為角。此南呂之調，正聲二，子聲三也。無射之均，以無射為宮，無射上生仲呂為徵，仲呂正聲長，用子聲為徵。仲呂上生黃鍾為商，正聲長，用子聲為商。黃鍾下生林鍾為羽，正聲長，用子聲為羽。林鍾上生太蔟為角，正聲長，用子聲為角。此無射之調，正聲一，子聲四也。應鍾之均，以應鍾為宮，應鍾上生蕤賓為徵，正聲長，用子聲為徵。蕤賓上生大呂為商，正聲長，用子聲為商。大呂下生夷則為羽，正聲長，用子聲為羽。夷則上生夾鍾為角，正聲長，

用子聲為角。此應鍾之調,正聲一,子聲四也。」《朱子語類》云:「旋相為宮,若到應鍾為宮,則下四聲都當低去,所以有半聲,亦謂之子聲,近時所謂清聲是也。大率樂家最忌臣民陵君,故商聲不得過宮聲。」愚案:如黃鍾,全用九寸,謂之正聲;折半取四寸五分,謂之子聲,餘皆仿此。又案《律呂本原》:「黃鍾自為宮,變半為無射商,變半為夷則角,變半為仲呂徵,變半為夾鍾羽。大呂自為宮,半之為應鍾商,半之為南呂角,半之為蕤賓徵,半之為姑洗羽。太蔟自為宮,全為黃鍾商,變半為無射角,半之為林鍾徵,變半為仲呂羽。夾鍾自為宮,全為大呂商,半之為應鍾角,半之為夷則徵,半之為蕤賓羽。姑洗自為宮,全為太蔟商,全為黃鍾角,半之為南呂徵,半之為林鍾羽。仲呂自為宮,全為夾鍾商,全為大呂角,半之為無射徵,半之為夷則羽。蕤賓自為宮,全為姑洗商,全為太蔟角,半之為應鍾徵,半之為南呂羽。林鍾自為宮,變為仲呂商,變為夾鍾角,全為黃鍾徵,變半為無射羽。夷則自為宮,全為蕤賓商,全為姑洗角,全為大呂徵,半之為應鍾羽。南呂自為宮,全為林鍾商,變為仲呂角,全為太蔟徵,全為黃鍾羽。無射自為宮,全為夷則商,全為蕤賓角,全為夾鍾徵,全為大呂羽。應鍾自為宮,全為南呂商,全為林鍾角,全為姑洗徵,全為太蔟羽。」又《律呂本原》云:「十二律旋相為宮,各有七聲,合八十四聲。宮聲十二、商聲十二、角聲十二、徵聲十二、羽聲十二,凡六十聲,為六十調。其變宮十二,在羽聲之後,宮聲之前。變徵十二,在角聲之後,徵聲之前。宮不成宮,徵不成徵,凡二十四聲,不可為調。黃鍾宮至夾鍾羽,並用黃鍾起調,黃鍾畢曲。大呂宮至姑洗羽,並用大呂起調,大呂畢曲。太蔟宮至仲呂羽,並用太蔟起調,太蔟畢曲。夾鍾宮至蕤賓羽,並用夾鍾起調,夾鍾畢曲。姑洗宮至林鍾羽,並用姑洗起調,姑洗畢曲。仲呂宮至夷則羽,並用仲呂起調,仲呂畢曲。蕤賓宮至南呂羽,並用蕤賓起調,蕤賓畢曲。林鍾宮至無射羽,並用林鍾起調,林鍾畢曲。夷則宮至應鍾羽,並用夷則起調,夷則畢曲。南呂宮至黃鍾羽,並用南呂起調,南呂畢曲。無射宮至大呂羽,並用無射起調,無射畢曲。應鍾宮至太蔟羽,並用應鍾起調,應鍾畢曲。」《朱子語類》云:「宮與羽,角與徵,相去獨遠,故於其間制變宮、徵二聲。」愚案:《律呂本原》七聲之序,宮一、商二、角三、變徵四、徵五、羽六、變宮七。如黃鍾為宮,則太蔟為商,姑洗為角,蕤賓為變徵,林鍾為徵,南呂為羽,應鍾為變宮,皆以隔八相生得之。其生之序,則宮一、徵二、商三、羽四、角五、變宮六、變徵七。若正聲長,而不能為七聲之次,則亦用半聲也。

蓋聲音之數，往而不返，故黃鍾不復為他律役，而獨為聲氣之元也。五聲、十二律，合之為六十調。七聲、十二律，合之為八十四調。《通典》云：「殷已前，〔註28〕但有五音。自周以來，加文、武二聲，謂之為七。其五聲為正，二聲為變。變者，和也。」朱子云：「二者是樂之和，相連接處。」朱子又云：「今人曲子所謂黃鍾宮、大呂羽，這便是調。謂如頭一聲是宮聲，尾後一聲亦是宮聲，這便是宮調。」愚案：前段所謂「黃鍾起調，黃鍾畢曲」者，此之謂也。愚又案：隔八相生，至無射生仲呂，其道窮矣，復變而上生黃鍾，謂之變律。如仲呂再生黃鍾，則不及九寸。仲呂律長六寸五分八釐三毫四絲六忽，陰生陽，四因其實，三其除法，得八寸七分七釐七毫九絲四忽，不盡二算，如前所謂變半者，則以此變律，復折半為用也。又案《朱子大全集》云：「俗樂之譜，合為黃鍾，四下為大呂，四上為太蔟。乙下為夾鍾，乙上為姑洗。上為仲呂，勾為蕤賓，尺為林鍾。工下為夷則，工上為南呂。凡下為無射，凡上為應鍾。六為黃清，五下為大清，五上為蔟清，五尖為夾清。」此聲俗工皆能知之，但或未識古律之名，不能移彼以為此，故附見其說云。

被之八音。

金為鐘，石為磬，絲為絃，竹為管，匏為笙，土為塤，革為鼓，木為柷敔。見於《圖經》。〔註29〕

敷奏復逆。

復逆者，《周禮》云：「小臣掌三公及孤卿之復逆。」《注疏》云：「復是報白之義。逆謂上書。」

納言，官名。周之內史，漢之尚書，魏晉以來所謂中書門下省，皆此職也。

《周禮·春官》：「內史掌王之八枋之法，以詔王治，一曰爵，二曰祿，三曰廢，四曰置，五曰殺，六曰生，七曰予，八曰奪。執國灋及國令之貳，以考政事，以逆會計。掌敘事之灋，受納訪，以詔王聽治。」李壄《續補漢官儀》云：「尚書，唐虞官也。《書》曰『龍作納言』，《詩》云：『仲山甫，王之喉舌。』秦改稱尚書，漢亦尊此官，典機密。」明帝詔曰：「尚書，蓋古之納言，出納朕命。機事不密則害成，可不慎歟？」漢尚書稱臺，魏晉以來為省。《晉志》

〔註28〕「已」，文淵閣四庫本作「以」。
〔註29〕「見於圖經」四字，諸本無，據日本正保四年本補。

云：「給事黃門侍郎與侍中，俱管門下眾事。」《舊唐志》云：「秦、漢初置侍中，曾無臺、省之名。自晉始置門下省，南北朝皆因之。侍中二員，隋曰『納言』，武德改侍中，掌出納帝命，所謂佐天子而統大政者也。」《新唐志》云：「下之通上，其制有六，一曰奏鈔，舊志作「抄」。以度支國用，授六品以下官，斷流以下罪，〔註30〕及除免官用之。二曰奏彈，三曰露布，四曰議，五曰表，六曰狀。自露布以上乃審，其餘覆奏，書制可，而授尚書省。」

此以平水土、若百工各為一官，而周制同領於司空。

《周官》：「司空掌邦土，居四民，時地利。」《王制》云：「司空執度，度地居民，山川沮澤，時四時，量地遠近，興事任力。」所謂平水土、若百工，同領於司空也。《冬官》司空之職，編簡散亂，錯雜於五官之中，如土宜、土均之法，懷方、合方之職，皆司空之事。漢儒不察，獨以《考工記》補之，良可歎也。

此以士一官兼兵刑之事，而《周禮》分為夏、秋兩官。

杜佑《通典》以兵附於刑，謂「大刑用兵甲，其次用五刑」，亦猶古意。

韓子曰：「《竹書紀年》，帝王之沒皆曰陟。」

見退之《黃陵廟碑》。《晉·束晳傳》云：「太康二年，汲郡人不準，不，方鳩反。盜發魏襄王墓，或言安釐王冢，得竹書數十車，其《紀年》十三篇。」

方，猶「雲徂乎方」之「方」。

揚子《法言》云：「雲徂乎方，雨流乎淵。」《注》云：「徂，往也。方，四方也。」

零陵、蒼梧。

零陵，今湖南永州郡名。舜冢在道州界。蒼梧，今廣西梧州也。

〔註30〕「以」，余氏勤有堂本、日本正保四年本作「已」。

書蔡氏傳旁通卷第一下

大禹謨

九州之外，世一見曰王。

《周禮·秋官·大行人》云：「九州之外，謂之蕃國，世壹見。」《注》云：「九州之外，無朝貢之歲。父死子立，及嗣王即位，乃一來耳。」

「水、火、金、木、土、穀惟修」者，水克火，火克金，金克木，木克土，而生五穀，或相制以洩其過，或相助以補其不足，而六者無不修矣。

水克火以烹飪，火克金以鍛冶，金克木以成器，此相制以洩其過者也。斲木為耜，揉木為耒，耒耜之利，以教天下。此木克土而生五穀，相助以補其不足者也。雖然，此以人事言之也。五行之用，質生於地，而氣行於天，聖人因五材而修之，其功可見也。所以爕調元氣，財成輔相，而致其參贊化育之功者，則不可得而見也。然政在養民，而又謂之六府，則是當以在人者論，不以在天者論。

正德者，父慈、子孝、兄友、弟恭、夫義、婦聽，所以正民之德也。又云：為之惇典敷教，以正其德。

惇典，惇五典也。敷教，敷五教也。上云父子、兄弟、夫婦，是五典五教中切於民者也。其實並五典盡教之，三者舉其近耳。

九者既已修和，各由其理，民享其利，莫不歌詠而樂其生也。

《朱子語錄》云：「九歌，便是作韶樂之本。看得此歌，本是在下之人作

歌，不知當時如何取之以為樂。」又曰：「九歌，只是九功之敘可歌。想那時田野，自有此歌，今不可得見。」

《周禮》所謂「九德之歌」「九韶之舞」。

《大司樂》云：「九德之歌，九磬之舞。」《注》引《左氏》云：「九功之德，皆可歌也，謂之九歌。」九磬，讀為大韶。

太史公所謂「佚能思初，安能惟始，沐浴膏澤，而歌詠勤苦」者也。

《史記·樂書》云：「君子不為約則修德，滿則棄禮，佚能思初，安能惟始，沐浴膏澤，而歌詠勤苦，非大德，誰能如斯？」

洚水、洚洞。

《孟子集注》：「洚音降。〔註1〕又胡貢、胡工二反。」今訓為洚洞，當從胡貢反。

心者，人之知覺，主於中而應於外者也。

《中庸序》云：「心之虛靈知覺，一而已矣。」蓋虛靈是未發時，心之體也；知覺是已發時，心之用也。人心、道心，皆是已發之心，故以知覺言之，不必下「虛靈」字。然又云「主於中」，則所主者，即體也。

指其發於形氣者而言，則謂之人心。

如寒欲衣，飢欲食，目欲色，耳欲聲，口欲味，鼻欲臭，四肢欲安佚之類，皆從形氣上來。此「人」字，非人己之人，如天人之人，以其皆屬自家身己上事，故曰「人心」。

指其發於義理者而言，則謂之道心。

如渴不飲盜泉水，餓不受嗟來食，〔註2〕見孺子入井而怵惕之類，皆從義理上來，即知覺之得其正者，以其合於事物當然之理，故曰「道心」。

人心易私而難公，故危。

私者，我之所獨。蓋耳目鼻口皆屬自家體段，如專欲求利於己，則必違義而生害，以至於危而不安矣。

道心難明而易昧，故微。

道者，人之所共由。蓋四端之發，原於仁義禮智，是天下公共之理也。然不能即其善端發見，而充廣之，則人欲縱肆，而所謂道者，微妙難見矣。

〔註1〕「洚」，諸本作「頭」，據日本正保四年本改。
〔註2〕「受」，文淵閣四庫本作「食」。

道心常為之主，而人心每聽命焉。

人心不能無也，必道心常為之主，則理可勝欲。雖形氣之所發者，亦無不合乎義理之正，而無一毫私意於其間矣。

動靜云為，自無過不及之差，而信能執其中矣。

此時中之中，指已發而言也。先儒於未發之中，則以不偏不倚訓之；於已發之中，則以無過不及訓之。蓋未發之前，不見其過與不及也。必已發而時中，然後見其無過，亦無不及焉。所謂「允執」者，亦性焉、安焉之謂。欲執其中者，必在精一，至於允執，則不思不勉，而亦無事乎精一矣。唯聖者能之，大賢以下，則擇善固執而已。

可願，猶《孟子》所謂「可欲」。

《孟子集注》云：「天下之理，其善者必可欲，其惡者必可惡。其為人也，可欲而不可惡，則可謂善人矣。」《孟子》是論觀人之法，《書》是論修己之法，然可欲之善則同。

龜，卜；蓍，筮。

蓍，所以筮；龜，所以卜。《史記》云：「上有擣蓍，擣，逐留反。下有神龜。」龜千歲乃滿尺二寸。蓍百年而一本生百莖，分而為五十者二，每用四十九莖，分掛揲歸，十有八變而成卦，以占吉凶。卜官得大龜，以庚辛日殺之，剔取其甲，以清水澡之，東向立，灼以荊，若剛木。灼鑽畢，以五兆占之，以辨吉凶。其祝龜曰：「假爾泰龜有常。」祝蓍曰：「假爾泰筮有常。」詳見《洪範》「七稽疑」。

神宗，堯廟也。

蘇子《古史》云：「神宗者，舜之所宗堯也。」《注》云：「舜受命於文祖，禹受命於神宗，蓋將以天下與人，必告其所從受天下者也。」《祭法》疏云：「有虞氏以上尚德，禘郊祖宗，配用有德者而已。」虞氏禘郊祖宗之人，皆非虞氏之親，是尚德也。自夏以下，稍用其姓代之。

軍旅曰誓。

見《周禮·士師》。

商作誓，周作會。

見《禮記·檀弓》。

歷山在河中府河東縣。

《韻會》云:「蒲州河東縣雷首山,一名中條,亦名歷山。」又越州餘姚縣,濮州雷澤及嬀州,皆有歷山舜井。

仁覆閔下,謂之旻。

《爾雅》云:「秋為旻天。」《詩序》云:「旻,愍也。」毛公云:「仁覆閔下,則稱旻天。」閔、愍通用。《書疏》云:「求天愍己,故呼曰旻天。」

號呼於旻天,於其父母。

《朱子語錄》云:「號泣於旻天,呼天而泣也。於父母,呼父母而泣也。」

怨慕之深。

《孟子集注》云:「怨己之不得其親,而思慕也。」又云:「自責不知己有何罪耳,非怨父母也。」

即《孟子》所謂「厎豫」也。

《集注》云:「厎,致也。豫,悅樂也。《書》所謂『不格奸,亦允若』是也。」

瞍,長老之稱。

《集注》云:「瞽瞍,舜父名。」蔡氏於《堯典》云:「瞽,無目之名。」於此又云「瞍,長老之稱」,蓋舜父老而無目,號曰瞽瞍,而蔡《傳》釋其所以為號之由也。

干,楯;羽,翳也,皆舞者所執也。

《爾雅疏》云:「干,扞也。」郭云:「相扞衛。」孫炎云:「干,盾,自蔽扞。」「纛,翳也。」孫炎云:「舞者所持羽也。」郭云:「今之羽葆幢,舞者所以自蔽翳。」又案《周禮·春官》樂師有羽舞,有干舞。《注》云:「宗廟以羽,兵事以干。」《疏》云:「析羽為旌。羽舞,析羽也。干戈,兵事所用,故以干舞為兵。」孔氏《書疏》云:「武舞執楯,文舞執羽,干、羽皆舞者所執。據器言之,有武有文,用以為舞,而不用於敵,故教為文也。」

皋陶謨

大包藏凶惡之人。

此指「孔壬」,與《舜典》「而難任人」同。《說文》云:「象人懷妊之形。」故以包藏訓之。

禹言三凶而不及鯀者，為親者諱也。

《穀梁傳》云：「為尊者諱恥，為賢者諱過，為親者諱疾。」《公羊傳》云：「《春秋》為尊者諱，為親者諱，為賢者諱。」

正言而反應者。

寬，正言也；栗，反應也。餘仿此。

所以明其德之不偏。

寬而不栗，是偏於寬也；栗而不寬，是偏於栗也。今云「寬而栗」，是能兼有之，所以明其德之不偏。如伯夷是偏於清也，柳下惠是偏於和也。若伯夷清而和，柳下惠和而清，則不偏矣。餘仿此。

皆指成德之自然，非以彼濟此之謂也。

凡寬而且栗，柔而且立者，皆因氣稟之不偏，故其德性之美，成於自然，非寬者勉求為栗以濟寬，柔者強求為立以濟柔也。朱子云：「九德，凡十八種，是好底氣質。」

木、火、金、水，旺於四時，而土則寄旺於四季也。

自立春後，木旺七十二日；立夏后，火旺七十二日；立秋後，金旺七十二日；立冬後，水旺七十二日。季春辰，土旺十八日，寄在立夏前；季夏未，土旺十八日，寄在立秋前；季秋戌，土旺十八日，寄在立冬前；季冬丑，土旺十八日，寄在立春前。亦共七十二日，通為三百六十日。

有庸，馬本作「五庸」。

據《釋文》云。

衷，「降衷」之「衷」，即所謂「典禮」也。

《湯誥》傳云：「天之降命，而具仁、義、禮、智、信之理，無所偏倚，所謂衷也。人之稟命，而得仁、義、禮、智、信之理，與心俱生，所謂性也。」愚案：以此為即典禮者，蓋父子、君臣、夫婦、長幼、朋友之常，即仁、義、禮、智、信之道。聖人所以因而品節，為吉、凶、軍、賓、嘉之五禮，亦無往而非此道，故曰「天敘」，又曰「天秩」。蓋本於天而備於我，其體則具於中，而無少偏倚；其用則行於外，而非過不及。此蔡氏所以謂之即「典禮」也。

典禮雖天所秩敘，然正之使敘倫而益厚，用之使品秩而有常，則在我而已。

朱子云：「因其生而第之，以所當處者，謂之敘。因其敘而與之，以其所

當得者，謂之秩。」又云：「許多典禮，都是天敘、天秩下了，聖人只是因而救正之，因而用出去。凡其所謂冠、昏、喪、祭之禮，與夫典章制度、文物禮樂、車輿衣服，無一件是聖人自做底，都是天做下了，聖人只是依傍他天理行將去。如推個車子，本自轉將去，我這裡只是略扶助之而已。」

民彝物則，各得其正，所謂「和衷」也。

各得其正，則發必中節，而於天理之自然者，皆無所乖沴，是以能和衷也。《輯纂》引齊氏云：「聖人為禮以節之，歐陽公所謂順其情而節文之，使知尊卑長幼，凡人之大倫也。此其高下之宜，豐殺之別，貴賤偏全之等，所以明於人心，習熟於人之耳目，而終其身，不敢肆其情欲於度數之外也。此三代帝王防範人心之先務，隄防世變之大端也。」

五服，五等之服，自九章以至一章是也。

《周禮·春官·司服》注云：「九章，一曰龍，二曰山，三曰華蟲，四曰火，五曰宗彝，皆畫以為繢；六曰藻，七曰粉米，八曰黼，九曰黻，皆希以為繡。公之服，自袞冕而下，衣五章，裳四章，如王之服。侯、伯之服，自鷩冕而下。鷩即華蟲，雉也。衣三章，裳四章，凡七，無龍與山也。子、男之服，自毳冕而下。毳畫虎、蜼二獸於宗彝之器。衣三章，宗彝、藻、米；裳二章，黼、黻，凡五，無龍、山、蟲、火也。孤之服，自希冕而下。希者，刺粉米於衣，無畫也。衣一章，裳二章，黼、黻而已，凡三。大夫之服，自玄冕而下。玄者，衣無文，裳一章，刺黻而已。凡冕服，皆玄衣纁裳。五服同用冕，其旒數則亦異。」又案：楊信齋《祭禮經傳通解》云：「袞衣之冕十二斿，〔註3〕用玉二百八十八。鷩衣之冕九斿，用玉二百一十六。毳衣之冕七斿，用玉百六十八。希衣之冕五斿，用玉百二十。玄衣之冕三斿，用玉七十二。」

天之明畏，非有好惡也，因民之好惡以為明畏。

《輯錄》云：「問：『聰明、明畏，不知明畏是兩字，還是一字。林氏以為聰明言視聽，明畏言好惡，未知如何。』先生曰：『林氏似是。明畏，言天之所明所畏。所明，如「明明揚側陋」之明；所畏，如「董之用威」「威用六極」之意。』」愚案：此蓋謂民之所好者，天必明之；民之所惡者，天必畏之。「畏」與「威」同。

〔註3〕「斿」，日本正保四年本作「旒」。下同，不出校。

益稷

四載，水乘舟，陸乘車，泥乘輴，山乘樏。

此據古注也。陸氏云：「輴，丑倫反。樏，力追反。」

輴，《史記》作「橇」，《漢書》作「毳」，以板為之，其狀如箕，摘行泥上。樏，《史記》作「橋」，《漢書》作「梮」，以鐵為之，其形似錐，長半寸，施之履下，以上山不蹉跌也。

陸氏云：「輴，《漢書》作『橇』，如淳音蕝。以板置泥上。服虔云：『木橇，形如木箕，摘行泥上。』尸子云：『澤行乘蕝。』子絕反。樏，《史記》作『橋』，徐音近遙反。《漢書》作『梮』，九足反。」《書疏》云：「《史記·河渠書》：『泥行蹈蕝，山行即橋。』丘遙反。徐廣曰：『橋，一作輂，几玉反。輂，直轅車也。』《漢·溝洫志》：『泥行乘毳，山行則梮。居足反。毳如箕，摘行泥上。』如淳云：『以板置泥上，通行路也。梮，謂以鐵如錐頭，長半寸，施之履下，以上山不蹉跌也。』韋昭云：『梮，木器也。如今舉牀，人舉以行也。』」輴與毳為一，樏與梮、輂為一，古篆變形，字體改易，說者不同，未知孰是。又《史記·夏紀》云：「陸行乘車，水行乘船，泥行乘橇，山行乘檋。」《正義》云：「橇，形如船而短小，兩頭微起，人曲一腳，泥上摘進，用拾泥上之物。今杭州、溫州海邊有之也。檋，上山，前齒短，後齒長；下山，前齒長，後齒短也。」

《左傳》云：「井堙木刊。」

見《襄二十五年》。

《周禮》：一畝之間，廣尺、深尺曰畎。一同之間，廣二尋、深二仞曰澮。畎、澮之間有遂、有溝、有洫，皆通田間水道，以小注大。言畎、澮而不及遂、溝、洫者，舉小大以包其餘也。

《周禮·冬官·考工記》云：「耜廣五寸，二耜為耦。一耦之伐，廣尺、深尺謂之畎。田首倍之，廣二尺、深二尺謂之遂。九夫為井。井間廣四尺、深四尺謂之溝。方十里為成。成間廣八尺、深八尺謂之洫。方百里為同。同間廣二尋、深二仞謂之澮。專達於川，各載其名。凡天下之地勢，〔註4〕兩山之間，必有川焉；大川之上，必有涂焉。」

〔註4〕「勢」，余氏勤有堂本、日本正保四年本、清鈔本作「埶」。

「翼」「為」「明」「聽」，即作股肱耳目之義。

翼、為，在股肱；明、聽，在耳目。

宗彝，虎、蜼，取其孝也。

《爾雅》云：「蜼，仰鼻而長尾。」郭璞云：「蜼，似獼猴而大，黃黑色，尾長數尺，似獼，尾末有岐，鼻露向上，雨即自懸於樹，以尾塞鼻，或以兩指。江東人亦取養之，為物捷健。」蜼，音誄，《廣韻》音余救、以季二反。《周禮注》讀如「蛇虺」之「虺」，又讀如「公用射隼」之「隼」。《釋文》又音以水反。《周禮注疏》云：「宗彝者，據周之彝尊，有虎彝、蜼彝，因於前代，則虞氏有虎彝、蜼彝可知。若然，宗彝是宗廟彝，非蟲獸之號，而言宗彝者，以虎、蜼畫於宗彝，則因號虎蜼為宗彝，其實是虎、蜼也。但虎、蜼同在於彝，故此亦並為一章也。虎取其嚴猛，蜼取其有智，以其雨則以尾塞鼻，是其智也。」愚案：《禮疏》謂虎、蜼取其嚴猛與智，而蔡《傳》云取其孝者，蓋以虎彝、蜼彝為四時享祼之器，不與諸尊彝同，孝思之所在也。

黼若斧形，取其斷也。

《書疏》云：「《考工記》：『白與黑謂之黼。』《釋器》云：『斧謂之黼。』孫炎云：『黼文如斧形。』蓋半白半黑似斧，刃白而身黑。」

黻為兩己相背，取其辨也。

《書疏》云：「刺繡為兩己字相背也。《考工記》云：『黑與青謂之黻。』以青黑綫刺也，取其善惡相背也。」

絺，鄭氏讀為黹，紩也，紩以為繡也。

《釋文》：「絺，敕私反。」此據《周禮注》。《釋文》云：「黹，張里反。」《疏》云：「鄭君讀希為黹。〔註5〕黹，紩也。謂刺繪為繡也。」紩音姪。《韻會》云：「縫也。」

衣之六章，其序自上而下。裳之六章，其序自下而上。

此言繪繡於衣、裳，其序如此。衣六章，日、月在上，華蟲在下。裳六章，宗彝在下，黼、黻在上。

繪於衣，繡於裳，皆雜施五采，以為五色也。

《考工記》云：「畫繪之事雜五色，東方謂之青，南方謂之赤，西方謂之白，北方謂之黑，天謂之玄，地謂之黃。青與白相次也，赤與黑相次也，玄與

─────────

〔註5〕「希」，日本正保四年本作「絺」。

黃相次也。青與赤謂之文，赤與白謂之章，白與黑謂之黼，黑與青謂之黻，五采備謂之繡。土以黃，其象方，天時變，火以圜，音環。山以章，水以龍，鳥獸蛇。雜四時五色之位以章之，謂之巧。凡畫繢之事，後素功。」《注》云：「玄黃相次，以上六色，繢以為衣。五采備以上，繡以為裳。火以圜者，形如半環。山以章，獐也，在衣。水以龍，在衣。鳥獸蛇，華蟲也。蟲之毛鱗有文采者在衣。」《疏》云：「畫山兼畫獐，畫龍兼畫水，衣在上，陽主輕浮，故畫之；裳在下，陰主沈重，故刺之也。」

又案：周制。

見《春官・司服》注。

以日、月、星辰畫於旂。

鄭玄云：「王者相變，至周而以日、月、星辰畫於旌旗，所謂『三辰旂旗，昭其明也』。」案《書疏》云：「桓二年《左傳》云：『三辰旂旗。』三辰，即日、月、星也。《周禮》司常掌九旗之物，惟日、月為常，不言畫星，蓋太常之上又畫星也。」《周禮疏》云：「若孔君安國義，虞時亦以日、月、星畫於旌旗，與周同。鄭意虞時無日、月、星畫於旌旗。若虞時日、月、星畫於旌旗，則衣無日、月、星也。」

冕服九章，登龍於山，登火於宗彝。

《周禮疏》云：「鄭知登龍於山者，周法皆以蟲獸為章首。若不登龍於山，則當以山為章首，何得猶名袞龍乎？〔註6〕又知登火於宗彝者，宗彝則虎也。若不登火於宗彝上，則虎是六章之首，不得以虎為五章之首，故知登火於宗彝也。」

袞冕九章，以龍為首。

畫龍、山、華蟲、火、宗彝五者於衣，刺藻、米、黼、黻四者於裳。王享先王，則袞冕。公之服，自袞冕而下，如王之服。

鷩冕七章，以華蟲為首。

鷩，必列反，即華蟲。華蟲即雉。畫華蟲、火、宗彝三者於衣，刺藻、米、黼、黻四者於裳。王享先公享射，則鷩冕。侯、伯之服，自鷩冕而下，如公之服。

〔註6〕「袞」，日本正保四年本作「兗」。

毳冕五章，以虎、蜼為首。

毳，虎、蜼之毛也。畫虎、蜼二獸於彝器之腹也。其衣三章，畫宗彝與藻，刺粉米，其裳二章，刺黼、黻，凡五也。《疏》云：「粉米不可畫之物，雖在衣，亦刺之。王祀四望、山川，則毳冕。子、男之服，自毳冕而下，如侯、伯之服。」愚案：此下再有希冕三章，玄冕一章，蔡《傳》略舉，不備錄也，今具如左。希冕三章，希音止。希，刺也。刺，七亦反。刺粉米於衣，刺黼、黻於裳，凡三也。王祭社稷、五祀，則希冕。孤之服，自希冕而下，如子、男之服。玄冕一章，衣無文，裳刺黻而已。凡冕服，皆玄衣纁裳，故玄冕一章仍以玄為名，明衣無文，玄色而已也。王祭群小祀，則玄冕。大夫之服，自玄冕而下，如孤之服。又案：楊信齋《祭禮經傳通解》云：〔註7〕「林之奇曰：『黃帝始備衣裳之制，舜觀古人之象，繪日、月、星辰、山、龍、華蟲於衣，繡宗彝、藻、火、粉米、黼、黻於裳，以法乾坤，以昭象物，所以彰天子之盛德，能備此十二物者也。使服其服者，當須有盛德焉。繪以三辰，所以則天之明，尤為君德之光。自黃帝以來，歷代之制，莫不然也，周人特備以斿、留。繚皂。之數耳。《周禮》乃無十二章之文，《司服》惟有袞冕至玄冕。說者謂周登三辰於斿，冕服惟有九章。嗚呼！何說之異也。自堯、舜至於三代，文物日以盛，名分日以嚴，儀章日以著。夫子於四代禮樂，特曰「服周之冕」，取其文之備，尊卑之有辨也，何得至周反去三辰之飾，文乃不足乎？蓋不過據《左氏》「三辰斿旗」之文。《左氏》謂旗有三辰，何嘗謂衣無三辰邪？〔註8〕豈有王者象三辰之明，歷代皆飾於衣，周人特飾於旗，有何意乎？況又謂上公冕服九章，而王服亦九，將何所別？周公制禮防亂，萬世乃至於無別歟？《郊特牲》曰：「祭之日，王被袞以象天。」則十二章備矣。鄭氏曰：「謂有日、月、星辰之章，此魯禮也。」夫被袞以象天，周制固然也，何魯之足云？豈有周制止九章，魯乃加以十二章之理乎？』」楊氏云：「周制大裘之上有玄衣，玄衣之上有十二章。鄭說周止九章，非是。」

六律，陽律也。不言六呂者，陽統陰也。

六律，黃鍾、太蔟、姑洗、蕤賓、夷則、無射。六呂，大呂、夾鍾、仲呂、林鍾、南呂、應鍾也。六呂，又名六同。案《周禮·大師樂》注：「黃鍾，子之氣也，十一月建焉，而辰在星紀。大呂，丑之氣也，十二月建焉，而辰在

〔註7〕「齋」，日本正保四年本作「齊」。
〔註8〕「邪」，余氏勤有堂本、日本正保四年本、清鈔本作「耶」。下同，不出校。

玄枵。太蔟，寅之氣也，正月建焉，而辰在娵訾。應鍾，亥之氣也，十月建焉，而辰在析木。姑洗，辰之氣也，三月建焉，而辰在大梁。南呂，酉之氣也，八月建焉，而辰在壽星。蕤賓，午之氣也，五月建焉，而辰在鶉首。林鍾，未之氣也，六月建焉，而辰在鶉火。夷則，申之氣也，七月建焉，而辰在鶉尾。仲呂，巳之氣也，四月建焉，而辰在實沈。無射，戌之氣也，九月建焉，而辰在大火。夾鍾，卯之氣也，二月建焉，而辰在降婁。」愚案：建者，謂斗柄所指也。辰者，謂日、月所會也。建與辰，各自為合，而陽律統陰呂之象，亦可見矣。子與丑合，黃鍾統大呂也。寅與亥合，太蔟統應鍾也。戌與卯合，無射統夾鍾也。辰與酉合，姑洗統南呂也。申與巳合，夷則統仲呂也。午與未合，蕤賓統林鍾也。又有律娶妻、呂生子之說，以類附於下。《周禮注》云：「黃鍾初九也，下生林鍾之初六，林鍾上生太蔟之九二，太蔟下生南呂之六二，南呂上生姑洗之九三，姑洗下生應鍾之六三，應鍾上生蕤賓之九四，蕤賓上生大呂之六四，大呂下生夷則之九五，夷則上生夾鍾之六五，夾鍾下生無射之上九，無射上生仲呂之上六。同位者象夫妻，異位者象子母，所謂律娶妻而呂生子也。」賈氏《疏》云：「同位，謂若黃鍾之初九，下生林鍾之初六，俱是初之第一，夫婦一體，是象夫婦也。異位，象子母，謂若林鍾上生太蔟之九二，二於第一為異位，象母子。但律所生者為夫婦，呂所生者為母子。十二律呂，律所生者常同位，呂所生者常異位，故云『律娶妻而呂生子也』。黃鍾為天統，律長九寸。林鍾為地統，律長六寸。太蔟為人統，律長八寸。林鍾位在未，得為地統者，以未衝丑故也。」

有律而後有聲，有聲而後八音得以依據。

《周禮》云：「大師掌六律、六同，以合陰陽之聲，皆文之以五聲，宮、商、角、徵、羽；皆播之以八音，金、石、土、革、絲、竹、匏、木。」愚謂：「有律而後有聲」者，如黃鍾既生十二律，然後律呂旋相為宮、徵、商、羽、角五聲。五聲既具，然後八音有所依據而成樂，如黃鍾九九八十一以為宮，即八十一絲為宮，七十二絲為商之類，是也。

聲音之道與政通，故審音以知樂，審樂以知政。

《樂記》云：「治世之音，安以樂，其政和。亂世之音，怨以怒，其政乖。亡國之音，哀以思，其民困。聲音之道，與政通矣。宮為君，商為臣，角為民，徵為事，羽為物，五者不亂，則無怗滯之音矣。宮亂則荒，其君驕。商亂則陂，其官壞。角亂則憂，其民怨。徵亂則哀，其事勤。羽亂則危，其財匱。五者皆

亂迭相陵，謂之慢。如此，則國之滅亡無日矣。鄭、衛之音，亂世之音也，其政散，其民流，誣上行私，而不可止也。凡音者，生於人心者也；樂者，通倫理者也。是故知聲而不知音者，禽獸是也；知音而不知樂者，眾庶是也。唯君子為能知樂，是故審聲以知音，審音以知樂，審樂以知政，而治道備矣。」

五言者，詩歌之協於五聲者也。自上達下謂之出，自下達上謂之納。

《輯纂》引蘇氏云：「五言，詩也。以諷詠之言，寄於五聲也。」陳氏曰：「納，采詩而納之於上，如『命太史陳詩，以觀民風』，與『工以納言』是也。出，出詩而播之樂章，如《關雎》『用之鄉人，用之邦國』，與『時而颺之』是也。」

蓋射所以觀德。

《射義》云：「射者，進退周還必中禮。內志正，外體直，然後持弓矢審固。持弓矢審固，然後可以言中。此可以觀德行矣。」

其容體必不能比於禮，其節奏必不能比於樂，其中必不能多。

《射義》云：「古者天子之制，諸侯歲獻貢士於天子。天子試之於射宮，其容體比於禮，其節比於樂，而中多者，得與於祭；其容體不比於禮，其節不比於樂，而中少者，不得與於祭。」

《周禮》：「王大射，則供虎侯、熊侯、豹侯；諸侯則供熊侯、豹侯；卿大夫供麋侯，皆設其鵠。」

此《天官‧司裘職》文也。大射者，祭祀之射。王將有郊廟之事，以射擇諸侯及群臣，與邦國所貢之士，可以與祭者。侯者，其所射者也。以布為之，以虎、熊、豹、麋之皮飾其側，又方制之以為辜，音準。〔註9〕謂之鵠，著於侯中。王之大射，虎侯，王所自射也；熊侯，諸侯所射；豹侯，卿大夫以下所射。諸侯之大射，熊侯，諸侯所自射；豹侯，群臣所射。卿大夫之大射，麋侯，君臣共射焉。

又《梓人》：「為侯，廣與崇方，三分其廣，而鵠居一焉。」

梓人，《冬官》職也。崇，高也。方，等也。三分，《周禮》作「參分」。鵠居侯中，於高廣當三分之一也。制弓長六尺以射，故制侯以弓為節。天子大射，侯道九十弓，每弓取二寸，二九一十八，是九十弓得一丈八尺，為虎侯之崇廣。熊侯七十弓，崇廣一丈四尺。豹侯、麋侯五十弓，崇廣一丈。以三分

〔註9〕「準」，日本正保四年本作「隼」。

之，則一丈八尺者，其鵠方六尺；一丈四尺者，其鵠方四尺六寸六分；一丈者，其鵠方三尺三寸三分。此所謂參分其廣，而鵠居一也。諸侯之在國中者亦如之。此祭祀之射也，其次有賓射。諸侯來朝，天子入而與之射，或諸侯相朝而與之射。其次為燕射，謂燕息而與之射也。天子、諸侯、大夫，三射皆具，惟士無大射，而有賓射、燕射。三射之外，又有鄉射。鄉大夫貢賢能之後，行鄉射之禮，而詢眾庶。又有州長射於州序，其侯並同賓射之法。又有主皮之射二，一是卿大夫從君田獵，班餘獲而射；一是庶人之射，主皮者無侯，張獸皮而射之也。又有習武之射，《司弓矢職》云「弧弓以授射甲革、椹質者」是也。又《梓人職》云「張皮侯而棲鵠」，此言大射也；「張五采之侯，則遠國屬」，此賓射也；「張獸侯，則王以燕息」，此言燕射也。朱子《中庸》云：「畫布曰正，棲皮曰鵠。」大射則以虎、熊、豹、麋之皮，棲於侯中，而又以其皮飾於上下。惟大射用之，賓射用五采之侯，所謂「畫布曰正」也。《射人》注云：「正之言正也，射者內志正也。」又訓為鳥名。《射義》疏云：「齊、魯之間，名懸肩為正。」《射人職》云：「王射三侯五正，諸侯射二侯三正，卿大夫射一侯二正，士射豻侯二正。」五正者，中朱，次白，次蒼，次黃，玄居外，各從五行所克為次。三正損玄、黃，二正畫朱、綠，三侯者，五正、三正、二正之侯也，餘仿此。其侯亦如虎、熊、豹之崇廣。凡中央之赤，皆方二尺，以外之色分布之，其外又畫雲氣以為飾。惟士豻侯，飾以豻皮。豻，胡犬也。天子以下燕射，尊卑皆用一侯。《禮記疏》云：「天子熊侯，白質；諸侯麋侯，赤質；大夫布侯，畫以虎、豹；士布侯，畫以鹿、豕。」白質、赤質，皆以白土、赤土塗之。大夫、士言布，則白布不塗也。熊、麋、虎、豹、鹿、豕，皆正面畫其頭象於正鵠之處耳，所畫處皆丹質。君畫一，臣畫二，陽奇陰耦之數也。天子以下，其侯道同五十弓，崇廣方一丈也。又「六藝」「五射」，一曰參連，二曰白矢，三曰剡注，四曰襄音讓。尺，五曰井儀，是射法也。

如周制鄉黨之官，以時書民之孝悌、睦婣、有學者。

《地官・黨正》云：「正歲，屬民讀灋，而書其德行道藝，以歲時涖校比。」《族師》云：「月吉，則屬民而讀邦灋，書其孝悌、睦婣、有學者。」《閭胥》云：「既比則讀法，書其敬敏任恤者。」愚案：閭，二十五家也。族，百家也。黨，五百家也。五家為比，五比為閭，四閭為族，五族為黨，五黨為州，五州為鄉。黨正、族師、閭胥，皆鄉大夫所屬，故蔡《傳》不別言之，總稱為「鄉黨之官」也。

蒼生者，蒼蒼然而生，視遠之義也。

《莊子》云：「天之蒼蒼，其正色邪？其遠而無所至極邪？其視下也，亦若是則已矣。」

《漢志》：堯處子朱於丹淵為諸侯。丹，朱之國名也。

見《前漢·律曆志》。

奡盪舟。

奡，寒浞之子，《左傳》作「澆」，魚弔反。力能陸地行舟。

塗山，國名，在今壽春縣東北。

此據孔氏《疏》文也。在今淮西道臨濠府鍾離縣。《寰宇記》云：「塗山在縣西九十五里。」《太康地志》云：「塗山，古當塗國，夏禹所娶也。山西南，蓋禹會諸侯之地。」今邑界有當塗故縣，後廢。

五千里者，每服五百里，五服之地，東西南北相距五千里。

五百里，詳見《禹貢》篇末。《禹貢》之制，五百里甸服，即自王之宮城算起，每面五百里，是穿心一千里，即為王畿，故五服穿心，止有五千里也。周制則除王畿千里起算，通外九服，穿心萬里也。禹服五千，開方為方千里者二十五，止得周制四分之一耳。

十二師者，每州立十二諸侯以為之師，使之相牧，以糾群后也。

如《王制》所載，鄭氏以為夏制，每州二百一十國，除十二國為師，外餘一百九十八國，以十二師分治之，則所掌各得一十六國。半天下九州，惟天子縣內，九十三國，通八州，千七百七十三國，內除為師者一百單八國，〔註10〕餘一千六百六十五國，為群后矣。然《傳》言「會諸侯於塗山，執玉帛者萬國」，亦概言其多乎？將通薄海內外而計之乎？若以五千五服開平方計之，止得方百里者二千五百，必如周制九畿之數，而後得百里之國者萬也。然除山川丘陵之外，亦不得以滿此數矣。《書疏》云：「《傳》稱萬，盈數也。萬國，舉盈數而言，非謂其數滿萬也。《詩·桓》曰『綏萬邦』，《烝民》曰『揉此萬邦』，豈周之建國，復有萬乎？天地之勢，平原者甚少，山川所在，不啻居半，此以不食之地，〔註11〕亦封建國乎？」又案：孔氏古注以二千五百人為師，每州用三萬庸，是為十二師。東萊謂一州一師，十二州共立十二師，如

〔註10〕「單」，諸本作「丹」，據日本正保四年本改。
〔註11〕「此」，余氏勤有堂本、日本正保四年本、清鈔本作「豈」。

十二牧。蔡氏俱不從者，以如古注之說，則州境有闊狹，用功有多少，例言三萬人，不知用工日數，且治水四年，施工必多，計日則不合人數，計人則不合日數，故不從也。如呂氏之說，則禹治水之時，弼成五服之日，又止九州，不合十二州之數，且經文「州」字居「十二」上，是言每州有十二師，非十二州，故亦不從也。惟《注疏》引鄭氏之說，以為每州十有二師，然彼又謂「百國一師，州十二師，則州千二百國，八州凡九千六百國，餘四百國在圻內」，則又妄之甚者也。蔡《傳》特取其「每州十二師」一語，其外亦不從也。

九州之外，迫於四海，每方各建五人以為之長，而統率之也。

《書疏》引《王制》「五國以為屬，屬有長」，是通內外皆五國立一人以為長也。而蔡《傳》不從者，以十二師繫於州，五長繫於海，故知五長專在外。所謂「咸建」者，是指東西南北皆建之也。

帝之此言，乃在禹未攝位之前，非徂征後事。蓋威以象刑，而苗猶不服，然後命禹征之，征之不服，以益之諫而又增修德教，及其來格，然後分背之。

《朱子語錄》云：「『苗頑弗即工』，此是禹治水時，調役他國人夫不動也。後方征之，既格而服，則治其前日之罪而竄之，竄之而後分北之。今說者謂苗既格而又叛，恐無此事。」又《文集》云：「頃在湖南，見說溪洞蠻僚，略有四種，曰獠、曰犵、曰狑，而其最輕捷者曰猫。近年數出剽掠，為邊患者，多此種也，豈三苗氏之遺民乎？古字少而多通用，然則所謂三苗者，亦當正作『猫』字耳。詹元善說：『苗民之國，三徙其都。初在今之筠州，次在今之興國，皆在深山中，人不可入，而己亦難出。最後在今之武昌縣，則據江山之險，可以四出為寇，而人不得而近之矣。』未及問其所據，聊並記於此。」

戞擊，考擊也。

考，扣也。

搏，至；拊，循也。

《說文》云：「搏，至也。」《廣韻》云：「手擊也。」然則至者，言手之所至也。《韻會》訓「撫」為「循」，訓「拊」為「擊」，然則蔡《傳》訓「拊」為「循」者，亦取撫摩琴瑟，以成輕清之聲歟？《漢‧趙充國傳》「拊循和輯」，則「拊」亦訓「循」矣。古注及《疏》皆以「搏拊」為一樂器之名，以韋為之，實之以糠，形如鼓，所以節樂者，而蔡《傳》不從者，以「戞擊」是作用之

名,「搏拊」對之,亦當為作用之辭。且節樂者,不當獨見於堂上,又非輕清之聲,以合詠歌者,故不從舊說也。然蔡氏所據,則案《周禮·大師》云:「大祭祀,帥瞽登歌,令奏擊拊。」鄭司農云:「樂或當擊,或當拊。」《疏》云:「先鄭之意,謂若《尚書》云『擊石拊石』,皆是作用之名,拊非樂器,後鄭不從。」然則蔡氏實據先鄭司農之說也。

升歌於堂上。

升,瞽人登階也。《周禮疏》云:「將作樂時,大師帥取瞽人登歌,於西階之東,北面坐,而歌者鼓瑟以歌詩也。」《郊特牲》云:「歌者在上,貴人聲也。」

「神之格思」之「格」。

朱子云:「格,來也。隨感而至也。」

虞賓,丹朱也。堯之後為賓於虞,猶微子作賓於周也。

《微子之命》,《傳》云:「賓,以客禮遇之也。」

管,猶《周禮》所謂陰竹之管、孤竹之管、孫竹之管也。

《周禮·大司樂》孤竹之管,以祀天神;孫竹之管,以祭地示;陰竹之管,以享人鬼。鄭氏《注》云:「孤竹,竹特生者。孫竹,竹枝根之末生者。〔註12〕陰竹,生於山北者。」又案《小師》注云:「管,如篪六孔。」《疏》云:「《廣雅》云:『管象簫,長尺,圍寸,八孔,無底。』八孔者,蓋轉寫誤,當從六孔為正也。」鄭玄云:「管,如籆音笛。而小,並兩而吹之,如今賣飴餳所吹者。」《爾雅疏》云:「長尺,圍寸,並漆之,有底。」愚案《大師》注云:「登歌下管,貴人聲也。特言管者,貴人氣也。」

鼗鼓,如鼓而小,有柄,持而搖之,則旁耳自擊。

此《小師》注文也。又案:《大司樂》祀天神,用靁鼓、靁鼗;祭地示,用靈鼓、靈鼗;享人鬼,用路鼓、路鼗。蔡氏既引陰竹、孤竹等以證管,而不引此以證鼗者,以大師下管奏鼓朄,音胤。小師下管擊應鼓,朄與應,皆鼓之小者。《注》謂擊鼓者,即事之漸,先擊小,後擊大。鼗亦鼓之小者,必先搖鼗,後擊鼓,故即引《小師》注,而不復引《大司樂》之文也。且後鄭謂靁鼓、靁鼗皆八面,靈鼓、靈鼗皆六面,路鼓、路鼗皆四面,則其器不為小矣,是以不取為證也。

〔註12〕「末」,日本正保四年本作「未」。

郭璞云：「柷如漆桶，方二尺四寸，深一尺八寸，中有椎柄連底，撞之令左右擊。」

愚案：非如桶也，正方如斗耳，但不如斗上大下小，此則上下皆方二尺四寸，深一尺八寸，不存斗口，六面皆用板平之底板，有孔穿柄，所謂椎柄，正似斛概耳。造時先穿柄於底板，然後合成，故柄橫木得陷於內，引柄撞之，其橫木自左右擊也。蔡《傳》所引，即《爾雅注》文，但彼注「撞」作「捐」。《爾雅》又云：「所以鼓柷謂之止。」郭云：「止者，其椎名。」

敔，狀如伏虎，背上有二十七鉏鋙刻，以籈櫟之。

此亦據《爾雅注》文。《爾雅》云：「所以鼓敔謂之籈。」郭云：「以木長尺櫟之。籈者其名。」籈者音真。《書疏》云：「櫟，即戛也。」

笙以匏為之，列管於匏中，又施簧於管端。

《笙師》注云：「笙，十三簧。」《疏》引《廣雅》云：「笙以匏為之，十三管，宮管在左方。」《爾雅》云：「大笙謂之巢，〔註13〕小者謂之和。」《注》云：「大者十九簧。」《疏》云：「簧者，笙管之中，金薄鑖也。」《韻會》引《潛夫論》云：「簧，削銳其頭，塞蜜蠟，有口舌之類。」

鏞，大鍾也。〔註14〕葉氏曰：「鍾與笙相應者曰笙，鍾與歌相應者曰頌。鍾頌，或謂之鏞，《詩》『賁鼓維鏞』是也。」

《爾雅》云：「大鍾謂之鏞。」愚案《大射禮》云：「樂人宿縣於阼階東，笙磬西面，其南笙鍾，其南鏄；西階之西，頌磬東面，其南頌鍾，其南鏄。」《周禮·眡瞭》「擊頌磬、笙磬」，《注》云：「磬在東方曰笙，在西方曰頌。頌，或作庸，功也。」《疏》云：「東方是生長之方，故云笙。西方是成功之方，故云庸。」由是觀之，則鍾、磬俱有笙頌之名，不當為「賁鼓維鏞」之鏞也。然蔡氏取之者，以經文作「鏞」，且合二孔《注疏》及《爾雅》大鍾之義，故從之也。頌，戚氏音容。又案：郭氏注《爾雅》云：「《書》曰：『笙鏞以間。』亦名鏄，音博。」據此，則鏞正為「其南鏄」之鏄，不當訓為頌鍾之頌也。

「歌《鹿鳴》，笙《南陔》，間歌《魚麗》，笙《由庚》」，或其遺制也。

朱子《詩傳》云：「間，代也。言一歌一吹。」又云：「笙詩有聲無詞，意

〔註13〕「巢」，日本正保四年本作「簧」。
〔註14〕「鍾」，余氏勤有堂本、日本正保四年本、清鈔本作「鐘」。下同，不出校。

古經篇題之下,必有譜焉。」《輯纂》引新安陳氏云:「戛擊之,搏拊之,以歌詠詩章,所謂『歌者在上』也。管、鼗鼓、柷、敔、笙、鏞,皆堂下之樂。管,竹也;笙,匏也。皆在堂下,以間此眾樂,與堂上之樂,更代而間作也,所謂『匏竹在下』也。奏石、絲以詠歌之時,則堂下之樂不作;奏匏、竹等眾樂之時,則堂上之樂不作。以今人之樂觀之,亦如此耳。今諸解者,徒見《儀禮·鄉飲酒禮》《燕禮》並有『間歌《魚麗》』之文,遂引以證此章。林氏倡於前,蔡氏述於後,其辭欠明,蓋間歌《魚麗》《南有嘉魚》《南山有臺》,與笙《由庚》《崇丘》《由儀》,相更替也,與此『以間』,初不相干,不過一『間』字同,間代更替之義亦同耳。王氏炎以為堂上登歌,堂下間歌,直引『間歌《魚麗》』之『間』,以解『笙鏞以間』之『間』,謂『以間』即是『間歌』,殊不知堂下安得有歌乎?」

簫,古文作「箾」,舞者所執之物。《說文》云:「樂名《箾韶》。」季札觀周樂,見舞《韶箾》者,則《箾韶》蓋舜樂之總名也。

《左傳·襄二十九年》云:「見舞《象箾》《南籥》者。」《注》云:「象箾,舞所執,文王之樂也。箾音朔。」又云:「見舞《韶箾》者。」《注》云:「舜樂。箾音簫。」然則箾有二音,於舜樂則音簫,於文王樂則音朔,然獨於「象箾」注為「舞所執」,於「箾韶」不注,而蔡氏亦以為舞者所執,何也?蓋《左傳》既云「見舞《韶箾》者」,則為舞者所執可知。或云簫韶,或云韶箾,或音朔,或音簫,其實一耳。《韻會·入聲》注云:「舞竿也。」

先儒誤以簫管釋之。

右《注》及《疏》皆然。

九成者,樂之九成也。功以九敘,故樂以九成。九成,猶《周禮》所謂「九變」也。

《周禮·大司樂》疏云:「言六變、八變、九變者,謂在天地及廟庭而立四表,舞人從南表向第二表,為一成,一成則一變。從第二至第三,為二成;從第三至北頭第四表,為三成。舞人各轉身南向,於北表之北,還從第一至第二,為四成;從第二至第三,為五成;從第三至南頭第一表,為六成,則天神皆降。若八變者,更從南頭北向第二,為七成;又從第二至第三,為八成,地祇皆出。若九變者,又從第三至北頭第一,為九變,人鬼可得禮焉。此約周之《大武》,象武王代紂,故《樂記》云:『且夫武始而北出,再成而滅商,三成而南,四成而南國是疆,五成而分陝,周公左,召公右,六成復綴以崇。』

其餘《大濩》以上，雖無滅商之事，但舞人須有限約，亦應立四表，以與舞人為曲別也。」

或曰：笙之形如鳥翼。

《風俗通》云：「舜作簫，其形參差，以象鳳翼。」《五經通義》曰：「簫，編竹為之，長尺有五寸。」《博雅》云：「大者二十三管，無底。小者十六管，有底。」云笙形如鳥翼，未詳。

鏞之簴為獸形。

《冬官·梓人》云：「厚唇弇口，出目短耳，〔註15〕大胸耀所教反。後，大體短脰，若是者謂之贏屬。虎、豹、貔、螭之屬。恒有力而不能走，其聲大而宏；有力而不能走，則於任重宜；聲大而宏，則於鍾宜，若是者，以為鍾簴。」

瓠巴鼓瑟，而遊魚出聽；伯牙鼓琴，而六馬仰秣。

事見《荀子》，《注》云：「瓠巴、伯牙，不知何代人。」

有大磬，有編磬，有歌磬。

《周禮·磬氏》疏云：「磬前長三律，二尺七寸；後長二律，尺八寸。是磬有大小之制也。」《爾雅》云：「大磬謂之馨。虛嬌反。」郭璞云：「馨形似犁錧。」《疏》云：「犁刃為錧。」《韻會》云：「股廣三寸，長尺三寸半，十六枚同一簴，謂之編磬。」《周禮注》云：「股，磬之上大者。鼓，其下小者，所當擊者也。假令股廣四寸半者，股長九寸也，鼓廣三寸，長尺三寸半，厚一寸。」愚案：《韻會》誤以「鼓」作「股」。又案：編鍾、編磬所以用十六枚者，蓋十二律當十二枚，又有四清聲作四枚，共十六枚也。歌磬，〔註16〕即上文「鳴球」是也。

石音屬角，最難諧和。

角音不高不下，太下則近商，太高則近徵，為清濁之中，故難和也。

《記》曰：「磬以立辨。」

見《樂記》。磬，硜硜然。辨，別也。

或曰：玉振之也者，終條理之事，故舉磬以終焉。

《孟子集注》云：「玉，磬也。振，收也。並奏八音，則於其未作，而先擊鎛鍾，以宣其聲；〔註17〕俟其既闋，而後擊特磬，以收其韻。」

〔註15〕「耳」字，諸本無，據日本正保四年本補。
〔註16〕「磬」，日本正保四年本作「聲」。
〔註17〕「宣」，日本正保四年本作「宜」。

《考工記》曰：「天下之大獸五，脂者、膏者、臝者、羽者、鱗者。」

《注》云：「脂，牛羊屬。膏，豕屬。臝，謂虎、豹、貔、螭，為獸淺毛者之屬。羽，鳥屬。鱗，龍、蛇之屬。」

舜與皋陶之賡歌，三百篇之權輿也。

《韻會》云：「權輿，始也。造衡自權始，造車自輿始。」

書蔡氏傳旁通卷第二

禹貢

夏后氏五十而貢，貢者較數歲之中以為常。

朱子云：「夏時，〔註1〕一夫受田五十畝，而每夫計其五畝之入以為貢。」

禹別九州島，非用其私智，天文地理，區域各定，故星土之法則有
九野。

《周禮・保章氏》云：「以星土辨九州島之地，所封封域皆有分星，以觀
妖祥。」《注》云：「星土，星所主土也。鄭司農說「星土」以《春秋傳》曰：
『參為晉星，商主大火。』《國語》：『歲之所在，則我有周之分野之屬。』是
也。玄謂：大界則曰九州島，州中諸國之封域，於星亦有分焉。其書亡矣。堪
輿雖有郡國所入度，非古數也。今其存可言者，十二次之分也。星紀，吳、越
也。玄枵，齊也。娵訾，衛也。降婁，魯也。大梁，趙也。實沈，晉也。鶉首，
秦也。鶉火，周也。鶉尾，楚也。壽星，鄭也。大火，宋也。析木，燕也。」
《疏》云：「古黃帝時，堪輿亡，故其書亡矣。」又云：「吳、越在南，齊、魯
在東，今歲星或北或西，不依國地所在者，此古之受封之日，歲星所在之辰，
國屬焉故也。吳、越二國同次者，亦謂同年度受封，故同次也。」又案：《史
記正義》引《星經》云：「角、亢，鄭之分野，兗州。氐、房、心，宋之分野，
豫州。尾、箕，燕之分野，幽州。斗、牛，吳、越之分野，揚州。女、虛，齊
之分野，青州。危、室、壁，衛之分野，并州。奎、婁，魯之分野，徐州。胃、

〔註1〕「時」，余氏勤有堂本、日本正保四年本、清鈔本作「氏」。

昴，趙之分野，冀州。畢、觜、參，魏之分野，益州。井、鬼，秦之分野，雍州。柳、星、張，周之分野，三河。翼、軫，楚之分野，荊州。」以九州島言，則為九野。以十二州言，則為十二野。

壺口，今隰州吉鄉縣。

《寰宇記》云：「在慈州吉鄉縣西南五十里。」今改吉州，隸平陽路。

呂梁山，在今石州離石縣東北。

《寰宇記》：「呂梁在離石北以東可三百餘里。」今隸太原路。

岐山，在今汾州介休縣狐岐之山。

今隸太原路。

六壁城，在勝水之側。

勝水，《寰宇記》：「在汾州孝義縣南一里六壁府。」後魏太平真君五年，討胡於六壁，即此城也。俗以城有六面，因以為名。在孝義縣西八里，今仍屬汾州。

廣平曰原，今河東路太原府也。

《寰宇記》為并州。今為太原路，屬河東山西道。

太嶽，在河東郡彘縣東，今晉州霍邑也。

《寰宇記》：「太嶽在霍邑縣東三十里。」晉州，宋改平陽府，今仍之。霍邑，今改為霍州。

山南曰陽，則今岳陽縣地也，堯之所都。

岳陽縣，今屬平陽路。

汾水出於太原，經於太嶽，東入於河。

今案：汾河在山西，當云「西南入河」。《地志》云：「北山，汾水所出，西南至汾陰入河。」

覃懷，地名。今懷州也。

今為懷孟路，屬河東山西道。

淶水出乎其西。

《地志》：「淶水出代郡廣昌，東南行五百里，至容城入河。」今案：容城屬涿郡，在幽州之境，去懷孟南北懸絕，淶水不應在懷孟之西，「淶」字恐是「濟」字之誤。

漳水二，一出上黨治縣大黽谷。

上黨，今潞州也。「治」字誤。《地志》作「沾」，師古音「它廉反」。《韻會》亦作「沾」。《寰宇記》音「丁念反」。

今平定軍樂平縣少山也，名為清漳。

《寰宇記》云：「少山，一名河逢山，在縣西南十里，清漳水出焉。」平定，完顏金改為州，今屬河東山西道。

一出上黨長子縣鹿谷山。

長，讀為「長短」之「長」。

今潞州長子縣發鳩山也，名為濁漳。

《寰宇記》：「發鳩山在縣西南六十五里，濁漳水出焉。」然縣別有鹿谷山，非鹿谷，即發鳩也。漳水一名潞水，今潞州，為平陽路支郡。

東北至阜城入北河。

《地志》：「東北至邑成入大河。」

鄴，今潞州涉縣也。

涉縣，今屬真定路。

阜城，今定遠軍東光縣也。

今並有阜城、東光二縣，皆屬景州，為河間路支郡。

《周官·大司徒》：「辨十有二壤之物，而知其種，以教稼穡樹藝。」

《注》：「壤，土也。」《釋》云：「此十二壤，即上十二土。」《注》云：「十二土分野十二邦，上繫十二次，各有所宜也。」《疏》云：「分別物之所生，而知其所殖之種，遂即以教民春稼秋穡，以樹其木，以藝其黍稷也。」

以土均之法辨五物九等，制天下之地征。

亦《大司徒》文也。《注》云：「均，平也。五物，五地之物也。九等，騂剛、赤緹之屬。」《疏》云：「『制天下之地征』者，言天下，則並畿外邦國所稅入天子而言也。五物，即上山林、川澤之等是也。」愚案：上文云「辨其山林、川澤、丘陵、墳衍、原隰之名物」，《注》云：「積石曰山，竹木曰林，注瀆曰川，水鍾曰澤，土高曰丘，大阜曰陵，水厓曰墳，下平曰衍，高平曰原，下濕曰隰。」

草人糞壤之法，騂剛用牛，赤緹用羊，墳壤用麋，渴澤用鹿。

《地官·草人》云：「掌土化之法，以物地，相其宜而為之種。凡糞種，

騂剛用牛，赤緹音低。用羊，墳粉。壤用麋，渴竭。澤用鹿，鹹潟昔。用貆，丸。勃壤用狐，埴石。壚用豕，彊上聲。樂呼覽反。用蕡，扶云反。輕爂孚照反。用犬。」《注》云：「土化之法，化之使美也。凡所以糞種者，皆謂煮取汁也。赤緹，縓色也。縓，七絹反。渴澤，故水處也。潟，鹵也。貆，貓他官反。也。勃壤，粉解者。埴壚，黏疏者。彊樂，堅強者。輕爂，輕脆者。鄭司農云：『用牛，以牛骨汁漬其種也，謂之糞種。』蕡，麻也。」《疏》云：「案《禹貢》冀州云白壤，青州云白墳，兗州云黑墳，徐州云赤埴墳，揚州、荊州云塗泥，豫州云墳壚，梁州云青黎，雍州云黃壤，與此騂剛之屬為九等不同者，以《禹貢》自是九州，大判各為一等，此九等者，無妨一州即有此九等之類，故不同也。」

　　土會之法。

　　《大司徒》云：「以土會古外反。之灋，辨五地之物生，一曰山林，其動物宜毛物，其植物宜皂物，皂音早。其民毛而方。二曰川澤，其動物宜鱗物，其植物宜膏物，其民黑而津。三曰丘陵，其動物宜羽物，其植物宜覈核。物，其民專團。而長。四曰墳衍，其動物宜介物，其植物宜莢物，其民皙而瘠。五曰原隰，其動物宜臝物，其植物宜叢物，其民豐肉而庳。」〔註2〕《注》云：「皂物，柞、栗之屬。膏物，楊、柳之屬，理致白如膏。玄謂：膏當為櫜。蓮芡之實有櫜韜。」

　　天子所自治，並與場圃、園田、漆林之類而征之，如《周官‧載師》所載，賦非盡出於田也。

　　《地官‧載師》云：「以廛里任國中之地，以場圃任園地，以宅田、士田、賈田任近郊之地，以官田、牛田、賞田、牧田任遠郊之地，以公邑之田任甸地，以家邑之田任稍去聲。地，以小都之田任縣地，以大都之田任畺地。凡任地，國宅無征，園、廛二十而一，近郊十一，遠郊二十而三，甸、稍、縣、都皆無過十二，唯其漆林之征，二十而五。」

　　常山郡。

　　今真定路。

　　定州曲陽縣。

　　定州，今改中山府。曲陽，隸保定路。中山，屬真定路。

────────────────

〔註2〕「豐」，日本正保四年本、清鈔本作「豊」。

東入滱水。

《地志》:「應劭曰:『滱音彄,驅侯反。』」

瀛州高陽縣。

瀛州,今為河間路。高陽縣,今隸安州,屬保定路。

真定府行唐縣,東流入於滋水。

行唐,今隸保定。滋水,去縣三十六里。

衛水東入滹沱河。

《寰宇記》:「滹沱水,在靈壽縣西南二十里。」

大陸,孫炎曰:「鉅鹿北廣阿澤,河所經也。」

鉅鹿,即邢州,今為順德路,鉅鹿為屬縣。《寰宇記》云:「廣阿澤,一名大陸,一名鉅鹿,一名大麓,一名沃州,在縣西北五里,其澤東西二十里,南北三十里。」

澶、相。

宋澶州,今改開州,隸大名府。相州,今名彰德路。

蓋禹河自澶、相以北皆行西山之麓,班、馬、王橫皆謂載之高地。

此西山,指太行山也。迤北連綿,直至趙州,以上接恒山,皆在河北之西,其地常高於河。

古河之在貝、冀以及枯洚之南。

貝州,今改恩州,為廣平路支郡。冀州為真定路支郡。案程氏《禹貢圖》:「古洚渠自邢州來,過貝州北,至冀州之東。禹河自相州來,經貝、冀之南,過洚水。」

及其已過信、洚之北。

「信」字下脫「都古」二字。案:此段自「程氏曰」以下,皆《禹貢圖敘說》之文,傳寫脫二字耳。信都,冀州也。古洚,即枯洚也,其北則趙、深二州之境。

隋改趙之昭慶以為大陸縣,唐又割鹿城置陸澤縣。

《寰宇記》:「昭慶本漢廣阿縣,大業末改為大陸縣。天寶十三年,又改為昭慶縣。」《唐舊書》謂:「天寶元年,改為昭慶。」《唐舊書》又云:「深州陸澤,先天二年,分饒陽鹿城界,置陸澤縣。至德二年,改鹿城為束鹿。」《寰宇記》云:「陸澤,本漢廣阿縣地,隋象城縣地。唐開元中,置以大陸澤為名。

貞元中，以饒陽立深州，至長慶已後，移深州理於是邑。」今案：饒陽改隸晉州，而深州理靜安，其大陸、鹿城，並未詳沿革，然皆不出漢之廣阿也。蔡《傳》本「陸澤」多訛為「陸渾」，非是。

邢、趙、深三州為大陸。

邢州則有廣阿澤，趙州則有大陸縣，深州則有陸澤縣，故總言之。

碣石，《地志》在北平郡驪城縣西南河口之地，今平州之南也。

《地志》作「驪成」，無「河口之地」四字。「碣」作「揭」，師古音桀。《寰宇記》：「今平州理盧龍縣，本漢遼西肥如縣也。碣石山在縣南二十三里，碣然而立在海旁。《太康地志》云：『秦築長城，起自碣石。』在今高麗舊界，非此碣石也。」又「平州石城縣，在盧龍西一百四十里，有碣石，始皇刻石，漢武登之，當山嶺有大石如柱，號曰天橋柱，立於巨海之內。」平州，今改名平灤路，仍理盧龍，西至大都五百五十里。驪城，光武時省廢，今無之。

漢遼東西，右北平、漁陽、上谷之地。

遼東西，今屬遼陽。北平，今為平灤。漁陽，今為薊州。上谷，今為霸州、易州。〔註3〕

其水如遼、濡、滹、易。

《地志》云：「大遼水出塞外。」濡，乃官反，在遼西肥如縣。滹，滹沱河，在靈壽。易，即南易水。

去岸五百餘里。

《地志》言：「離縣二十三里。」此云「去岸五百餘里」者，蓋去滄州岸五百餘里，非去平州岸也。程氏《敘說》云：「平州之南，即滄州之東北也。平、滄隅立之間，有山而名碣石者，尚在海中，可望而見其山，蓋近平而遠滄也。夫其從平視之，則為正南；從滄視之，為東北也。」滄州，即漢勃海郡，北境與平州相接，相去五百里。

《戰國策》以碣石在常山郡九門縣者，恐名偶同，而鄭氏以為九門無此山也。

《前漢·地志》九門不言有碣石。《後漢·郡國志》常山國九門縣，「碣石山，《戰國策》云在縣界」。《寰宇記》亦不言有碣石。今無九門縣。

〔註3〕「遼東西，今屬遼陽」至「樂音洛」，余氏勤有堂本、日本正保四年本無。

林氏曰:「濟,古文作『泲』,《說文》注云:『此兗州之濟也。』其從水從齊者,《說文》注云:『出常山房子縣贊皇山。』當以古文為正。」

《說文》「泲」字下注云:「沇也,東入海。子禮反。」據此即合「導沇水,東流為濟」之文,故當以古文為正。《地志》常山房子,「贊皇山,濟水所出,東至癭陶,癭音影,鉅鹿縣。入泜。音脂。」師古曰:「濟音子詣反。」

許商云在平成。

《前漢‧溝洫志》:「鴻嘉四年,河隄都尉許商言:『古說九河之名,有徒駭、胡蘇、鬲津,今見在成平、東光、鬲界中。自鬲以北至徒駭間,相去二百餘里,今河雖數移徙,不離此域。』」師古注云:「此九河之三也,徒駭在成平,胡蘇在東光,鬲津在鬲。成平、東光屬勃海,鬲屬平原。」鬲與隔同。成平,今蔡《傳》本多誤為「平成」,合乙。

徒駭河,《地志》云滹沱河。

《地志》:「成平滹沲河,民曰徒駭河。」

滄州清池。

縣即州治,今隸河間路。

成平。

後漢及晉皆屬河間,隋改景城。今河間無之,惟景州有故城縣,恐是,而滄州亦稱景城郡。

德州安德、平原。

今二縣仍隸德州,為濟寧路支郡。《寰宇記》云:「馬頰河在德安縣南五十里。鬲津枯河在德安縣南七十里。」

棣州滴河北。

《寰宇記》云:「馬頰枯河在縣北二十里。」今無滴河縣,初隋以縣南滴河為名,而今有南河縣,恐即滴河改名河者。《寰宇記》云:「漢許商所鑿,故以商為名,後人加水焉。」然則滴不音的,當讀如商。郭氏《佩觿》云:「滴河從商,式羊反。」

篤馬河。

《前漢‧溝洫志》韋昭云:「在平原縣。」《地志》云:「東北入海五百六十里。」

胡蘇。

《寰宇記》云：「臨津，古胡蘇亭在縣西南二十三里，在古胡蘇河邊。《漢書·地理志》云東光有胡蘇亭，即此也。」

滄之饒安、無棣、臨津。

饒安、臨津，今並廢革。無棣，改隸棣州。

東光。

在今景州東光。

鉤盤在樂陵東南，從德州平昌來。

樂陵屬滄州。《寰宇記》：「在縣東南五十里。」平昌，今為德平縣。樂，音洛。

鬲津，《寰宇記》云在樂陵東，西北流入饒安。

在樂陵縣西三里。

許商云在鬲縣。

高齊天保七年，併入安德縣。

漢世近古，止得其三。

許商所指是。

唐人遂得其六。

馬頰、覆鬴、鉤盤，並許商所云為六。

《輿地記》又得其一。

簡潔。

鄭氏求之不得，以為齊桓塞其八流以自廣。

《爾雅注疏》云：「鄭玄云：『周時齊桓公塞之，同為一河。今河間弓高以東，至平原鬲津，往往有其遺處。』《春秋緯·寶乾圖》云：『移河為界，在齊呂填闕八流以自廣。』」鄭玄蓋據此文，謂齊桓公塞之，故蔡氏以為無稽也。

夫曲防，齊之所禁。

《孟子注》云：「不得曲為隄防，壅泉激水，以專小利也。」

惟程氏以為九河之地已淪於海。

此段「自漢以來，講求九河」至論終，皆程氏《敘說》成文，惟鄭氏一段非，故此以程氏更端。下云：「平州正南有山而名碣石者，尚在海中，去岸五

百餘里。」愚案：程氏本意非謂去平州岸五百里，乃去滄州岸五百里耳。蓋去平州岸只二十三里，無許遠也。

漢王橫言。

《溝洫志》：「王莽時，大司空掾王橫言：『往者天嘗連雨，東北風，海水溢，西南出，浸數百里。九河之地，已為海所漸矣。』上，子廉反。禹之行河水，本隨西山下東北去。《周譜》云：『定王五年河徙。』則今所行，非禹所穿也。」

雷夏，《地志》在濟陰郡城陽縣西北。

《地志》作「成陽」，《寰宇記》作「郕陽」，此作「城」誤。

今濮州雷澤縣西北。

今無雷澤縣，澤在濮州鄄城縣，鄄，工掾反。屬濟寧路。

汳水。

《說文注》：「臣鉉曰：今作汴，非是，皮變反。」案《寰宇記》陳留縣下云：「睢溝在縣東南五里。」《輿地志》云：「汳水，自滎陽受睢水，東至陳留彭城，南入泗水。自後開通濟渠，此渠廢，今無水。」據此，則蔡氏以汳為灉，以睢為沮，皆合其滎陽，則會同之地也。睢，音雖。灉，音歡。潗，音楚。汳。音汴。

沛國芒縣。

《地志》：「芒，莫郎反。」光武改為臨睢，隋改為永城，即今歸德府永城縣也。

沮有楚音。

《韻會》：「在呂反，丘名。」

祭之地，地墳。

見《左傳・僖公四年》。

西北多山，東南多水。

先天之位，艮為山，居西北，故西北多山；兌為澤，居東南，故東南多水。

兗、徐、揚三州，最居東南下流。

兗承河、濟下流，徐承淮、泗下流，揚承江、漢下流。

漯水出東郡東武陽，至千乘入海。

《地志》云：「行千二十里。」東武陽，今濮州朝城縣也。千乘，今益都路樂安縣也。

程氏以為此乃漢河，與漯殊異，然亦不能明言漯河所在，未詳其地也。

案程氏《貢道圖》云：「漯出東郡東武陽縣，至漢後受河於武陽縣東南，大抵東北行，至千乘入海。此河乃漢河，元非禹河。」愚案：程氏意非指漯為漢河，蓋言今自漯入河處所受河水，乃漢以後所徙頓丘之河，非禹時澶、相以北之河也。其漯水仍以東武陽為是，料河水未徙之前，其自漯入河處，則又過武陽以北之地也。即無與漯殊異之文，故不別言漯所在耳。

岱，泰山，在今襲慶府奉符縣。

襲慶府，今為兗州。完顏金又於奉符縣置泰安州，並屬山東濟寧路。

嵎夷，今登州之地。

今登州為般陽路支郡，在東海之濱，東、北、西三面皆距海。

濰水出琅琊郡箕縣，今密州莒縣東北濰山也。

完顏金於莒縣置莒州，屬益都路。

北至都昌入海，今濰州昌邑也。

《地志》作「昌都」。今濰州屬益都路。

淄州淄川縣。

今淄州改為般音盤。陽路，〔註4〕仍理淄川，而泰安州又自有萊蕪縣。

東至博昌縣入濟，今青州壽光縣也。

濟，《地志》作「沛」。青州，今為益都路，屬山東，壽光仍隸。

錯，蓋別為一物，如「磬錯」之錯。

《韻會》云：「錯，鑢也。」又云：「鑢，摩錯之也。」朱子云：「磋以鑢錫。」蔡《傳》後云：「磬錯，治磬之錯也。」

即今萊州之地。

在東海之濱，隸般陽路。〔註5〕

〔註4〕「般」，余氏勤有堂本、日本正保四年本作「䑸」。
〔註5〕「般」，余氏勤有堂本、日本正保四年本、清鈔本作「䑸」。

汶水出泰山郡萊蕪縣原山，今襲慶府萊蕪縣也。

萊蕪今改屬泰安州。

鄆州中都縣。

鄆州，今為東平路，無中都縣，有汶上縣。

沂水出泰山郡蓋縣艾山，今沂州沂水縣也。

蓋，《地志》音古盍反。今沂水割屬莒州。

南至於下邳，西南入於海。

《地志》：「行六百里。」下邳，今邳州也。

水出尼丘山。

在今兗州泗水縣。

武陽之冠石山。

在今濮州朝城縣。《地志》云：「行九百四十里，至下邳入泗。」

有澇。

《說文》云：「水在魯。」苦郭反。《寰宇記》云：「源出費縣東南，連青山下，西南入徐州滕縣界。」

沂、沭。

沭，食聿反。《寰宇記》云：「沭水出沂州沂水縣西北沂山，東南入泗水。」

沂州費縣。

《寰宇記》云：「蒙山在縣西北八十里，高四十里，長六十九里。」

海州朐山縣。

《寰宇記》：「在縣西北九十里，鯀所殛處，下有羽淵。」今海州名海寧州，仍理朐山，為淮東淮安路支郡。朐音渠。

大野，在今濟州鉅野縣。

濟州，今升為濟寧路。鉅野，為倚縣。《寰宇記》云：「東西百餘里，南北三百里。」

濟水至乘氏縣分為二。

乘氏舊屬曹州，今廢。《寰宇記》云：「漢乘氏縣在鉅野縣西南五十里，劉宋時廢。」程氏《禹貢圖》云：「《水經》既於封丘分南北濟，又於乘氏分為二，必有一誤。」封丘，今隸汴梁路。

東原，漢之東平國，今之鄆州也。

今亦稱東平路。

摶埴之工。

摶音團，拍也。埴，時職反，黏土也。出《考工記》。

埏埴以為器。

出《老子》十一章。埏，始然反，和也。

《周書·作雒》。

此《汲冢周書》第四十八篇也。下文本見《度邑篇》，古書誤以二篇合為一耳。

其壇。

本書「壇」作「疆」。孔晁《注》云：「疆疆疊塗。」案：此書傳刻訛舛，正如晁注四字，亦不可解。大概疆者，指其壇耳。壇之五方，以五色土各隨其方疊塗之也。壇則四旁起埒如牆，無置黃土之處。當以「疆」字為是。壇，以醉反。

鑿取其方面之土，苞以黃土，苴以白茅，以為土封。

孔晁云：「其方土，謂建東方諸侯以青土也。苞覆苴，裹土封，封之為社也。」

葛嶧山。

《寰宇記》：「嶧陽山在下邳縣西六里。」《西征記》：「下邳城西五里有葛山，《禹貢》所謂嶧陽山也。」下邳，今邳州。

西北陪尾山。

《寰宇記》：「在泗水縣東。」

西南過彭城。

彭城，今徐州，屬河南省。

襲慶府泗水縣。

今為兖州泗水縣。

下邳有石磬山。

石磬，當乙作「磬石」。〔註6〕《寰宇記》《輿地要覽》皆作「磬石」，山

〔註6〕「乙」，通志堂經解本、文淵閣四庫本作「一」，據余氏勤有堂本、日本正保四年本、清鈔本改。

在下邳西南八十里。《寰宇記》云：「泗水中無此石，其山在泗水之南四十里。今取磬石上供樂府。其山出石，大小擊之，其聲清亮。恐禹治水之時，水至此山矣。」

濠、泗、楚皆貢淮白魚。

濠州，今為臨濠府。泗，仍泗州。楚為淮安路。

及期而大祥。

「及」當作「又」。

中月而禫。

禫，徒感反。《說文》云：「除服，祭名也。」鄭玄云：「澹澹然平安之意。」《文公家禮》曰：「大祥後，中月而禫。中月，間一月也。二十五月，祥後便禫。」

以之為衮，所以祭也。

《左傳疏》云：「祭服，玄衣纁裳。《詩》稱『玄衮』，是玄衣而畫以衮龍。衮之言卷也，謂龍首卷然。」

以之為端，所以齋也。

《春官‧司服》云士之齋服，有玄端、素端。鄭司農云：「玄衣有纁裳者為玄端。」〔註7〕鄭玄謂：「端，取其正也。」

以之為冠，以為首服也。

《玉藻》云：「玄冠丹組纓，諸侯之齊冠也。〔註8〕玄冠綦組纓，士之齊冠也。」〔註9〕《論語》云：「羔裘玄冠不以弔。」

許慎曰：「汳水受陳留浚儀陰溝，至濛為灉水，東入於泗。」則淮、泗之可以達於河者，以灉至於泗也。

自淮入泗，至彭城入灉，灉之上流即汳水也。至浚儀入陰溝，自陰溝而後北入河也。

泗之上源自沛，亦可以通河也。〔註10〕

泝泗水而北，至溢為滎處入河。滎水，即沛水也。沛，古濟字。

〔註7〕「纁」，日本正保四年本作「襦」。
〔註8〕「齊」，日本正保四年本、清鈔本作「齋」。
〔註9〕「齊」，日本正保四年本、清鈔本作「齋」。
〔註10〕日本正保四年本無「也」字。

彭蠡，《地志》在豫章郡彭澤縣東。

「東」字誤，《地志》作「西」。漢彭澤，今南康之都昌，江州之湖口、彭澤，皆其地也。彭蠡，在三縣之西南。

跨豫章、饒州、南康軍三州之地。

豫章，今龍興路也。此湖南至龍興之新建，東至饒之鄱陽，西至南康之建昌、星子，北至都昌。

《夏小正》。

夏時之書，子夏傳。

松江。

《寰宇記》云：「松江在蘇州吳縣，自太湖出海，屈曲七百里。又名吳江，又名松陵，又名笠澤。」

並松江為三江。

愚案：以此為三江，固賢於眾說，然亦不合「東為中江」「東為北江」之文。蓋松江出於太湖之下，已與大江不相附近，而婁江、東江又為松江支流，不過為太湖水口耳，其於嶓、岷、江、漢，邈乎其不相關也。若以漢江在荊州之域，不當如東坡三江之說，而又不必涉中江、北江之文，而止求其利病之。在揚州之域者，則水勢之大者，莫若揚子大江、松江、浙江三者耳。經文記彭蠡之下，何為直捨大江，而遠錄湖水之支流也？唐氏之言，未敢遽信。然蔡氏主之者，以其地有三江之名，且合《吳越春秋》之語，捨此，他說愈妄，故取之耳。然導水所謂中江、北江，則不在此也。愚又思之，恐三江有二，不可合而論之。「三江既入」，一也；中江、北江，二也，本不相合。

震澤，太湖也。在吳縣之西南五十里，今蘇州吳縣也。

蘇州，今浙西平江路也。太湖，縱廣二百八十里，周迴六百五十四里，為地三萬七千頃，其中有洞庭山、夫椒山。洞庭即包山，山有洞庭寶室，入地下潛通五嶽，見《寰宇記》。

如「三川震」之「震」。

「三川震」，《國語》文。

楩、梓、豫章之屬。

楩，皮連切。豫章，木名，《吳都賦》作「橡樟」。

葛越、木綿之屬。

《吳都賦》：「蕉葛升越，弱於羅紈。」《注》云：「蕉葛，布之細者。升越，越布之細者。」《說文》云：「葛，絺綌草也。」《韻會》云：「越，草名，蒲屬。葛越，草布也。」

吳始開邗溝。隋人廣之，而江、淮舟船始通。

《寰宇記》云：「揚州江都縣合瀆渠，在縣東二里，本吳掘邗溝以通江、淮之水路也。昔吳王夫差將伐齊，北霸中國，自廣陵城東南築邗城，城下掘深溝，謂之邗江，亦曰邗溝。」邗，河干切。

江、漢合流於荊，去海尚遠。

據《禹跡圖》，自江、漢合流至海洋，一千八百餘里。

長沙下雋。

《地志》：「雋，字兗切。」《寰宇記》作「攜」。《郡國志》作「雋」。

巴陵、瀟湘之淵在九江之間。

《洞庭湖記》云：「沅澧之交，瀟湘之會，九江之間。」

岳州巴陵。

今隸湖廣行省。

沅水。

《郡國志》云：「出牂牁且蘭縣。」《地志》云：「行二千五百三十里，東南至益陽入江。」《說文》云：「出蜀郡，由牂牁，至長沙入洞庭湖。」且，子閭切。且蘭，今播州境也。益陽州，屬潭州路。

漸水。

《地志》云：〔註11〕「武陵郡索縣，漸水東入沅。」索縣，光武時廢，未詳其地。

元水。

《漢志》在武陵郡無陽縣。字或作「沅」。源出牂牁郡故且蘭縣，南入沅。或名「巫水」，又曰「无水」，又名「潕水」「潕水」「舞水」，聲之訛也。今蔡《傳》作「元亨」之「元」者，字之訛也。

〔註11〕「地志云」，余氏勤有堂本、清鈔本作「地云」，日本正保四年本作「地志」。

辰水。

《地志》：「出武陵郡辰陽縣三山谷，行七百五十里，入沅。」《寰宇記》作「三嶺山谷」，在今辰州路漵浦縣。

敍水。

《地志》云：「武陵郡義陵縣酈梁山，序水所出，西入沅。」酈音敷。《寰宇記》作「敍水」，「酈梁」作「瓠梁」，在今辰州路漵浦縣。

酉水。

《地志》：「出武陵郡充縣酉原山，行千二百里，入沅。」今辰州路沅陵縣，有小酉山、酉溪。

澧水。

《地志》：「出武陵郡充縣歷山，行千二百里，入沅。」今澧州路澧陽縣也。

資水。

《地志》：「出零陵郡都梁縣路山，行千八百里，入沅。」都梁，今湖南武崗武崗縣也。

湘水。

《地志》：「出零陵郡零陵縣陽海山，行二千五百三十里，入江。」零陵，今湖南永州路零陵縣也。

《漢志》九江在廬江郡之尋陽縣。

《地志》云：「《禹貢》九江在南，皆東合大江。」案：漢之尋陽縣治，在今蘄州界內，地名蘭城，在江北，而地界管至江南。今江州之德化、德安二縣，皆其地也。

九江之名。

今自蘄州而下至尋陽，小水入大江者固不一，然並無一名，如舊冀之九河，遷徙不時，至漢尚有可考者。大江南北山隴，界限千古不移，而反無一名存焉，可知其說之妄，而不足憑也。

今詳漢九江郡之尋陽，乃《禹貢》揚州之境。

謂九江之尋陽，亦誤。尋陽在漢屬廬江，不屬九江，「九」字恐誤。秦置九江郡，在壽春，今安豐路有壽春縣，〔註12〕而臨濠府光州、和州，皆其地也。漢之廬江郡，則今安慶、無為，皆其地也。無為有廬江縣。今之江州，

〔註12〕「豐」，日本正保四年本作「豐」。

在漢則為尋陽縣，及豫章郡之柴桑縣。王莽時，劉歆誤指彭蠡為九江，遂使莽改豫章為九江郡，改柴桑為九江亭，而又改壽春之九江為延平郡，於是九江之名始遷於江南矣。東漢，九江仍治壽春，廬江仍治舒，尋陽仍隸江州，〔註13〕而柴桑仍隸豫章。晉改九江為淮南郡。惠帝元康元年，割揚州之豫章、鄱陽、廬陵、臨川、南康、建安、晉安，荊州之武昌、桂陽、安成，合十郡，因江水之名而置江州，初理江北岸，地名蘭城，在今蘄州界內，後溫嶠移於溢城。永興元年，分廬江之尋陽、武昌之柴桑，置尋陽郡，屬江州。元帝渡江，尋陽郡又置九江、上甲二縣，尋又省九江入尋陽。安帝義熙八年，省尋陽縣入柴桑縣，柴桑仍為郡。愚案：尋陽縣，即今德化也。柴桑，即今瑞昌也。而今之德安，則又尋陽、柴桑之二境也。《寰宇記》云：「九江在江州西北二十五里，名曰白馬江。」則又以為一江，而無九名矣。又《史記正義》曰：「九江郡都陰陵，陰陵故城在濠州定遠縣西六十五里。」

東陵，今之巴陵。

屬岳州。

南郡枝江縣。

今江陵路，屬湖北。

華容縣。

屬岳州路。

若潛水，則未有見也。

王氏炎曰：「案《隋志》，南郡松滋縣有潬，即古『潛』字。」今松滋分為潛江縣，屬江陵路。

江夏、安陸。

江夏縣，屬鄂州。安陸，古鄖州也，今為安陸府。而德安府亦有安陸縣，雲夢在其南。

《左傳》：「楚子濟江，入於雲中。」

定四年。

又「楚子以鄭伯田於江南之夢」。

昭三年。

〔註13〕余氏勤有堂本、日本正保四年本、清鈔本無「江州」二字。

別而言之，則二澤也。

江南曰夢，江北曰雲。朱子云：「江陵之下，岳州之上，是雲夢。」

砮者，中矢鏃之用。

今江西吳城龍廟中，有東城所藏石砮一枚，色青而質堅，長可四寸。

肅慎氏貢楛矢、石砮。

事見《國語》。

董安于之治晉陽。

事見《國語》。

所以供祭祀縮酒之用。

《疏》云：「束茅立之祭前，酒沃其上，酒滲下，若神飲之，故謂之縮。」

齊桓公責楚「貢包茅不入」。

見《左氏·僖四年》。

又《管子》云：「江、淮之間，一茅而三脊，名曰菁茅。」

見《輕重丁篇》。

辰州麻陽縣苞茅山出苞茅。

見《寰宇記》。今麻陽縣隸沅州。

組，綬類。

崔豹《古今注》云：「漢舊制，乘輿黃赤綬，四采，黃赤縹紺，淳黃為圭，長二丈九尺九寸，五百首。」

大龜尺有二寸。

《史記·龜策傳》云：「龜千歲，滿尺二寸。」

捨舟而陸，以達於洛。

程氏《圖》：「荊貢陸行向洛，在襄陽北光化、鄧州之間。」

熊耳在商州上洛縣。

商州，今為陝西奉元路支郡。

弘農盧氏之熊耳，非是。

今嵩州盧氏縣，屬河南府路。

河南縣西北有古穀城縣，其北山實瀍水所出。

北山，即名穀城山，瀍水出其下。

澗水出廣陽山。

《寰宇記》云:「一名瀍池山。」

河南府河南縣。

今理洛川縣。

瀍池縣。

今割屬陝州。

濟水自孟州溫縣入河。

今之懷孟路。

滎在鄭州滎澤縣西。

滎澤,今屬汴梁路。

敖倉者,古之敖山也。

《寰宇記》云:「《書》言『仲丁遷於囂』,《詩》言『搏獸於敖』,《春秋》云『敖、鄗之間』,《漢書》云『東據敖倉』,即此地。秦時築倉於山上,故曰敖倉。」

今濟水但入河,不復過河之南。

《寰宇記》云:「古者濟水出河北,截河南流,而為滎澤。自王莽末,濟水但入河,不復過河南。」

鄭康成謂滎今塞為平地。

見《春秋傳‧閔二年》注。程氏云:「春秋衛侯及狄人戰於滎澤,然則在春秋時既可以戰,則已不復受河矣。」

引河東南,以通淮、泗。

河水溢出為滎,東南流為濟、為汳,南入泗,泗入淮。

濟水分河東南流。漢明帝使王景即滎水故瀆,東注浚儀,謂之浚儀渠。《漢志》謂「滎陽縣有狼蕩渠,[註14] 首受濟」者是也。南曰狼蕩,[註15] 北曰浚儀,其實一也。

程氏《禹貢圖》云:「受河之水,至漢陽武縣分流,其一派南下者,自中牟原圃之東趨大梁,未至則為官渡。官渡亦名沙水,沙讀如蔡,即蔡河也。班

〔註14〕「狼」,文淵閣四庫本作「莨」。
〔註15〕「狼」,文淵閣四庫本作「莨」。

固著莨蕩渠於滎陽，而曰『首受沛，東南至陳留入潁』者，即此派也。亦戰國之謂鴻溝，而楚、漢分境者也。既至陳留，蔡河正派之外，支脈散佈，遂為三名。其在開封浚儀之北者，為浚儀渠；稍東為汳；又東行至蒙為獲。獲至彭城北，遂入於泗。此從大梁之北而數之，為北來第一水也。」

其浸波溠。

溠，側駕反。

菏澤在定陶縣，〔註16〕今濟陰縣。

今二縣皆屬曹州。菏澤在濟陰縣。曹州，即興仁府也。

東過冤句縣。

句音劬。今濟陰縣地。

孟諸在睢陽縣東北。

今歸德府，即宋之南京宋州，古之梁國，仍理睢陽。

今南京虞城縣西北孟諸澤是。

今虞城割隸濟州，屬濟寧路。

岷山在蜀郡湔氐道西徼外。

湔，子千反。氐，丁奚反。道者，出徼之路。縣之領夷者名曰道，如剛氐道、平陰道、嚴道、樊道之類。徼，吉弔反。徼，猶塞也。東北謂之塞，西南謂之徼。

在今茂州汶山縣，江水所出也。

今為成都路支郡。《地志》云：「江水出岷山東南，至江都入海，行二千六百六十里。」

青城、天彭諸山。

青城、天彭二山皆在今灌州。天彭亦名灌口山。《寰宇記》云：「李冰以秦時為蜀守，謂汶山為天彭闕。」灌州，舊名永康軍。

嶓冢山，《地志》云在隴西郡氐道縣，漾水所出。又云在西縣。

案：《地志》不云嶓冢在氐道，但言漾水所出，至武都為漢，於西縣下卻云：「嶓冢山，西漢所出，南入廣漢白水。」又於武都下云：「東漢水受氐道水，一名沔。過江夏，謂之夏水。」據此，則有西、東二漢水。其嶓冢則不言

〔註16〕「菏」，文淵閣四庫本作「荷」。

出漾，而即言西漢所出；其氐道則又即言漾出，〔註17〕而不言有嶓冢，分而為二，則不合經文，故蔡氏合兩出而並言之。

今興元府西縣、三泉縣也。蓋嶓冢一山跨於兩縣云。

《寰宇記》：「西縣，本後魏嶓冢縣也。」又云：「嶓冢山在三泉縣東二十八里。」又云：「漾水，一名漢水，一名沔水，源出嶓冢山。」今興元路屬陝西省，而西縣、三泉皆無之，未詳沿革。

江、沱在成都府郫縣。

郫，音疲。今仍為縣。

永康軍導江縣。

今軍名灌州，縣廢，州隸成都路。

巴郡宕渠縣潛水。

宕，徒浪反。今東川蓬州地也。

渠州流江縣。

流江今廢。渠州隸四川東道。

灉水出洋州真符縣。

洋州，今隸興元路，縣廢。

蔡山在雅州嚴道縣。蒙山在雅州名山縣。

二縣並未詳沿革，當在今嘉定路之西三百里。

沫水。

《史記》音「妹」。《漢書》音「本末」之「末」。〔註18〕

蜀郡太守李冰。

秦時人。

和川。

在雅州嚴道縣西，去吐蕃大渡河五日程。

羅岊州。

《寰宇記》作「羅繩岩」，古蠻州。

〔註17〕「出」，日本正保四年本作「水」。
〔註18〕「本末之末」，文淵閣四庫本作「本末之本」。

巴郡魚復縣。

《地志》：「複音腹。」

佷山縣。

《地志》屬武陵郡。孟康曰：「佷山，音恒。」

如《周官》田一易、再易之類。

《周禮》云：「一易之田，家二百畝；再易之田，家三百畝。」一易者，間一歲耕百畝也；再易者，間二歲耕百畝也。

後世蜀之卓氏、程氏以鐵冶富擬封君。

《史記》：「蜀卓氏，即鐵山鼓鑄，富至僮千人，擬於人君。程鄭亦冶鑄，富埒卓氏，俱居臨邛。」

氄毛織之可以為罽。

氄，昌芮反，獸毛之細者。罽，居例反。據《說文》，織皮為罽，氄布為繬，並居例反。

西傾，在洮州臨潭縣。

今為臨洮府，屬陝西鞏昌路，縣革。

葭萌。

《地志》屬廣漢郡，宋屬利州。今為廣元路，綿谷、昭化二縣，皆其地也。

漢、沔。

《地志》如淳曰：「沔陽，人謂漢水為沔水。」師古曰：「漢上曰沔。」

晉壽。

宋名利州，今為廣元路，屬四川南道。

至於褒水，逾褒而暨於衙嶺之南溪，灌於斜川，屆於武功而北，以入於渭。

《地志》：「扶風郡武功縣，斜水出衙嶺山北，至郿入渭。褒水亦出衙嶺，至南鄭入沔。」斜，弋奢反。衙，音牙。郿，音媚。褒城、斜谷、南鄭，皆在今陝西興元路。武功，今屬陝西乾州。

漢武帝時，人有上書欲通褒、斜道及漕。

事見《史記·河渠書》。

南陽上沔入褒。

《史記正義》云:「南陽,今鄧州。」案:今自有南陽府。

弱水,在張掖郡刪丹縣。

《地志》云:「桑欽以為道弱水自此,西至酒泉合黎。」《後漢志》云:「張掖在雒陽西四千二百里。」《寰宇記》云:「東南至洛陽三千三百里。」今為甘州路,又有山丹州,即刪丹也。《後魏》曰:「山丹並隸甘肅行省。」刪丹,山名,一名焉支山。

魏太武擊柔然,「至栗水,西行至菟園水」,又「循弱水西行,至涿邪山」。

柔然,即蠕蠕,如兗反。事見《通鑒·宋文帝元嘉六年》。

《北史》載太武至菟園水,分軍搜討。

出《蠕蠕傳》,云:「菟園水去平城三千七百餘里,東至瀚海,西接張掖水,北度燕然山,東西五千餘里,南北三千餘里。」

程氏據《西域傳》,以弱水為在條支,其說非是。

程氏云:「自西漢以來指言弱水之地,其顯著者凡六,而班固《地志》已三出矣。條支,一也;酒泉崑崙,二也;張掖刪丹,本桑欽說,以為西至酒泉合黎,三也。自《漢志》以外,賈耽以張掖郡之張掖河當之,《唐史》以小勃律之娑夷河、東女之康延川當之,其多如此。臣惟取條支嫣水之西入西海者,以應經文,而他皆不取,為其地里不與經合也。〔註19〕經曰『弱水既西』,桑、賈、班三家所稱,皆不出乎甘肅兩州之間,其水未嘗西流。故臣深所不據,而本《漢書》初通西域時長老所傳條支弱水,以為經證,其水西流,注於西海,以聲教該及四海者概之,故敢主其說。」

原州百泉縣岍頭山。

《漢書》作「幵頭山」,《寰宇記》作「笄頭」,《史記》作「雞頭」。在今陝西涇州界內,而原州今為鎮原州。

永興軍高陵縣。

永興,今陝西奉元路。

渭州渭源縣鳥鼠山。

渭州,今為平涼府。渭源,屬臨洮府。

〔註19〕「里」,余氏勤有堂本、日本正保四年本作「望」。

船司空。

縣名。《地志》云：「本主船之官，遂以為縣名。」今廢。

華州華陰縣。

今隸奉元路。

隴州汧源縣弦蒲藪有汭水。

今屬鞏昌路。

漆水，自耀州同官縣來。

耀，今改輝州。

沮水，在坊州宜君縣。

今宜君割屬鄜州。

坊州昇平縣。

坊州理中部縣，今州廢，中部撥屬鄜州，而昇平亦併入宜君縣。

耀州華原縣，合漆水。

縣今革。《寰宇記》云：「合漆水，入富平石川河。」

至同州朝邑縣入渭。

同州，今屬奉元路。

又漆水出扶風縣。

今鳳翔府扶風縣。

岐山、普潤縣。

鳳翔二縣也。今岐山仍隸鳳翔，普潤革。

灃水，〔註20〕出永興軍鄠縣。

永興，奉元也。鄠音戶。

至咸陽縣入渭。

縣屬奉元。

耀州富平縣掘陵原。

縣屬輝州。

終南，在永興軍萬年縣。

完顏金改萬年為咸寧，今為奉元倚縣。

〔註20〕「灃」，日本正保四年本作「澧」。

扶風武功縣。

武功,今屬乾州。

《地志》古文。

古文者,班固時古地理書也,班固引之,故稱古文。

原隰在邠州。

屬陝西。

武威縣東北有休屠澤,古今以為豬野。

屠音除。故匈奴休屠王地也。古今,當作「古文」。

涼州姑臧縣。

今西涼州,屬甘肅行省。

三危在燉煌。

燉,徒門反。今沙州路,屬甘肅省。《輿地要覽》云:「三危山有三峰,俗名昇雨山。」《後漢・西羌傳》注亦云:「三危在沙州。」

昆侖虛。

虛音墟。《爾雅疏》云:「帝之下都,昆侖之虛,方八百里。」即崑崙山也。

琅玕,石之似珠者。

《爾雅注》云:「狀似珠。」《山海經》曰:「崑崙山有琅玕樹。」注:「琅玕子似玉。」

積石,在鄯州龍支縣。

鄯州,在長安之西一千九百九十三里。龍支縣,在鄯州南一百三十五里,積石山又在縣南。宋時鄯、蘭二州俱廢,今復置蘭州,屬陝西省,鄯在蘭西四百九十里。

龍門,在河中府龍門縣。

河中,屬河東山西道,縣革。

熙河路。

宋神宗改鎮洮軍為熙州,以熙河、洮、岷州、通遠軍為一路。

會州西小河。

會州,在長安之西北一千一百九十里,今屬陝西鞏昌路。

興州。

今四川南道沔州也，屬廣元路。廣元，古利州也。今河北亦有興州，管宜興、興安二縣，未知孰是。

小河鹹水。

其地生鹽，去州一百二十里。

西安州之東，大河分為六七道。

西安，即鹽州，在今甘肅省地面。

崑崙，即河源所出，在臨羌。

此據《地志》也。臨羌，漢屬金城郡。山在今甘肅省肅州路境內。《寰宇記》云：「肅州酒泉縣崑崙山，在縣西南八十里。」馬岌言《禹貢》崑崙在臨羌之西，即此明矣。

析支，在河關西千餘里。

河關，縣名。《地志》屬金城郡。《寰宇記》云：「即涼州也。」

渠搜，近朔方之地也。

《地志》中部都尉所治，屬朔方郡。

隴州吳山縣吳嶽山。

《寰宇記》云：「秦都咸陽以為西嶽，故稱吳嶽山，在古縣西南五十里。」隴州，今隸陝西，縣革。

隴州汧源有岍山，岍水所出。

岍，《記》皆作「汧」，在縣西六十里。案：《寰宇記》以吳岳與岍山為二山。

晁氏以為今之隴山、天井、金門、秦嶺山者，皆古之岍也。

據上文有二說，故引此合言之。《寰宇記》：「隴山，在隴州汧源縣西六十二里，天水大坂也。張衡云：『欲往從之隴坂長。』其坂九迴，不知高幾許，欲上者，七日乃得越。絕高處可容百餘家，下處容十萬戶。東望秦川四五百里，極目泯然，墟宇桑梓，與雲霞一色。人上隴者，想還故鄉，悲思而歌，有絕死者。」秦嶺，《寰宇記》云：「在隴州隴安縣西南。」

雷首，在今河中府河東縣。

《寰宇記》云：「在縣南三十里。此山有九名，謂歷山、首山、薄山、襄山、甘棗山、渠豬山、獨頭山、陑山等之名。」又名雷首，又名首陽。

底柱，在今陝州陝縣，三門山是也。

今屬河南府路。《寰宇記》云：「禹理洪水，山陵當水者，破之以通河。三穿既決，河出其間，有似門，故俗號三門。」又案：《文苑英華》趙冬曦《三門賦》云：「砥柱山之六峰者，皆生河之中流，蓋夏后之所開鑿。其最北有兩柱相對，距崖而立，即所謂三門也。次於其南，有孤峰揭起，峰頂平闊，夏禹之廟在焉。西有孤石數丈，圓如削成。復次其南有三峰，東曰金門，中曰三堆，西曰天柱。湍水從黃老神前，東流湍激，蹙於蝦石，折流而南，漱於三門，苞於廟山，乃分為四流，淙於三峰之下，抵於曲隈，會流東注。加以兩崖夾水，壁立千仞，盤紆激射，天下罕比。」

濩澤。

《地志》：「濩，烏虢反。」《輯纂》音胡郭反，非是。

析城，在今澤州陽城縣。〔註21〕

今澤州，為平陽路支郡。《寰宇記》云：「在縣西南七十五里。」

王屋，今絳州垣曲縣也。

今為平陽路支郡。《寰宇記》又云：「王屋，在澤州陽城縣南五十里，有僊宮，號小有清虛洞天山，高八千丈。」

太行，在今懷州河內。

今懷孟路。《寰宇記》云：「在縣北二十五里。太行山，首於河內，北至幽州，凡百嶺，綿亙十二州之界，有八陘。」連山中斷謂之陘也。

恒山，今定州曲陽。

定州，今改中山府。曲陽，割屬保定路。

河北諸山，根本脊脈皆自代北、寰武、嵐、憲諸州，乘高而來。

愚案：河北之山，皆從白登山來。白登之南，為管涔山，汾水出其下。管涔汾水之東，為代、為憲，西為嵐，而山之支分從此始。白登，在今河東山西道大同路白登縣。管涔，在今太原路管州界內。白登之東諸水東趨於海，西為大河，其山脊正東西分水處也。

其脊以西之水，則西流以入龍門、西河之上流。

自龍門受汾水入河，北至應州之西，以及古東受降城，一千六七百里，皆受山脊西流之水。

〔註21〕文淵閣四庫本無「今」字。

其脊以東之水，則東流而為桑乾，幽、冀以入於海。

南自趙、深、河間以北至平州，如滱水、濡水、沽水、易水等，皆東趨於海。桑乾，音干，河在今朔州鄯陽縣。冀，疑當作「薊」。

其西一支為壺口、太岳。

案《禹跡圖》，壺口在汾水之西，太岳在汾水之東。則壺口、太岳，不同一支。

次一支包汾、晉之源而南出，以為析城、王屋，而又西折，以為雷首。

自管涔東趨太原，又南為羊頭山，迤西為太岳，又南為析城，汾、晉皆在其西；迤東為王屋，別折一支，西為雷首，抵河。

又次一支，乃為太行。

自羊頭山分而之東，在沁水之北，潞水之南。沁，千浸反。

又次一支，乃為恒山。

自白登山正東而來，與真定府相近數十里。

王、鄭有三條、四列之名，皆為未當。

王肅、鄭玄也。王以岍、岐至碣石為北條，西傾至陪尾為中條，嶓冢至敷淺原為南條。鄭以岍、岐為正陰列，西傾為次陰列，嶓冢為次陽列，岷山為正陽列。

朱圉，在秦州大潭縣。

秦州，今屬鞏昌路，縣革。

太華，在華州華陰縣。

今屬奉元路。

穎川郡崈高縣有崈高山，古文以為外方。

《地志》云：「是為中岳，有太室、少室山廟。」崈，古崇字。

西京登封縣。

今河南府路登封縣嵩高山也。

桐柏，在唐州桐柏縣。

唐州，今為河南府路支郡，縣革。

陪尾，今安州安陸。

今江陵路德安府安陸縣也。

荊山，今襄陽府南章縣。

今作「南漳」。

內方，今荊門軍長林縣。

今荊門改州，屬江陵路。

漢陽軍漢陽縣北大別山。

今為岳州路，散府縣革。

衡山，今潭州衡山縣。

今洞庭之南，湘水之西，資水之東，衡州之北。

敷淺原，《地志》豫章郡歷陵縣南有傅易山。

師古曰：「傅音敷。易音陽。」

今江州德安縣博陽山也。

在廬山之西。

晁氏以為在鄱陽者，非是。

鄱陽又在彭蠡之東，〔註22〕今經文止言「過九江，至於敷淺原」，不更言過彭蠡也，故非是。

然所謂敷淺原者，其山甚小而卑，惟廬阜最高且大，宜當紀志，恐山川之名，古今或異。

案：《江州圖經》《南康郡志》皆言周成王時，有匡俗結廬，隱居此山之西北，後因名其山曰廬山，或曰匡山，又曰匡廬。審如此說，則周以前，固未嘗名廬山，安知其初不名敷淺原？及既稱廬山之後，而舊名得專之於支麓小阜乎？

岷山之脈，其北一支為衡山，而盡於洞庭之西。其南一支，度桂嶺，北經袁、筠之地，至德安。所謂敷淺原者，二支之間，湘水間斷。

自岷至敷淺原，論其山脊綿亙，道里甚遠，今直曰「其北一支為衡山」，亦未也。蓋岷山之南為沫、若水所限，東北又限於涪、墊、大江諸水，其岡脊支脈，乃遠行而西。自西而南，至雲南之境，又東趨夜郎，已四千餘里，乃越五溪之尾，至湖南為衡山，則又二千五百餘里矣。其南一支，自桂嶺至零陵，為九疑山，下郴州迤東北而行，徑袁州、筠州之間。〔註23〕筠，今瑞也。又

〔註22〕「又」，余氏勤有堂本、日本正保四年本作「本」。
〔註23〕「徑」，日本正保四年本作「經」。

下為幕阜、白藤、高良諸山，乃至南康、江州之境，大為廬山，小為傅易，抵於江而止。其自桂而來，又二千餘里矣。其去衡山，則信乎為湘水所隔而不通也。

合黎山，在張掖縣西北，亦名羌谷。

即今甘州路也，弱水亦在其地。《寰宇記》云：「合黎水，一名羌谷鮮水。」案：《隋志》不云「亦名羌谷」，惟《寰宇記》有此名，又以為水，不以為山，恐言山則獨名合黎，言其下水，則兼名羌谷也。《漢志》有羌谷水。

流沙，在沙州西八十里。

即今江肅省沙州路也。案：《五代史》晉天福三年，高居誨使于闐，還記其山川，云：「自靈州過黃河三十里，始涉沙入党項界，曰細腰沙、神樹沙，至三公沙。自此沙行四百餘里，至黑堡沙，沙尤廣。自甘州西，始涉磧，磧無水。西北五百里至肅州，渡金河，出玉門關，至瓜州、沙州。瓜州南十里鳴沙山，冬夏殷殷有聲如雷，云《禹貢》流沙也。又東南十里三危山，云三苗之所竄也。」

又案：山水皆原於西北。

先天卦位，艮西北，兌東南，故水聚東南而尾西北，山聚西北而尾東南，所謂「山澤通氣」也。

黑水，出犍為郡南廣縣汾關山。

犍音乾。犍為，故夜郎國也。黑水，《地志》名符黑水。犍為，今敘州等處，宣撫司所轄馬湖路、富順州、長寧軍等處地也。〔註24〕今嘉定府亦有犍為縣。

唐樊綽云：「西夷之水，南流入於南海者凡四，曰區江，曰西珥河，曰麗水，曰瀰渃江，皆入於南海。其曰麗水者，即古之黑水也，三危山臨峙其上。」

渃字，字書所無，惟唐李華《弔古戰場文》中有此一字，而讀者無定音。《寰宇記》永江軍導江縣下有此字，音如夜反，然非瀰渃也。程氏《禹貢圖》皆作「瀰諾」，恐蔡《傳》誤書「言」為三點，當從程本。程氏云：「唐樊綽咸通中從辟安南，親行交阯，得其水道曲折，載之蠻書。其大川南流而入於南海者四，西珥河與蘭倉江合，一也；麗水與瀰諾江合，二也；新豐川合勃弄諸

〔註24〕「馬」，余氏勤有堂本、日本正保四年本闕文。

水，〔註25〕三也；唐蒙所見盤江，四也。其謂麗水者，綽指言其水正為黑水，而邏些城北有山，即三危山也。」四水與蔡《傳》同異。

西珥河者，卻與《漢志》葉榆澤相貫。

葉榆，屬漢益州郡。

又漢滇池即葉榆之地，武帝初開滇巂時，其地古有黑水舊祠。

滇音顛，滇池縣。《地志》云：「屬益州郡。武帝元封二年開，故滇王國也。」滇池澤有黑水祠。巂，先蘂反。滇國，今雲南行省所管地也。

其地在蜀之正西，東北距宕昌不遠，宕昌即三苗種裔。

《北史》云：「宕昌羌者，其先蓋三苗之胤，其地東接中華，西通西域，南北數千里。」

孟津，今孟州河陽縣，亦名富平津。

河陽，孟之倚縣。古書多作「盟津」。盟，亦音孟。《寰宇記》云：「或謂之富平津，又謂之小平津。」

洛汭，在河南府鞏縣之東。

河南，即古洛陽。

山再成曰伾。

《爾雅》云：「山再成英。」《注》云：「兩山相重。《書》云：『至於大伾。』」《疏》云：「山上更有一山重累者，名伾。」

張揖、鄭玄、臣瓚云云。

此皆據《爾雅疏》文，又本《漢書注》文。

今通利軍黎陽縣臨河有山，蓋大伾也。

此正據瓚說。《寰宇記》云：「在縣南七里，又名青檀山。」通利，今為濬州，〔註26〕為大名路支郡。

修武、武德。

古懷州二縣，武德今革。

成皋。

今汴梁路鄭州汜水縣，故虎牢之地也。

〔註25〕「豐」，日本正保四年本作「豊」。
〔註26〕「濬」，余氏勤有堂本字跡模糊，日本正保四年本闕文。

泲水，今冀州信都縣枯泲渠也。

今冀州為真定路支郡，信都為倚縣。

魏郡鄴縣有故大河在東北。

鄴，今彰德路也。

古泲瀆，自唐貝州經城北入南宮，貫穿信都。

貝，今恩州也。南宮、信都，皆冀州屬縣。

自大伾而下，坢岸高於平地，故決齧流移，水陸變遷。

水高於地，故為隄以障之，隄壞則河決，此所以有水患也。《輯纂》引方
氏云：「建炎、紹興後，黃河決入鉅野，溢於泗以入於淮者，謂之南清河。由
汶合濟，至滄州以入海者，謂之北清河。是時淮僅受河之半。金之亡也，河自
開封北衛州，決而入渦河，以入淮，一淮水獨受大黃河之全，以輸之海。濟水
之絕於王莽時者，今其源出河北溫縣，猶徑枯黃河中，〔註27〕以入汶而後趨
海，清濟貫濁河，遂成虛論矣。」

唐張仁愿所築東受降城。

唐神龍三年置，在雲中之地，有東、西、中三城，今皆廢。

漢水有兩源。

程氏謂：「東源正『嶓冢導漾，東流為漢』。其西源乃嘉陵江，自利州已
上數百里，不為東流，與經不合。以漢高帝置廣漢郡，而因誤目嘉陵之水為
西漢水也。」蔡《傳》則略不及嘉陵水，而以東漢為漾之下流，西漢為沔之下
流，二漢復合流東行，以入大江也。程說非是。

武當縣北四十里，漢水中有洲曰滄浪洲，水曰滄浪水。

縣屬均州，今為襄陽府路支郡。《寰宇記》謂：「水在均州鄖鄉縣，即漁
父棹歌處。」

三澨，郢州長壽縣。

郢州，今改安陸府，屬荊湖北道。

復州景陵縣。

復州，今為沔陽府，屬荊湖北道。

番陽澤在江之南。

番音鄱。在南康之東南，饒州之西北。

〔註27〕「徑」，日本正保四年本作「經」。

去漢水入江處已七百里。

自南康至漢陽。

所蓄之水，則合饒、信、徽、撫、吉、贛、南安、建昌、臨江、袁、筠、龍興、南康數州之流。

饒、信、徽在江東，餘十郡在江西。饒有餘干水、鄱江水，信有弋陽水、貴溪水，徽之婺源有婺水，撫有汝水、臨川水，吉有吉水，贛有章水、貢水，南安之南康縣有益漿水、封侯水、良熱水，建昌南城縣有盱水，〔註28〕臨江之新淦州有淦水，袁有宜春水。筠，瑞州也。高安縣有蜀水，龍興富州有豐水，〔註29〕南康建昌州有脩水。已上諸水下流，皆入鄱陽湖。

入江之處，西則廬阜，東則湖口，皆石山峙立，水道狹甚。

西則廬阜之麓名江基，東則湖口之雙石鍾山，相去一呼，今名唐石渡。

廬江之北有所謂巢湖者。

今湖在淮西無為州廬江縣北三十五里，一名焦湖。大江在縣東南百九十里。

合「東匯」「北匯」之文。

愚謂：以巢湖當彭蠡，信合「東匯」「北匯」之文，不如番湖之懸絕。然二湖之下，均為一江，以達於海，必竟無中江、北江之分也。諸家惟知求彭蠡而不知求中江、北江，蔡《傳》辨論最悉，雖未見其的，姑亦傳疑而已。

濟水，絳州垣曲縣。

屬平陽路。

東出孟州濟源縣。

屬懷孟路。《寰宇記》云：「濟水在縣西北三里，平地而出，有二源，皆繚以周牆。」

虢公臺。

在孟州溫縣，俗名賀酒臺。

再成曰陶。在今廣濟軍西。

《爾雅疏》云：「丘形上有兩丘相重累者，名陶丘。」廣濟軍，即今曹州定陶縣也。

〔註28〕「盱」，日本正保四年本作「盱」。
〔註29〕「豐」，日本正保四年本作「豐」。

濟陰縣自有菏派。

亦屬曹州。

合汶水，今青州博興縣。

今博興州，隸益都路。

李賢謂濟自鄭以東，貫滑、曹、鄆、濟、青，以入於海。

鄭州，滎陽郡也，隸河南行省。滑州，隸大名路。曹州，隸濟寧路。鄆州，今東平路。濟州，今濟寧路。齊州，今濟南路。青州，今益都路。

樂史謂今東平、濟南、淄川、北海界有水流入海，謂之清河。

見《寰宇記》孟州濟源縣下。淄川，今般陽路也。北海，今益都路也。云：「實菏澤、汶水合流，亦曰濟河。」

歷城之西，蓋五十里，而有泉湧出，高或致數尺，其旁之人名曰趵突之泉。

歷城縣，今屬濟南路。趵，北角反，《廣韻》云：「足擊也。」《輯纂》音方車反，非是。

濼水。

音鹿。

舟之通於濟者。

《曾集》「濟」作「齊」。

東阿。

縣屬東平。

淮水，出南陽平氏縣胎簪山。

平氏縣廢，山在今唐州界內。《地志》云：「淮入海，行三千二百四十里。」

《地志》云鳥鼠山者，同穴之枝山也。

案《地志》隴西郡首陽縣云：「《禹貢》鳥鼠同穴山在西南，渭水所出，東至船司空入河，行千八百七十里。」不言鳥鼠為同穴之枝山也。

盧氏之熊耳。

嵩州盧氏縣也。

九州之山，槎木通道，已可祭告。

案：《益稷》言「隨山刊木」，此言「九山刊旅」，必隨其山而刊之，導山是其序也。其所行有九節，「導岍及岐，至於荊山」，一也；「壺口、雷首，至

於太岳」，二也；「底柱、析城，至於王屋」，三也；「太行、恒山，至於碣石」，四也；「西傾、朱圉、鳥鼠，至於太華」，五也；「熊耳、外方、桐柏，至於陪尾」，六也；「導嶓冢，至於荊山」，七也；「內方至於大別」，八也；「岷山之陽，至於衡山，至於敷淺原」，九也。是蓋施工次第九節，非論山脈也，亦非以配九州也。

九州之川，滌滌泉源，而無壅遏。

九州之川非一，而其所滌之源有九，施工次第，因而序焉。導弱水，一也；導黑水，二也；導河積石，三也；嶓冢導漾，四也；岷山導江，五也；導沇水，六也；導淮自桐柏，七也；導渭自鳥鼠同穴，八也；導洛自熊耳，九也。亦是施工九起，非以配九州也。

九州之澤，已有陂障，而無決潰。

九州之澤非一，其「雲土夢作乂」及「大陸既作」，皆可耕治，不待陂障。餘為陂障者，亦有九焉，「雷夏既澤」，一也；「大野既豬」，二也；「彭蠡既豬」，三也；「震澤底定」，四也；「九江孔殷」，五也；「滎波既豬」，六也；「導菏澤」，七也；「被孟豬」，八也；「至於豬野」，九也。此特言其已有陂障者耳，非若《職方氏》分為九州澤藪之比也。

如《周‧大司徒》「以土宜之法辨十有二土之名物，以任土事」。

十二土分野，十二邦各有所宜也。

如《周‧大司徒》「辨十有二壤之名物，以致稼穡」。

致，當作「教」。《注》云：「壤，亦土也。以萬物自生則言土，以人所耕而樹藝則言壤。」

錫之土以立國，錫之姓以立宗，《左傳》所謂「天子建德，因生以賜姓，胙之土而命之氏」。

《輯纂》引林氏云：「如契封於商，賜姓子；稷封於邰，賜姓姬。有土有姓，昔固有矣，至是徧錫之。」唐陸淳《春秋纂例》云：「姓則百代不易，唯天子迺得特賜姓，故曰『因生以賜姓』。舜賜禹姓曰姒、伯夷曰姜，武王賜胡公姓曰媯，是也。」又曰：「胙之以土而命之以氏，舜賜禹曰夏、伯夷曰呂，是也。」又「天子之子，例以謚配字，僖伯、文伯、宣叔、襄仲之類是也。而後代子孫因以其字為氏，示所出不亂，所謂『別子為祖』也。」自餘則或以官、以邑為其氏族，以自分別，凡此皆如近代之論房也。鄭夾漈《氏族略》

云：「三代之前，姓、氏分而為二，男子稱氏，婦人稱姓。於文，女生為姓，故姓之字多從女，如姬、姜、嬴、姚、姒、媯、姞、妘、嫚、始、妊、嫪之類是也。凡言姓、氏，皆本《左傳》，然《左氏》所明者，因生賜姓、胙土命氏，及以字、以官、以邑，五者而已。今則不然，論得姓受氏者，三十二類。一曰以國，如虞、夏、商、周、魯、衛、齊、宋也。二曰以邑，如崔、盧、鮑、晏、臧、費、柳、楊也。三曰以鄉，如裴、陸、龐、閻也。四曰以亭，如糜、采、歐陽也。五曰以地無封土，以地居命氏，如傅說、潁考叔、桐門右師、祿里先生、介之推、燭之武之類。六曰以姓，如姚墟、嬴濱、姬水、姜水，故曰『因生以賜姓』也。七曰以字，如鄭子駟之孫曰駟帶，宋子魚之孫曰魚莒。八曰以名，如魯公子展之孫曰展無駭、展禽，鄭公子豐之孫曰豐卷、豐施，〔註30〕王子朝之後為朝，伍員之後為員。九曰以次，如伯、仲、叔、季是也。十曰以族，如丁氏、癸氏、祖氏、禰氏、第五氏、第八氏之類。十一曰以官，如司馬、司空、庾氏、錢氏是也。十二曰以爵，如皇王、公侯、公乘、公士是也。十三曰以凶德，如黥氏、梟氏。十四曰以基德，如冬日氏、老成氏。十五曰以技，如巫、屠、匠、卜、豢龍、御龍。十六曰以事，如后緡逃出自竇為竇，田千秋乘小車為車。十七曰以諡，如文、武、哀、繆、莊、僖、康、宣是也。十八曰以爵氏，如王叔、王孫、公子、公孫是也。十九曰以國係，如唐孫氏、滕叔氏是也。二十曰以族係，如季孫氏、叔孫氏是也。二十一曰以名氏，如士季氏、伍參氏、韓嬰氏、臧會氏是也。二十二曰以國爵，如夏侯氏、息夫氏、白侯氏是也。二十三曰以邑係，如原伯氏、申叔氏、沂相氏是也。二十四曰以官名，如師延氏、史晁氏、呂相氏、侍其氏是也。二十五曰以邑諡，如苦成氏。二十六曰以諡氏，如臧文氏。二十七曰以爵諡，如成公氏、成王氏是也。二十八曰代北複姓，二十九曰關西複姓，三十曰諸方複姓，皆夷狄二字姓也。三十一曰代北三字姓，如『侯莫陳』是也。三十二曰代北四字姓，如『自死獨膊』是也。」右鄭氏之說甚詳，具載《通志略》，姑節其目，以明姓氏之多門焉。

　　甸服，畿內之地。五百里者，王城之外，四面皆五百里也。分甸服五百里而為五等。

　　古者以長三百步為一里，一步六尺，計長一百八十丈也。王城四面，皆五百里，是穿心一千里，而王城亦在其中矣。《孟子》所謂「天子之田方千里」，

〔註30〕「鄭公子豐」「豐卷」「豐施」之「豐」，日本正保四年本、清鈔本作「豐」。

《周禮》所謂「方千里曰王畿」，皆謂是也。以開方法總計之，則為方百里者，一百個也。以此百個百里，分為五等，貢賦，則在內四個百里納總，次外十二個百里納銍，又次外二十個百里納秸，又次外二十八個百里納粟，又最外三十六個百里納米。

侯服者，甸服外四面又各五百里也。分侯服五百里為三等。

若並甸服，是穿心二千里也。侯服之地，開方計之，為方百里者三百，分為三等，則四十個百里為采地，五十二個百里為男邦，二百丹四個百里為諸侯。〔註31〕

綏服者，侯服外四面又各五百里也。分綏服五百里為二等。

若並侯、甸，是穿心三千里也。綏服之地，開方計之，為方百里者五百，分為二等，則在內三百里，為二百七十六個百里，揆文教；在外二百里，為二百二十四個百里，奮武衛。

要服者，綏服外四面又各五百里也。分要服五百里為二等。

若並綏、侯、甸，是穿心四千里也。要服之地，開方計之，為方百里者七百，分為二等，則在內三百里，為三百九十六個百里，為夷地；在外二百里，為三百丹四個百里，〔註32〕為蔡罪之地。蔡，素達反。

荒服者，要服外四面又各五百里也。分荒服五百里為二等。

若並要、綏、侯、甸，是穿心五千里也。荒服之地，開方計之，為方百里者九百，分為二等，則在內三百里，為五百一十六個百里，為蠻地；在外二百里，為三百八十四個百里，為流罪之地也。合五服五千之地，總為方百里者二千五百，除山川丘陵之類，三分去一之外，可建百里之國一千六百餘。然禹會諸侯於塗山，執玉帛者萬國，蓋並蠻夷君長言之，舉大數耳。

堯都冀州，冀之北境並雲中、涿、易，亦恐無二千五百里。藉使有之，亦皆沙漠不毛之地，而東南財賦之地，則反棄於要、荒，以地勢考之，殊未可曉。

案《禹跡圖》：「堯都平陽，今平陽路也。」甸服五百里，其北則石州、太原也，南則陝州、虢州也，東則澤州、潞州也，西則鄜州、坊州也。侯服五百里，北則朔州也，南則鄧州之北也，東則濮州也，西則涇州也。綏服五百里，

〔註31〕「丹」，日本正保四年本作「單」。
〔註32〕「丹」，日本正保四年本作「單」。

—107—

北則雲州之北也，南則房州也，東則淄州也，西則秦州也。要服五百里，北則在大漠之北，南則在江陵之南，東則登州，西則熙州。荒服五百里，南則至湘潭，而未及衡山，東逾海，西逾積石，而及流沙，北則去雲中一千二百里矣。凡此所指，皆以里數至其境爾。

周制九畿，亦五百里，而王畿不在其中，並之則四方相距為萬里，蓋倍禹服之數也。

相距萬里，是百個百里，開方得萬個百里。禹服止有二千五百個一百里，僅當周服四分之一，乃是周制三倍於禹也。

《漢·地志》亦言東西九千里，南北一萬三千里。

武帝攘卻胡越，開地斥境，南置交阯，北置朔方之州，東西九千三百二里，南北萬三千三百六十八里。

甘誓

甘，地名，有扈氏國之南郊也，在扶風鄠縣。

《寰宇記》云：「秦改為鄠。今縣有扈鄉，復有扈谷亭，又有甘亭，是也。」

嚴其坐作進退之節。

《周禮·大司馬》：「中春，教振旅，以教坐作進退疾徐疏數之節。中冬，教大閱，群吏各帥其民，質明弊旗，乃陳車徒，如戰之陳，皆坐，群吏聽誓於陳前，斬牲以左右徇曰：『不用命者斬之。』鼓人三鼓，群吏作旗，車徒皆作，鼓行，鳴鐲，車徒皆行，及表乃止。三鼓，摝鐸，群吏弊旗，車徒皆坐。又三鼓，振鐸，作旗，車徒皆行，鼓進，鳴鐲，車驟徒趨，及表乃止，坐作如初。乃鼓，車馳徒走，及表乃止。鼓戒三闋，車三發，徒三刺，乃鼓退，鳴鐃，且卻，及表乃止，坐作如初。」此可見坐作進退之節矣。弊，仆也。

夏有觀、扈，商有姺、邳，周有徐、奄。

杜預《左傳注》云：「觀國，今頓丘衛縣。」觀，陸氏音館。姺、邳二國，商諸侯。邳，今下邳。姺，西典反。徐、奄二國皆嬴姓。

六卿，六鄉之卿也。案：《周禮·鄉大夫》每鄉卿一人，六鄉六卿，有事出征，則各率其鄉之一萬二千五百人，而屬於大司馬，所謂「軍將皆卿」也。

《司馬法》曰：「王國百里為郊，六鄉在焉。二百里為州，六遂在焉。每鄉萬二千五百家，卿一人長之。每遂亦萬二千五百家，中大夫一人長之。每

軍萬二千五百人，六鄉為正軍，六遂為副軍。六軍共計車千乘，每乘甲士三人，步卒七十二人，通七十五人，則千乘該七萬五千人也。」《夏官·司馬》云：「王六軍，大國三軍，次國二軍，小國一軍，軍將皆命卿。」

三正迭建，其來久矣。舜「協時月正日」，亦所以一正朔也。子丑之建，唐虞之前，當已有之。

朱子曰：「天開於子，地闢於丑，人生於寅，故斗柄建此三辰之月，皆可以為歲首。」又《語錄》云：「邵子《皇極經世書》一元統十二會，一萬八百年為一會。當初一萬八百年，而天始開在子會；又一萬八百年，而地始成在丑會；又一萬八百年，而人始生在寅會。邵子於寅上方注一開物字。子、丑、寅，皆天、地、人之始，故皆可以為正。」

左射以菆。

菆音騶，矢之善者。

折馘。

折其左耳。

詭御。

《孟子》作「詭遇」，謂：「不正而與禽遇也。」

《禮》曰：「天子巡狩，以遷廟主行。」

曾子問曰：「古者師行，必以遷廟主行乎？」孔子曰：「天子巡狩，以遷廟主行，載於齊車，言必有尊也。今也取七廟之主以行，則失之矣。」《疏》云：「遷廟主，新遷廟主也。齊車，金路也。主，木主也，天子一尺二寸。有遷主者，以幣告神，而不將幣以出，行即埋之兩階之間。無遷主者，加之以皮圭，告於祖禰，遂奉以出。」

祖左，陽也；社右，陰也。

《禮》云：「建國之神位，右社稷而左宗廟。」

《秋官·司厲》「孥男子以為罪隸」。

《周禮》「孥」作「奴」。鄭司農云：「謂坐為盜賊而為奴者，輸於罪隸。」

五子之歌

窮，國名。羿，窮國之君也。

《左氏·襄四年》魏絳曰：「昔夏之方衰也，后羿自鉏遷於窮石，因夏民

以代夏政。」杜預《注》云：「鉏，羿本國名。」《史記正義》引《括地志》云：「故鉏城在滑州衛城縣東十里。」《晉地記》云：「河南有窮谷，本有窮氏所遷也。」

或曰：羿，善射者之名。

《說文》：「一曰射師。羿，羽之羿風。」謂箭乘風而疾也。

賈逵《說文》：「羿，帝嚳射官。」故其後善射者皆謂之羿。有窮之君亦善射，故以羿目之也。

《左傳注》云：「羿，有窮君之號。」

《小弁》之詩，父子之怨。

周幽王娶於申，生太子宜臼，後得襃姒而惑之，信其讒，黜申后，逐宜臼。宜臼之傅知其無罪而憫之，故述其情，以作《小弁》之詩，言其自怨慕親之意也。

後世序《詩》者，每篇皆有小序。

三百五篇之《詩》。

堯初為唐侯，後為天子，都陶，故曰陶唐。堯授舜，舜授禹，皆都冀州。

《寰宇記》云：「帝堯始封於唐，在太原郡平晉縣北二里，有故唐城，堯所築也。及為天子，都平陽。平陽即太原。」《注疏》云：「堯都平陽，舜都蒲坂，禹都安邑，相去不盈二百里，皆在冀州。」

典，猶周之六典；則，猶周之八則。

《周禮·天官》云：「一曰治典，二曰教典，三曰禮典，四曰政典，五曰刑典，六曰事典。」又云：「八則治都鄙。一曰祭祀，二曰法則，三曰廢置，四曰祿位，五曰賦貢，六曰禮俗，七曰刑賞，八曰田役。」

百二十斤為石，三十斤為鈞。鈞與石，五權之最重者也。

五權者，銖、兩、斤、鈞、石也。黃鍾律管，容千二百黍，重十二銖，兩之為兩，故一兩重二十四銖，十六兩為斤，三十斤為鈞，四鈞為石。

又案：法度之制始於權，權與物鈞而生衡，衡運生規，規圓生矩，矩方生繩，繩直生準。是權衡者，又法度之所自出也。

見《前漢·律曆志》。權與物鈞者，孟康云：「謂錘與物鈞，所稱適停，則衡平也。」繩直生準者，韋昭云：「立準以望繩，以水為平也。」規、矩、繩、

權、衡，謂之五則。準繩連體，權衡合德，百工繇焉，以定法式，輔弼執玉，〔註33〕以翼天子，故《詩》云：「秉國之鈞，四方是維。」此法度之所以自出也。

胤征

仲康始即位，即命胤侯以掌六師，次年方有征羲和之命。

《經世書》以征羲和為仲康元年事，則是即位之次年也。古者逾年改元。

羿廢太康而立仲康，然其篡也，乃在相之世。

《左傳注》云：「禹孫太康淫放失國，夏人立其弟仲康，卒，子相立，羿遂代相。」

如漢文帝入自代邸，即皇帝位，夜拜宋昌為衛將軍，鎮撫南北軍之類。

漢高后崩，呂祿、呂產欲作亂，絳侯周勃誅之。大臣迎立代王，王至代邸，即天子位，是為文帝。其夕入未央宮，夜拜宋昌為衛將軍，鎮撫南北軍。漢衛宮之軍在南為南軍，京城之軍在北為北軍。南軍者，衛尉寺郎、衛期門府、羽林府都尉是也；北軍者，中尉府、城門校尉及八校尉是也。仲康遭夷羿廢立之際，權本在羿，而危疑未定；文帝承大臣迎立之時，尊卑已定，而權已歸己，則仲康之命胤侯也難，文帝之命宋昌也易。由是觀之，仲康殆勝於文帝遠矣，祿、產尚存，文帝未必能有為也。

官以職言，師以道言。

非「師保」之「師」，如「承以大夫師長」之「師」。

辰，日月會次之名。房，所次之宿也。集，《漢書》作「輯」，集、輯通用。言日月會次，不相和輯，而掩蝕於房宿也。案：《唐志》，日蝕在仲康即位之五年。

一行《日度議》曰：「太康十二年戊子歲冬至，應在女十一度。《書》曰：『乃季秋月朔，辰弗集於房。』劉炫曰：『房，所舍之次也。集，會也。會，合也。不合則日蝕可知。或以房為房星，知不然者，且日之所在，正可推而知之。君子慎疑，寧當以日在之宿為文？近代善曆者，推仲康時九月合朔，已在房星北矣。』案：古文『集』與『輯』義同。日月嘉會，而陰陽輯睦，則陽

〔註33〕「玉」，日本正保四年本作「王」。

不疚乎位，以常其明；陰亦含章示沖，以隱其形。若變而相傷，則不輯矣。房者，辰之所次；星者，所次之名，其揆一也。新曆仲康五年癸巳歲九月庚戌朔，日蝕在房二度。炫以《五子之歌》仲康當是其一，肇位四海，復脩大禹之典，其五年，羲、和失職，則王命徂征。虞劓以為元年，非也。」

古者日蝕，則伐鼓用幣以救之。《春秋傳》曰：「惟正陽之月則然，餘則否。」

《莊公二十五年》：「夏六月辛未朔，日有食之。鼓，用牲於社，非常也。唯正月之朔，慝未作，日有食之，於是乎用幣於社，伐鼓於朝。」《注》云：「正月，正陽之月，夏之四月也。」

《周禮·庭氏》「救日之弓矢」。

《庭氏》：「掌射國中之夭鳥。若不見其鳥獸，則以救日之弓與月之矢，夜射之。」《注》云：「日、月之食，陰陽相勝之變也。於日食則射太陰，月食則射太陽。」朱子《詩傳》云：「日、月一歲凡十二會，方會則月光都盡而為晦，已會則月光復蘇而為朔。朔後、晦前，各十五日，日、月相對，則月光正滿而為望。晦、朔，日月之合，東西同度，南北同道，則月掩日而日為之食；望而日月之對，同度同道，則月抗日而月為之食，是皆有常度矣。王者修德行政，能使陽盛足以勝陰，陰衰不能侵陽，則日月之行，雖或當食，而月常避日，故其遲速高下，必有參差而不正相對者，所以當食而不食也。若國無政，君不用善，則陰盛陽微，當食必食，雖曰有常度，而實為非常之變矣。」

《政典》，先王政治之典籍也。

《輯纂》引陳氏云：「《政典》有司馬掌邦政可據，胤侯為大司馬，故引之。玩其辭意，真誓軍旅之辭。」

諸侯敵愾。

愾，苦愛反。《左氏·文公四年》甯武子曰：「諸侯敵王所愾而獻其功。」《注》云：「敵，猶當也。愾，恨怒也。」

書蔡氏傳旁通卷第三

湯誓

契始封商，湯因以為有天下之號。

契，帝嚳之子，為唐虞司徒。《史記索隱》曰：「堯封契於商。」今商州也，為陝西奉元路支郡。湯國號商，盤庚遷殷之後，又號殷。

湯，號也，或曰謚。湯名履，姓子氏。

《史記索隱》曰：「湯名履。《書》曰『予小子履』是也。又稱天乙者，譙周云：『夏、殷之禮，生稱王，死稱廟主，皆以帝名配之。天亦帝也，殷人尊湯，故曰天乙。』從契至湯凡十四代。」張晏曰：「禹、湯皆字也。」《謚法》曰：「除虐去殘曰湯。」皇甫謐云：「商家生子，以日為名，其母以甲日生子，則稱某甲。譙周以為死稱廟主曰『甲』。」愚案：古《周書·謚法解》一百八十二謚，並無以堯、舜、禹、湯、桀、紂為謚者。〔註1〕鄭氏《通志略》云：「周人以諱事神，故卒哭而諱，將葬而謚。其有堯、舜、禹、湯、桀、紂六人乃人名，非謚法也。如云巧言如流曰智，闢於四門曰穆，有文在手曰友，乃聖乃神曰武，持盈守成曰成，此皆採經傳之言，大不通理者。」愚謂：謚法當以《周書》所載為正，其餘諸家皆後人贅附之文，如「除殘去虐曰湯」之類，皆不足據，只以湯為號為是。今《史記》首卷有《謚法》一篇，多《周書》一十二字，皆後人所增者也。

亳。

今河南府偃師縣也。

〔註1〕「以」，諸本無，據文淵閣四庫本補。

仲虺之誥

仲虺，奚仲之後，為湯左相。

《左傳·定元年》薛宰曰：「薛之皇祖奚仲居薛，以為夏車正，奚仲遷於邳，仲虺居薛，以為湯左相。」

《士師》「以五戒先後刑罰」。〔註2〕

先後，音去聲，猶左右也。

南巢，地名，廬江六縣有居巢城。

在今淮西無為州巢縣。

愧德之不古若。

《輯纂》引陳氏云：「觀湯之慚，湯之本心始見矣，以居萬世君臣之始變也。」呂氏曰：「此心之慚，此誥之釋，皆不可少。」

民生有耳目口鼻，愛惡之欲，無主則爭且亂矣。

《孟子》曰：「口之於味也，耳之於聲也，目之於色也，鼻之於臭也，四支之於安佚也，性也，有命焉。」蓋命謂分也。富貴貧賤，各有其分，先王制禮，不可踰越。苟無聖人以主之，則人人各縱其氣質之性，以極其欲，而各求所不當得者，則必犯非其分，而爭且亂矣。

《史記》言桀囚湯於夏臺。

《索隱》云：「獄名。夏曰均臺。皇甫謐云『地在陽翟』是也。」陽翟，元屬許州，今屬均州。

懋，茂也。

《左氏·宣十五年》伯宗曰：「酆舒怙其雋才，〔註3〕而不以茂德。」

葛，國名。

在今歸德府寧陵縣，去亳百里。

禮義者，所以建中者也。

新安陳氏云：「動而以義制事，即『義以方外』之謂。能以義方外，則此德應萬事之大用以行，而此中無過不及之用在是矣。靜而以禮制心，即『敬以直內』之謂。能敬以直內，則此德具眾理之全體以立，而此中不偏不倚之體在是矣。」

〔註2〕「士師以五戒」，余氏勤有堂本、日本正保四年本、清鈔本作「出師以立」。
〔註3〕「酆」，日本正保四年本作「鄩」。

湯誥

亳，湯所都，在宋州穀熟縣。

《寰宇記》云：「殷謂之南亳，亦嘗都之。」穀熟今廢。案《注疏》云：「鄭玄云：『亳，今河南偃師。』《漢書音義》臣瓚云：「湯居亳，今濟陰亳縣是也。」杜預云：「梁國蒙縣北有亳城。」皇甫謐云：「湯居亳，與葛為鄰。葛，即今梁國寧陵之葛鄉也。若湯居偃師，去寧陵八百餘里，豈當使民為之耕乎？亳，今梁國穀熟縣是也。」〔註4〕諸說不同，未知孰是。

衷，中。

《朱子語錄》云：「『惟皇上帝，降衷於下民』，孔安國以為降善，便是無意思。衷不是善，只是中，與『民受天地之中』一般。」又云：「看得衷字是個無過不及恰好底道理。」又云：「此衷字義，本是如《左氏》所謂『衷甲以見』之義，為其在衷而當中也。」愚案：《說文》云：「衷，褻衣。」《增韻》云：「方寸所蘊也。」蓋是天以此理降付於人，人受而具之於心，無少偏倚，本謂之中，為其蘊之方寸，若褻衣之在裏，故謂之衷也。其實，則中也者，天下之大本也，故蔡氏直以中訓之。

屈原曰：「人窮則反本，故勞苦倦極，未嘗不呼天也。」

當作「《屈原傳》曰」。本太史公辭也，云：「天者，人之始也；父母者，人之本也。人窮則反本，故勞苦倦極，未嘗不呼天也；疾痛慘怛，未嘗不呼父母也。」

簡閱一聽於天。

《朱子語錄》云：「善與罪，天皆知之，如天點檢數過相似。爾之有善也，在帝心；我之有惡也，在帝心。」

伊訓

夏曰歲，商曰祀，周曰年。

歲，木星也，一年行一次，十二年而亥子一周。祀，祭享也，一年而徧。年，禾一熟也。

商以建丑為正，故以十二月為正。

正，正朔也。王者易姓受命，而改正朔。夏正建寅，取「人生於寅」之

義。商改而建丑，取「地闢於丑」之義。周改而建子，取「天開於子」之義。此之謂三正，又名三統，又名三微。

三代雖正朔不同，然皆以寅月起數。

建寅之月，夏之正月也。其月為孟春，天時人事，咸與維新之時也，故其月稱正月。商、周因之以起數，以夏稱歲，故以建寅之月為正歲，《周禮》屢稱「正歲」是也。

改正朔而不改月數，則於經史尤可考。周建子矣，而《詩》言「四月維夏，六月徂暑」，則寅月起數，周未嘗改也。

愚案：商、秦二代不改建寅之數，固為明甚，惟周則建寅、建子，並有左驗，故辨者紛然，迄無定說。謂周不改月數者，指「四月維夏，六月徂暑」也。謂周改月數者，《禮記》有「正月日至」「七月日至」，《孟子》有「十一月徒杠成，十二月輿梁成」，及「七八月之間旱」，朱子《注》云：「周七八月，夏五六月也。」《左傳》：「正月，日南至。」據此，則周又似改月數矣。朱子於《豳‧七月》傳引《呂氏》云：「三正之通於民俗尚矣，周並舉而迭用之。」此說蓋是。

太甲之為嗣王，嗣仲壬而王也。太甲，太丁之子。仲壬，其叔父也。

湯三子，太子太丁未即位而卒，次外丙在位二年而卒，幼仲壬在位四年而卒。外丙、仲壬皆無子，惟太丁有子太甲，伊尹立之為仲壬後，繼仲壬而王也。

嗣叔父而王，而為之服三年之喪，為之後者，為之子也。

「為之服」「為之子」，二「為」字，並音去聲。太甲為仲壬之子，服仲壬之喪，斬衰三年，是為仲壬之後，而為仲壬之喪，如子之居父喪也。又案：程氏云：〔註5〕「古人謂歲為年。湯崩時，外丙方二歲，仲壬方四歲，惟太甲差長，故立之也。」愚謂：外丙、仲壬皆太丁之弟，若謂二年、四年非在位之數，豈有兄乃二歲，而弟反四歲乎？此其在位之歷年，無疑也。

鳴條，夏所宅也。

《疏》云：「今安邑有鳴條陌。」《孟子》云「東夷」，鄭玄云「南夷」，或云「陳留平丘」，皆非，在今河東解州安邑縣也。

〔註5〕「氏」，日本正保四年本作「子」。

湯之克忠，最為難看。湯放桀，以臣易君，豈可為忠？不知湯之心最忠者也。天命未去，人心未離，事桀之心，曷嘗斯須替哉？

案《孟子》云：「五就湯，五就桀者，伊尹也。」朱子引楊氏曰：「伊尹之就湯，以三聘之勤也。其就桀也，湯進之也。湯豈有伐桀之意哉？其進伊尹以事之也，欲其悔過遷善而已。伊尹既就湯，則以湯之心為心矣。及其終也，人歸之，天命之，不得已而伐之耳。若湯初求伊尹，即有伐桀之心，而伊尹遂相之以伐桀，是以取天下為心也。以取天下為心，豈聖人之心哉？」輔氏曰：「楊氏真得湯與伊尹之心，足以洗世儒之惑。」愚謂：《孟子》此章，楊氏此注，亦見湯之克忠處。

巫覡。

女曰巫，男曰覡。

十愆。

恒舞，一；酣歌，二；殉貨，三；殉色，四；恒遊，五；恒畋，六；侮聖言，七；逆忠直，八；遠耆德，九；比頑童，十。

墨，即叔向所謂《夏書》「昏、墨、賊、殺，皋陶之刑」，貪以敗官為墨。

《左傳·昭十四年》叔向曰：「己惡而掠美為昏，貪以敗官為墨，殺人不忌為賊。《夏書》曰：『昏、墨、賊、殺，皋陶之刑也。』」杜《注》云：「昏，亂也。墨，不潔之稱。忌，畏也。三者皆死刑。」

太甲上

顧，常目在之也。

《朱子語錄》云：「古注云：『顧，謂常目在之也。』此語最好。非謂有一物常在目前可見也，只是常存此心，知得有這道理，光明不昧。方其靜坐未接物也，此理固湛然清明；及其遇事而應接也，此理亦隨處發見。只要人常提撕省察，念念不忘，存養久之，則是理益明，雖欲忘之，而不可得矣。」

夏都安邑。

今河東解州安邑縣也。

虞，虞人也。

掌山澤之官。

括，矢括也。

括，矢末也。

安汝止者，聖君之事，生而知者也。欽厥止者，賢君之事，學而知者也。

欽者，肅恭收斂之謂。安汝止者，自然而然；欽厥止者，使然而然，故有聖、賢之別。

桐，成湯墓陵之地。

《史記正義》曰：「《晉·太康地記》云：『尸鄉南有亳坂，東有城，太甲所放處也。』」案：尸鄉在洛州偃師縣西南五里。

太甲中

冕，冠也。唐孔氏曰：「《周禮》天子六冕，備物盡文，惟衮冕耳。」此蓋衮冕之服。

《疏》云：「有虞氏皇而祭，夏后氏收而祭，殷人哻而祭，周人冕而祭，並是當代冠名。〔註6〕哻是殷之祭冠，今云冕者，蓋冕為通名。」愚案：天子六冕，祀昊天則大裘而冕，享先王則衮冕，享先公享射則鷩冕，祀四望、山川則毳冕，祭社稷、五祀則希冕，祭群小祀則玄冕。祀天之冕無旒，餘五冕皆玄冕、朱裏、延紐，五采十有二，就皆五采玉有十二，玉笄朱紘。〔註7〕冕之為體，《周禮》無文。叔孫通作《漢禮器制度》，取法於周。凡冕，以板廣八寸，長尺六寸，上玄下朱覆之，乃以五采繅繩貫五采玉，垂於延前後，謂之邃延。《周禮疏》云：「古者績麻三十升布，染之，上以玄下朱，衣之於冕之上下。延者，即是上玄者。紐者，綴於冕之兩旁垂之，或兩旁作孔，〔註8〕以笄貫之，使得其牢固也。冕前低一寸，得冕名，冕則俛也。繅，雜文之名也。合五采絲為之繩，垂於延之前後，各十二。就，成也。繩之每一匝貫五采玉，十二旒則十二玉也。每就間蓋一寸。十二旒，則用玉二百八十八。紘者，〔註9〕用朱繩一條，先屬一頭於左旁笄上，〔註10〕以一頭繞於頤下，至向上於右笄上繞之。

〔註6〕「冠」，余氏勤有堂本、日本正保四年本、清鈔本作「別」。
〔註7〕「紘」，余氏勤有堂本、日本正保四年本、清鈔本作「絃」。
〔註8〕「或」，余氏勤有堂本、日本正保四年本、清鈔本作「武」。
〔註9〕「紘」，日本正保四年本、清鈔本作「絃」。
〔註10〕「先」，清鈔本作「光」。

蓋有笄者，屈組以為紘，〔註11〕垂為飾；無笄者，纚而結其條也。」穎達以此為衰冕者，蓋據「享先王」言耳，其實周冕文勝於商，孔子云「服周之冕」，可見也。

太甲下

以上五事，蓋欲太甲矯乎情之偏也。

無輕民事，一也；無安厥位，二也；慎終於始，三也；必求諸道，四也；求諸非道，五也。

咸有一德

德者，善之總稱。善者，德之實行。一者，其本原統會者也。

《朱子語錄》云：「橫渠說『德主天下之善，善原天下之一』，最好。四句三段，一段緊似一段。德且是大體說，有吉德，有凶德，然必主於善，始為吉爾。善亦是大段說，或在此為善，或在彼為不善；或前日不善，今日則善，惟須協於克一，乃是為善。蓋善因一而後定也。德以事言，善以理言，一以心言。」

張氏曰：「《虞書》精一數語之外，惟此為精密。」

張敬夫語。

天子七廟，三昭、三穆，與太祖之廟七。七廟親盡則遷，必有德之主，則不祧毀。

《注疏》引《王制》云：「天子七廟，三昭、三穆，與太祖之廟而七。」《祭法》云：「王立七廟，曰考廟，曰王考廟，曰皇考廟，曰顯考廟，曰祖考廟。遠廟為祧，有二祧。」劉歆、馬融、王肅皆以七廟為天子常禮。所言二祧者，王肅以為高祖之父及祖也，並高祖以下，共為三昭、三穆耳。《中庸或問》云：「凡廟主在本廟之室中皆東向，及其祫於太廟之室中，則惟太祖東向自如，而為最尊之位。群昭之入乎此者，皆列於北牖下而南向；群穆之入乎此者，皆列於南牖下而北向。南向者，取其向明，故謂之昭。北向者，取其深遠，故謂之穆。蓋群廟之列，則左為昭而右為穆。祫祭之位，則北為昭而南為穆也。」《或問》又云：「商之七世三宗，其詳今不可考。」又云：「周穆王時，文王親盡當祧，而以有功當宗，故別立一廟於西北，而謂之文世室。至共王時，武王

〔註11〕「紘」，清鈔本作「絃」。

親盡當祧，而亦以有功當宗，故別立一廟於東北，而謂之武世室。自是以後，則穆之祧者，藏於文世室；昭之祧者，藏於武世室。」

盤庚上

祖乙都耿，圮於河水，盤庚欲遷於殷。

自祖乙至盤庚，居耿者七世。《史記索隱》曰：「河東皮氏有耿鄉。」《史記正義》曰：「絳州龍門縣東南十二里有耿城。」殷，今河南偃師也。

《史記》言祖乙遷邢，或祖乙兩遷也。

《索隱》曰：「邢音耿。」

由，古文作「曳」，木生條也。

《說文》：「曳，從丂由聲。《商書》曰：『若顛木之有曳枿。』」丂，乎感切，草木之華未發也。徐鍇曰：「今《尚書》只作『由枿』，古文省丂，而後人因省之，通用為因、由等字。」臣鉉等案：「孔安國注《尚書》，直訓『由』作『用』，『用枿』之語不通。」愚案：枿字，今又作「蘗」通，五割反。

盤庚中

中者，極至之理。各以極至之理存於心。

中者，無過無不及，舉天下無以加之，故謂之極至之理。孔子曰：「中庸之為德，其至矣乎？」「各設中於乃心」者，言此心各以中為準，而不為浮言所搖動也。

盤庚下

案：《立政》三亳，鄭氏曰：「東成皋，南轘轅，西降谷。」

《注疏》之說如此，而本傳《立政》，又與此不同者，彼亦出《疏》文，此為鄭氏說，而彼為皇甫謐說，蓋蔡氏有疑，故並舉之耳。《疏》又云：「古書亡滅無證，未知誰得旨矣。」成皋，春秋之虎牢也。轘轅，山名，在河南府緱氏縣。

說命上

亮，一作「諒」。陰，古作「闇」。

諒，據《釋文》：「又力章反。」本作「梁」，一變為諒，再變為亮。

「鶉鷁」之「鷁」。

烏南反。

柱楣，所謂梁闇是也。

柱，知主反。楣音眉。楣即是梁，闇即是廬。梁闇者，廬之有梁者也。《禮》疏又謂：「施梁而柱楣。」則楣與梁又似二物，未知孰是。

剪屏柱楣。

剪，當作「翦」，書者誤。朱子《書說》云：「始者戶北向，用草為屏，不翦其餘。至是改而西向，乃翦其餘草。始者無柱與楣，簷著於地。至是乃施短柱及楣，以柱其楣，架起其簷，令稍高，而不可作戶也。」愚案：朱子謂「至是」者，既虞之後也。

宅憂亮陰，言居喪於梁闇也。

「居喪」二字，今董氏《輯纂》誤書作「宅憂」。

先儒以亮陰為信默。

見安國《傳》。

語復而不可解。

復音福，重也。

高宗恭默思道之心，純一不二，與天無間，故夢寐之間，帝賚良弼。其念慮所孚，精神所格，非偶然而得者也。

《輯纂》引范氏云：「《中庸》曰：『誠則形，形則著。』揚雄曰：『人心其神矣乎？』高宗之夢，誠之形而心之神也。」

傅巖在虞、虢之間。

《史記正義》云：「傅險，即傅說所隱之窟，名聖人窟。在今陝州河北縣北七里，即虞國、虢國之界。」愚案：河北縣，唐天寶元年陝郡太守李齊物改為平陸，今屬解州。

《方言》。

揚雄書名《輶軒使者》。

說命中

治亂曰亂。

亮軒馮氏云：「治之與亂，其義相反。古治字作『乿』，經文誤寫作『亂』。傳者宜云『亂』當作『乿』，與『治』同。凡經中訓『亂』為『治』者仿此。」

凶德之人，雖有過人之才，爵亦不可及。

既云「凶德」，又云「有過人之才」者，何也？才稟於氣，美惡不同，隨其德之所成。吉德而有才，則所為無不善；凶德而有才，則所為無不過。才者，有能之謂。能之所為，或良或不良也。德而有凶、有吉者，蓋亦得於所稟之初。聖賢得剛柔之中氣，故清明而純粹，其餘剛善、柔善，亦可以沈潛高明，勝之而就吉。若稟剛惡、柔惡之氣，則必強梁險譎，自暴自棄，而就為凶德矣。然未必無才也，如桀、紂，智足以拒諫，文足以飾非，濟以凶德，則無不為矣。

說命下

蘇氏謂甘盤遯於荒野，以「台小子」語脈推之，非是。

東坡云：「武丁為太子，則學於甘盤。武丁即位，而甘盤遯去，使人求之，〔註12〕跡其所在，則居於河濱，自河往亳，不知其所終。武丁無所卒業，乃相說也。古注謂武丁遯於荒野，使為太子而遯，則為吳太伯，豈復立哉？學者徒見《書》云『高宗舊勞於外』，乃小乙使之劬勞，以知艱難耳，決非荒野之遯也。」《朱子語錄》云：「東坡解作甘盤遯於荒野，據某看，只是高宗自言，觀上文曰『台小子』可見。但不知當初高宗因甚遯於荒野。兼《無逸》云『高宗舊勞於外』，亦與此相應。」

作酒者，麴多則太苦，糵多則太甘。

麴，酒母也。糵，牙米也。

斅，教也。言教人居學之半。

《朱子語錄》云：「『惟斅學半』，蓋已學既成，居於人上，則須教人。自學者，學也，而教人者，亦學也。蓋初學得者是半，既學而推以教人，與之講說，己亦因此溫得此段文義，是斅之功亦半也。『念終始典於學』，始之所以學者，學也；終之所以教人者，亦學也。」

或曰：受教亦曰斅，斅於為學之道，半之半須自得。此說極為新巧。

《朱子語錄》云：「因說『斅學半』，或舉葛氏解云：『傅說與王說，我教你者，只是一半事，那一半，要你自去行取。』故謂之終始。先生曰：近見喻子才跋某人《說命解》後，亦引此說。呂伯恭亦如此說。某舊為同安簿時，學

〔註12〕「使」，日本正保四年本闕文。

中一士子作《書》義如此說。見他說得新巧，大喜之。先說『王，人求多聞，時惟建事』，此是人君且學且斅，一面理會教人，又一面窮義理。後面說得『監於先王成憲，其永無愆』數語，是平正實語，不應中間翻空一句，如此深險。如斅得一半不成，那一半掉放冷處，教他自得。此語全似禪語。五通偈人問佛六通，如何是那一通。那一通便是妙處。〔註 13〕且如《學記》引此，亦只依古注。」

高宗肜日

彤，祭明日又祭之名。殷曰肜，周曰繹。

《爾雅》云：「繹，又祭也。」孫炎云：「繹者，相尋不絕之意。」《穀梁傳》云：「繹者，祭之旦日之享賓也。」何休云：「繼昨日事，但不灌地降神耳。」《祭禮經傳通解》云：「為祊於外。祊，祭明日之繹祭也。謂之祊者，於廟門之旁，因名焉。其祭之禮，既設祭於室，而事尸於堂，孝子求神，非一處也，故曰於彼乎，於此乎。」《詩》云：「明發不寐，有懷二人。」祭之明日，明發不寐，饗而致之，又從而思之。又《周頌・絲衣》，「繹賓尸也」，《箋》曰：「天子、諸侯曰繹，以祭之明日。卿大夫曰賓尸，與祭同日。」《疏》云：「祭宗廟之明日，又設祭祀，以尋繹昨日之祭，以賓事所祭之尸。」《頌》云：「兕觥其觩。」曹氏注云：「旅酬之後，恐有失禮者，以此罰之。」《祭禮通解》陳氏云：「所以醉飽尸也。其飲至於無算，其罰至於兕觥，則繹祭可知矣。」《輯纂》引陳氏云：「祭之明日，以禮享尸，行事之有司、助祭之賓客，皆與焉。然謂之『又祭』，而不謂之享者，以尸猶有鬼神之道也。」

昵者，禰廟也。

以親昵言之，故知禰廟。

豐於昵，〔註 14〕**失禮之正。**

豐於昵，〔註 15〕則必儉於遠；厚於父，則必薄於祖，故云「失禮之正」。

意高宗之祀，必有祈年請命之事，如漢武帝五時祀之類。

時，祭處也。秦文公作鄜畤祭白帝，秦宣公作密畤祭青帝，後二百五十

〔註 13〕「那一通」，通志堂經解本、文淵閣四庫本無，據余氏勤有堂本、日本正保四年本、清鈔本補。
〔註 14〕「豐」，日本正保四年本作「豊」。
〔註 15〕「豐」，日本正保四年本作「豊」。

年，秦靈公作上時祭黃帝，作下時祭炎帝。漢稱為雍鄜、密、上、下四時。高祖入關，問秦時上帝，祠何帝也。對曰：「有四帝，青、白、黃、赤。」帝曰：「乃待我而具五色。」遂立黑帝祠，名北時。有司進祠，帝不親往。武帝即位，初至雍，郊見五時，後常三歲一郊。外有西時、畦時，不在五時之數。時有李少君，以祠竈、穀道、郤老方見上，尊之，謂數百歲人也。武帝慕道多祠祀，皆祈年請命之事。

西伯戡黎

黎，國名，在上黨壺關之地。

今潞州壺關縣也，又有黎城縣。《史記》稱「西伯伐飢國」，又云「敗耆」，注云：「飢、耆，即黎。」

羑里之囚。

《史記正義》云：「羑，一作『牖』，音酉。」羑城在相州湯陰縣北九里，今彰德路湯陰縣也。

獻洛西之地。

《史記正義》云：「洛水，一名漆沮水，在同州。洛西之地，謂文丹、坊等州也。」

或曰：《史記》嘗載紂使膠鬲觀兵。

《史記》不見所出。《武成》疏引《帝王世紀》云：「武王軍鮪水，紂使膠鬲候周師，見王，問曰：『西伯將焉之？』王曰：『將攻薛也。』膠鬲曰：『然，願西伯毋我欺。』王曰：『不子欺也，將之殷。』膠鬲曰：『何日至？』王曰：『以甲子日。』鬲去而雨甚，軍卒請休。王曰：『已令膠鬲報其主，吾雨而行，所以救膠鬲之死也。』遂行。」

微子

微子，名啟，帝乙長子，紂之庶母兄也。父師，太師三公，箕子也。少師，孤卿，比干也。

朱子云：「微子，紂庶兄。箕子、比干，紂諸父。」《注疏》云：「微、箕二國，皆在殷圻內。」司馬彪注《莊子》云：「箕子，名胥餘。」

色純曰犧。

殷人尚白，祭天地、宗廟用白牛。

體完曰牷。

牛、羊、豕之未體解者。

牛、羊、豕曰牲。

總名曰牲,獨用曰特。羊、豕曰少牢,總用曰太牢。

用相容隱。

古注謂:「器實曰用。」《疏》以為「簠簋之實」,則「以容」二字不通,故蔡氏不從。

箕子舊以微子長且賢,勸帝乙立之,不從,卒立紂。

《正義》引《呂氏春秋・仲冬紀》云:「紂之母生微子啟與仲衍,其時猶尚為妾,改而為妻,後生紂。紂之父欲立微子啟為太子,太史據法而爭曰:『有妻之子,不可立妾之子。』故立紂為後。」於時箕子蓋謂請立啟,而帝乙不聽,今追恨其事。

靖,安也。各安其義之所當盡,以自達其志於先王,使無愧於神明而已。

張庭堅才叔曰:「君子之去就死生,其志在於天下國家,而不在於一身,故其死者非沽名,其生者非懼禍,而引身以求去者,非要利以忘君也。仁之所存,義之所至,鬼神其知之矣。〔註16〕昔商之三仁,或生、或死、或為之奴,而皆無愧於宗廟、社稷,豈非謀出於此歟?」

〔註16〕「其」,日本正保四年本作「共」。

書蔡氏傳旁通卷第四上

泰誓上

周，文王國號，後武王因以為有天下之號。

《史記》后稷封於邰，公劉子慶節國於豳，古公亶父止於岐下。〔註1〕徐廣曰：「山在扶風美陽縣西北，其南有周原。」皇甫謐云：「邑於周地，故始改國曰周。」愚按：周室王業之興，始於太王，大於文王，成於武王，故蔡氏截自文王言之耳。古公，即太王也，《詩》言太王「實始翦商」是也。邰，在今鳳翔府扶風縣。豳，在今邠州。岐山，在今鳳翔府岐山縣。《史記》云：「故周城，一名美陽城，在雍州武功縣西北，即太王城也。」武功，今屬乾州。又按：文王作豐邑，〔註2〕自岐下徙都豐。武王徙都鎬，在今奉元路鄠縣。奉元，古京兆也。

伏生二十八篇，本無《泰誓》。武帝時，偽《泰誓》出，與伏生今文《書》合為二十九篇。

《釋文・序錄》云：「漢宣帝本始中，河內女子得《泰誓》一篇，獻之。」此云「武帝時」者，據《注疏》云。司馬遷在武帝之世，已見《泰誓》，云宣帝時女子所得，不可信，故蔡氏不從之。《疏》又云：「宣帝泰和元年，河內有女子壞老子屋，得古《泰誓》三篇。」然宣帝無「泰和」年號，恐「本始」之誤。

〔註1〕「岐」，日本正保四年本作「歧」。
〔註2〕「豐」，日本正保四年本作「豊」。下同，不出校。

十三年者，武王即位之十三年也。

或問：伯夷叩馬之諫，有「父死不葬，爰及干戈」之說，則於蔡《傳》不能無疑，豈有十三年而不葬其父者乎？愚曰：不然，太史公之妄耳。伯夷聞西伯善養老，久與太公同歸之，聖人遂事不說。伯夷獨不能諫之於平日，而乃卒然發於事不可已之時乎？孟津之會，文王之葬久矣，故知叩馬之諫，〔註3〕必無此事也。

漢孔氏言虞、芮質成，為文王受命改元之年。

《疏》云：「《詩》云『虞、芮質厥成』，《毛傳》稱天下聞虞、芮之訟息，歸周者四十餘國，故知『周自虞、芮質成，諸侯並附，以為受命之年』。」

合為十有三年。

《疏》云：「知此十一年非武王即位之年者，《大戴禮》云文王十五而生武王，則武王少文王十四歲也。《禮記·文王世子》云：文王九十七而終，武王九十三而終。計其終年，文王崩時，武王已八十三矣。八十四即位，而九十三崩，適滿十年，不得以十三年伐紂。知此十一年者，據文王受命而數之。必繼文王年者，為其卒父業故也。」

夫改正朔，不改月數，於《太甲》辨之詳矣，而四時改易，尤為無藝。

三代有正朔、有正月，正月皆以寅起數，是為孟春之月，百王之不易者也。正朔者，又謂之正歲，商用十二月，即建丑月也；周用十一月，即建子月也。前此諸儒，分別未明，故有紛紛之論。然謂之不改月數，謂之改月數，則皆有據，且所以證改月者，如《左氏·僖五年》「正月辛亥朔，日南至」，昭二十年，「二月己丑，日南至」。夫南至，即建子月也，而《左氏》見之正月、二月。《孟子》言「七八月之間旱，則苗槁矣」，朱子謂：「周七八月，夏五六月也。」又《禮記》云：「正月日至，可以有事於上帝。七月日至，可以有事於祖。」凡此皆足以為改月數之驗。其不改者，則如蔡氏之所引。然《七月》篇云「十月蟋蟀入我床下」「曰為改歲」，朱子引東萊呂氏云：「三正之通於民俗尚矣，周特舉而迭用之。」故朱子每隨文解之，於改月、不改月，迄無定說，惟蔡氏立說甚確。又按：古《周書·周月篇》云：「維一月既南至，日短極，是月斗柄建子。」又云：「四時成歲，歲有春秋冬夏，各有孟仲季，以名十有

〔註3〕「叩」，余氏勤有堂本、日本正保四年本、清鈔本作「扣」。

二月。」又云：「夏數得天，百王所同。」愚謂：正月則以寅起數，所謂「百王所同」也。其正朔則各不同，惟朝覲會同用之，其農事自依夏正也。考之經傳，又似東周以來始有以子月起數者，恐末世國異政之所為，在東周之前固無之。讀是書者，自當以蔡《傳》為正，不必為他書所惑也。

同力度德，同德度義，意古者《兵志》之詞。

《輯纂》引林氏云：「凡勝負之理，力同則有德者勝，德同則有義者勝。度德，校善惡也；度義，校曲直也。」

百萬曰億。

《輯纂》引余氏云：「此謂『百萬曰億』，《洛誥》訓『十萬曰億』。」新安陳氏曰：「韋昭注《楚語》云：『十萬曰億，古數也。』秦改以萬萬為億。今解《尚書》，合主『十萬為億』之說，『百萬為億』未見所本。」

貫，通；盈，滿也。

唐孔氏曰：「紂之惡，如繩貫物，其貫已滿。」

冢土，太社也。祭社曰宜。

冢訓太；社，土神也，故知冢土為太社。孫炎《爾雅注》云：「宜者，宜求見福佑也。」

泰誓中

次，止；徇，循也。

《疏》云：「《左氏·莊三年》傳云：『凡師一宿為舍，再宿為信，過信為次。』此『次』字直取止舍之義，非《左氏》三日之例也。何則？商郊去河四百餘里，戊午渡河，甲子殺紂，相去六日耳。是今日次訖又誓，明日誓訖即行，不容三日止於河旁也。」徇者，《說文》云：「徇，疾也。」循，行也。徇是疾行之意，故以徇為循也。一說取撫循師旅之義。

戊午，以《武成》考之，是一月二十八日。

一月，《武成》傳是建寅月，所以知戊午為二十八日者，以《武成》云「惟一月壬辰旁死魄」，旁死魄為初二日，則此月朔辛卯也，數至戊午可知。

周都豐、鎬，其地在西。

《韻會》云：「豐，在京兆杜陵西南。鎬，在上林苑中，豐東二十五里。」今並在陝西奉元路。

古者去國為喪。

朱子云：「喪，失位去國也。」

元良，微子也。

知為微子者，以殷王元子，長且賢，而又去之周也。

諫輔，比干也。

知為比干者，以剖心為賊虐之事也。

知伐商而必勝之。

《輯纂》引胡氏曰：「按蔡《傳》言『伐商』，以『伐』訓『戎』，謂以兵戎伐之也。」林氏曰：「戎，大也。如曰『殪戎殷』，曰『爕伐大商』。」愚按：《康誥》傳云：「乃大命文王殪滅大殷。」是以「戎」訓「大」也。而此訓「伐」者，蓋本孔《傳》云：「以兵誅紂，必克之占。」《疏》云：「訓『戎』為『兵』，是以兵誅紂也。」

亂臣十人。

據孔《疏》云，〔註4〕謂先儒鄭玄等皆云然。

文母、邑姜。

文母，文王正妃，是為太姒。邑姜，武王后也。

武王弔民伐罪，於湯之心，為益明白於天下也。

「於湯有光」，此「光」字屬成湯，非武王尤光於成湯也。故蔡《傳》云：「湯之心，為益明白。」又云：「湯之心，驗之武而益顯。」武王弔伐，所以有光於湯者，蓋言成湯公天下之心，經六百年，其慚未解，至武王而始得明白，如云在今日為他發潛德之幽光耳，非武王之誇辭也。

泰誓下

天子六軍，大國三軍。是時武王未備六軍，《牧誓》敘三卿可見。此曰六師者，史臣之詞也。

《周禮》云：「萬二千五百人為軍。王六軍，大國三軍，次國二軍，小國一軍，軍將皆命卿。二千五百人為師，師帥皆中大夫。五百人為旅，旅帥皆下大夫。百人為卒，卒長皆上士。二十五人為兩，兩司馬皆中士。五人為伍，伍

〔註4〕余氏勤有堂本、日本正保四年本、清鈔本無「云」字。

皆有長。」愚按：天子之國，六鄉出正軍七萬五千人，六遂出副軍亦七萬五千人。《司馬法》：「十井八十家，共出車一乘。一乘計七十五人，內甲士三人，步卒七十二人。萬井八萬家，合出車千乘，甲士三千人，步卒七萬二千人。」其時武王未立六鄉、六遂之制，不應先為六軍，且《孟子》言「武王之伐殷也，革車三百兩」，亦不合六軍兵車之數。《牧誓》止言司徒、司馬、司空，每一卿為一軍將，合三萬七千五百人，該車五百乘。《孟子》止言三百兩者，蓋兵士雖有三軍之數，而其兵車尚闕二百乘，以見聖人之不恃力也如此。然此經文言「大巡六師」，《周禮》以二千五百人為師，則是六師共一萬五千人。蔡氏不以此訓者，明知一萬五千人上不合大國三軍之數，下不合小國一軍之數。文王、武王相繼為西伯，今日大舉，必不止一萬五千人也，故直以六師為六軍。武王雖敵紂，其時未備天子之制，不應有六軍，且有《牧誓》三卿為質，故以為史臣之詞也。以三百計之，為二萬二千五百人。孔《疏》不計甲士三人，只得二萬一千六百人也。

天有至顯之理，其義類甚明。至顯之理，即典常之理也。

典常之理，即仁、義、禮、智、信也，此皆天理之自然，人心之固有。謂之顯道，猶言明命也。天以此命之於人，其義類甚明，如父子有親，仁也；君臣有義，義也；夫婦有別，智也；長幼有序，禮也；朋友有信，信也。以五性而合之，五品之倫，義各有當，所謂「厥類惟彰」也。斯理斯類，出於天而備於人，紂乃狎侮荒怠而弗敬焉，所以自絕於天而結怨於民也。

正士，箕子也。

知正士為箕子者，經言「囚奴正士」，即箕子為之奴也。

郊，所以祭天。

古者天子於國之南郊，築圓丘之壇，〔註5〕冬日至，而祭天之主宰者，是為昊天上帝。於郊，故謂之郊。

社，所以祭地。

社，土神。古天子、諸侯於公宮之右，為壇以祭之。

淫巧，為過度之巧。

「淫」訓「過」。淫巧，過於巧者也。

〔註5〕「圓」，文淵閣四庫本作「圈」。

祝，斷也。

《公羊傳·哀十四年》：「子路死，子曰：『天祝予。』」何休云：「祝，斷也。」

殺敵為果，致果為毅。

見《左氏傳·宣二年》。

商、周之不敵。

見《左氏傳·桓十一年》。

牧誓

牧，地名，在朝歌南，即今衛州治之南也。

衛州，今衛輝路也，屬河東山西道。云「在朝歌南」，又云「州治之南」者，非。朝歌即州治，蓋州治正牧野地，武王陳兵在其少南，相去不遠，而紂都朝歌，則在州之東北七十三里。是州治在朝歌之南，而陳兵又在州治之南也。

甲子，二月四日也。

以一月為辛卯朔大盡，則二月當辛酉朔，而甲子在初四。

王無自用鉞之理。

古注云：「左手杖鉞，示無事於誅。右手把旄，示有事於教。」《疏》引太公《六韜》云：「大柯斧重八斤，一名天鉞。」蔡氏云「王無自用鉞之理」者，以《史記》言武王「以黃鉞斬紂頭」，此事必非聖人所為，而徒為武王萬世之累，故特於此因「左杖」之文，直書曰「王無自用鉞之理」，以破司馬遷之誣，況經無其事乎？

司徒、司馬、司空，三卿也。武王是時尚為諸侯，故未備六卿。

司徒掌教，司馬掌兵，司空掌事，如冢宰、宗伯、司寇，雖無其人，事不可廢，蓋三卿兼攝之，而不備官也。

司徒主民，治徒庶之政令。司馬主兵，治軍旅之誓戒。司空主土，治壘壁以營軍。

此據《注疏》，蓋專主從軍而言。《大司徒》職曰：「大軍旅，大田役，以旗致萬民，而治其徒庶之政令。」《大司馬》職曰：「群吏聽誓於陳前，斬牲以左右徇陳，曰：不用命者斬之。」《周官》篇曰：「司空掌邦土，居四民，時地

利。」其治壘壁，亦匠人之職也。愚按：蔡氏以此三卿即為三軍之將，而孔《疏》所釋，又各掌一事，非若軍將之所為，何也？蓋天子六鄉，大國三鄉，每鄉卿一人，統一萬二千五百家。大軍旅則即以為軍將，所謂軍將，皆命卿者也。蔡氏於《甘誓》言之詳矣。蓋大國三鄉，其三卿率其三軍之眾，而總屬於大司馬。大司馬自與司徒、司空總治三軍之事，故司徒治徒庶，司馬治誓戒，司空治營壘，如《疏》所云也，所謂軍將在亞旅之中矣。

師氏，以兵守門者，猶《周禮‧師氏》「王舉則從」者也。

《周禮‧師氏》云：「凡祭祀、賓客、會同、喪紀、軍旅，王舉則從，使其屬帥四夷之隸，各以其兵服守王之門外。且躋，朝在野外，則守內列。」愚按：此「師氏」即《周禮‧師氏》，故古注及《疏》皆引以為說，而蔡氏乃曰「猶《周禮‧師氏》」，則是本不同，何也？蓋《周禮》乃天子制度，武王此時未宜有此，雖設師氏，亦未盡如《周禮》之制，故蔡氏以「猶」字言之，所以著當時之實跡，發後世之新義，有功於名教者，皆若此。然論師氏之職，〔註6〕則文、武時已有之，後來周公修六典，始備天子之制也。

千夫長，統千人之帥。

周之軍制，無專統千人者，惟有「二千五百人為師，師帥皆中大夫」，故古注以千夫長為師帥。

百夫長，統百人之帥。

《周禮》云：「百人為卒，卒長皆上士。」蔡氏不據之者，以《周禮》為天子之制，恐不同耳。然六軍、三軍雖不同，而各軍之制，自軍將以下，至五人為伍，則皆同也。

庸、濮在江、漢之南。

《寰宇記》云：「房州竹山縣，本漢上庸縣，古之庸國也。」今為襄陽路支郡。羅氏《路史‧國名記》云：「濮，熊姓。在峽外，為楚害，楚滅之。」杜預云：「建寧郡南濮夷地，建故縣，今為鎮，隸石首。以多曰百濮。」

羌在西蜀。

《詩疏》云：「氏羌之種，漢世猶存，在秦隴之西。」愚按：今之西和州，即故岷州，其地亦古西羌地，屬鞏昌便宜都總帥府。《韻會》云：「《後漢‧光武紀》注：『羌有百五十四種。』」「在西蜀」者，《疏》云：「羌在蜀西，故云

〔註6〕「職」，余氏勤有堂本、日本正保四年本、清鈔本作「戠」。

西蜀。」蘇氏注云：「羌，先零、罕、开之屬。」〔註7〕

髳、微在巴、蜀。

《疏》云：「巴在蜀之東偏，漢巴郡所治也。」愚按：巴郡，今重慶、忠州、合州、涪州、萬州等處皆是。諸家皆未能詳髳、微之所在。《路史‧國名記》：「微在扶風邰陽，今岐之郿縣有郿鄉。」即微也。

盧、彭在西北。

《疏》云：「在東蜀之西北也。」蘇氏注：「盧即《左傳》『羅與盧戎兩軍之』之盧。」《寰宇記》：「襄陽郡中盧縣，春秋盧戎之國，縣今廢。」《輿地要覽》云：「襄陽路，周、穀、鄧、鄾、盧、羅、鄀之地也。」蘇氏又云：「彭，今屬武陽，有彭山。」愚按：即今眉州彭山縣也。八國惟蜀地，後世甚明，故古注據以為向，餘皆難考。故蔡氏亦因古注成文解之。

牝雞而晨，則陰陽反常，是為妖孽。

《疏》云：「以牝雞之鳴，喻婦人知外事。」

婦，妲己也。

《疏》引《晉語》云：「殷辛伐有蘇氏，蘇氏以妲己女焉。」

昆弟，先王之胤也，紂以昏亂棄其王父母弟，而不以道遇之。

古注云：「王父，祖之昆弟。母弟，同母弟。」愚按：紂有同祖之弟，又有同母親弟，故經言「王父母弟」，同一「弟」字，省文也。蔡氏言「先王之胤」，則包之矣。《疏》引《爾雅》云：「父之考為王父。」則「王父」是祖也。《春秋》之例，母弟稱弟。母弟，謂同母弟也。

告之以坐作進退之法。

坐作進退，《大司馬》文也，「車徒皆坐」，「車徒皆作」。作，起也。進，「車驟徒趨」也。退，「鳴鐃且卻」也。

告之以攻殺擊刺之法。

如車三發、徒三刺之類。

武成

死魄，朔也。

《漢‧律曆志》文也。朔日，日月相會，二象合沓，陽上陰下，月體不

明，故謂之死魄。然又謂之朔者，朔之為言蘇也，有死而復蘇之機也。《正義》曰：「此月辛卯朔，朔是死魄，故二日近死魄。旁，近也。朔後明生而魄死，望後明死而魄生。」

翼，明也。

《輯纂》引王氏云：「翼，輔也。以此日為主，則明日為輔翼此日者，故以明日為翼日。」

周，鎬京也。

時武王已遷都於此。

即今長安縣昆明池北鎬陂是也。

《三輔黃圖》云：「鎬池在昆明池之北，即周之故都也。周匝二十一里，蓋地三十三頃。」長安縣，今屬奉元路，即安西路，古京兆也。

豐，文王舊都，即今長安縣西北靈臺、豐水之上。

《三輔黃圖》云：「周文王靈臺在長安西北四十里，高二丈，周回百二十步。」豐水，出鄠南山豐谷，北入渭。

桃林，今華陰縣潼關也。

華陰，今屬陝西華州。《寰宇記》云：「潼關，即《左傳》『晉侯使詹嘉守桃林之塞』是也。」按：潼關，是自函谷至於潼關，高出雲表，幽谷秘邃，深林茂木，白日成昏。

華山之陽。

太華山，在華陰縣南八里。

岵。

許靳反，與「礐」同。

豆，木豆；籩，竹豆。

籩、豆，形制一同，名以竹、木而分也。

生魄，望後也。

十六日為「哉生魄」，此言「既生魄」，未知的為何日，故止以「望後」言之。《輯纂》引陳氏曰：「諸家多謂『生魄，望後也』，而不察『既』字。以『望』與『既望』例之，則哉生魄，十六日；既生魄，十七日也。其實十七日受命，十九日丁未祀周廟，簡倒耳。」〔註8〕

〔註8〕「倒」，日本正保四年本作「例」。

先王，后稷，武王追尊之也。

追尊為一代之始祖，郊祀則以配天，故謂為先王，無諡，有諡者自文王起，然親廟追尊為王者止三世，文王，父也；王季，祖也；太王，曾祖也。自組紺以上仍稱公，故《中庸》曰：「上祀先公以天子之禮。」父加諡，因稱「文王」。〔註9〕祖無諡，不容單稱王，故以字配之以取別，然字不可加於爵上，故稱「王季」。曾祖亦無諡，為愈尊，加「太」字，稱「太王」也。王業自太王起，故追王始太王也。

后稷始封於邰。

《寰宇記》云：「武功縣，古有邰國，堯封后稷之地。故斄與「邰」同。〔註10〕城在縣西南二十二里，前漢為斄縣，後漢省入武功。」武功縣，今屬乾州。乾州，即唐奉天，屬陝西奉元路。

太王，古公亶父也，避狄去邠居岐。

「邠」與「豳」同。《地志》云：「扶風栒邑縣有豳鄉，公劉所都。」今有邠州，屬陝西道。岐，今鳳翔府岐山縣也。

《詩》曰：「居岐之陽，實始翦商。」

《詩·魯頌·閟宮》之辭。朱子云：「翦，斷也。太王自邠徙居岐陽，四方之民，咸歸往之，於是王跡始著，蓋有翦商之漸矣。」

至於文王克成厥功，大受天命，以撫安方夏。自為西伯專征，而威德益著於天下。凡九年，崩。

《朱子語錄》云：「問：文王不稱王之說。曰：此事更要考。說文王不稱王，固好，但《書》中不合有『惟九年大統未集』一句。不知所謂『九年』者，自甚時數起。若謂文王固守臣節不稱王，則『三分天下有其二』，亦為不可。又《書》言『太王肇基王跡』，則到太王時，周家已自強盛矣。今《史記》於梁惠王三十七年，書『襄王元年』，而《竹書紀年》以為後元年，想得當時文王之事亦類此。故先儒皆以為自『虞、芮質厥成』之後，為受命之元年也。」又云：「周自積累以來，其勢日大；又當商家無道之時，天下趨周，其勢自爾。至於文王，三分天下有其二，以服事商，孔子乃稱其『至德』。若非文王，亦須取了。孔子稱『至德』只二人，皆可為而不為者也。」又云：「文王之事，

〔註 9〕「因」，余氏勤有堂本、日本正保四年本、清鈔本作「固」。
〔註10〕「同」，諸本作「城」，據文淵閣四庫本改。

－136－

惟孟子識之。」今按《孟子集注》云:「商紂之世,文王三分天下有其二,以服事殷。至武王十三年,乃伐紂而有天下。張敬夫曰:『此事間不容髮,一日之間,天命未絕,則是君臣;當日命絕,則為獨夫。然命之絕否,何以知之?人情而已。諸侯不期而會者八百,武王安得而止之哉?』」

后土,社也。勾龍為后土。

《左傳·昭公二十九年》蔡墨曰:「土正曰后土。」又曰:「共工氏有子曰勾龍,為后土,后土為社。」《疏》云:「即『類於上帝,宜於冢土』,故云:『后土,社也。』」

《太祝》云:「王過大山川,則用事。」

《周禮注》云:「用事,亦用祭事告行也。」

自相屠戮,遂至血流漂杵。

朱子《書說》云:「血流漂杵,孟子說『盡信《書》,則不如無《書》』者,只緣當時恁地戰鬥殘戮,恐當時人以此為口實,故說此。然看上文,自說『前徒倒戈,攻於後以北』,不是武王殺他,乃紂之人自蹂踐相殺。荀子云:『所以殺之者,非周人也,商人也。』」

封比干墓。

《寰宇記》:「在汲縣北十里。後魏孝文太和中親幸其墳,刊石曰:『殷大夫比干之墓。』」薛尚功《古文法帖》云:「唐開元四年,遊子武於偃師耕耘,獲一銅盤,上有文云『左林右泉,後岡前道,萬世之寧,茲焉是寶』。人以為武王時物也,考之即比干之墓。」

商容,商之賢人。

《疏》引《帝王世紀》云:「商容及殷民觀周軍之入,見畢公至,殷民曰:『是吾新君也。』容曰:『非也。』見太公至,民曰:『是吾新君也。』容曰:『非也。』見周公至,民曰:『是吾新君也。』容曰:『非也。』見武王至,民曰:『是吾新君也。』容曰:『然。』聖人為海內討惡,見惡不怒,見善不喜,顏色相副,是以知之。」

式,車前橫木,有所敬則俯而憑之。

《疏》云:「男子立乘,有所敬則俯而憑式,遂以式為敬名。」

賚,予也。武王賑窮賙乏。

《疏》云:「紂所積之府、倉,名曰鹿臺、鉅橋,其義未聞。」《寰宇記》

云：「鹿臺在衛州衛縣西二十里。」《帝王世紀》云：「紂造，飾以美玉，七年而成，大三里，高千仞。」餘址宛然。衛縣今廢。

列爵惟五，公、侯、伯、子、男也。

愚按：此列於邦國之爵也。若朝廷之爵，則公、孤、卿、大夫、士亦五等也。

分土惟三，公侯百里、伯七十里、子男五十里之三等也。

愚按：此亦頒於邦國之地也。《孟子》云：「天子之卿，受地視侯，大夫受地視伯，元士受地視子、男。」亦三等也，謂之內諸侯。《王制》曰：「內諸侯，祿也；外諸侯，嗣也。」又嘗考之《孟子》論諸侯地方之制，雖諸家之通論，而《周禮・大司徒》獨異焉，曰：「諸公之地，封疆方五百里，其食者半。諸侯之地，封疆方四百里，其食者參之一。諸伯之地，封疆方三百里，其食者參之一。諸子之地，封疆方二百里，其食者四之一。諸男之地，封疆方百里，其食者四之一。」鄭司農云：「其食者半，所食租稅得其半耳，其半皆附庸小國也。屬天子參之一，亦然。故《魯頌》曰：『錫之山川，土田附庸。奄有龜蒙，遂荒大東，至于海邦。』《論語》季氏將伐顓臾，孔子曰：『先王以為東蒙主，且在邦域之中矣，是社稷之臣也。』此非百里之所能容，然則方五百里、四百里，合於《魯頌》《論語》之言，諸男食者四之一，適方五十里，獨此與諸家說合耳。」愚按：《周禮》成於武王崩後，恐周公具此制度，而未見之於施行也。《孟子》又言：「周公之封於魯也，為方百里也。」伯禽既為侯爵，合受百里。《費誓》亦言「魯人三郊、三遂」，計七萬五千家，合百里萬井之數。然以理推之，方里而井，井占八家；百里萬井，占八萬家，豈魯國百里之地，皆為田井，而略無山川、城郭、陂池、園囿之所侵乎？如以三分去一除之，則又不滿萬井之數，而無以容三郊、三遂之民，而況可容泰山、龜、蒙之大乎？其實田與地不同，田則以百里、七十里、五十里為限，而地之封域，則當如《大司徒》之制也。《王制》曰：「天子之田方千里，公、侯田方百里，伯七十里，子、男五十里。」是專以田為率。夫田非有千百里之地，如棋枰之可布也，但以田、井計之耳。八家共一井，而為方一里，為田九百畝也。八百家共百井，而為方十里，為田九萬畝也。八萬家共萬井，而為方百里，為田九百萬畝也。十井八十家，出車一乘，百井出車十乘，千井出車百乘，萬井出車千乘，故公、侯皆謂之千乘之國。是蓋百里之田，提封萬井也。大國三軍、三鄉、三遂。三鄉為正軍，三遂為副軍。每鄉萬二千五百家，家出一人，故一軍

萬二千五百人也。其次國二軍,小國一軍,皆仿此。愚故謂蔡氏所釋「分土惟三」者,以田論也,論其疆域所包者,不止此也。

五教,君臣、父子、夫婦、兄弟、長幼,五典之教也。

愚按:長幼即兄弟,誤重書而遺朋友,當改正。

喪以送死,祭以追遠。

《中庸》云:「父為大夫,子為士,葬以大夫,祭以士。父為士,子為大夫,葬以士,祭以大夫。期之喪,達乎大夫。三年之喪,達乎天子。父母之喪,無貴賤,一也。」此武王、周公之事,而重民喪祭之驗也。

按:劉氏、王氏、程子皆有改正次序。

劉氏,原父、貢父。王氏,介甫。《朱子語錄》云:「問:先生近定《武成》新本。先生曰:前輩定本,更差一節。『王若曰』一段,或接『於征伐商』之下,以為誓師之辭;或連『受命於周』之下,以為命諸侯之辭。以為誓師固是錯,以為命諸侯之辭者,此去祭日只爭一兩日,無緣有先誥命之理。某看卻諸侯來,便教他助祭,此是祭畢臨遣之辭,當在『大告武成』之下,比前輩只差此一節。」《輯纂》云:「近歲括蒼鮑氏復有定本,謂古竹簡一行十有三字,偶當句斷處差互,四月至豐一節,掇『王若曰』至『萬姓悅服』,在『厥四月哉生明』之前,或以為然。」愚按:此說甚善,惜先儒不及見也。

書蔡氏傳旁通卷第四中

洪範

商曰祀，周曰年。此曰祀者，因箕子之辭也。箕子嘗言「商其淪喪，我罔為臣僕」，《史記》亦載箕子陳《洪範》之後，武王封於朝鮮而不臣也。蓋箕子不可臣，武王亦遂其志而不臣之也。

唐孔氏曰：「此經文旨，非直問答而已，不是史官敘述，必是箕子既對武王之問，退而自撰其事，故孔《傳》特云『箕子作之』。」又云：「『商曰祀，周曰年』，此《周書》也，《泰誓》稱『年』，此獨稱『祀』，此篇蓋箕子所作。箕子商人，故傳記引此篇書皆云《商書》，是箕子所作明矣。」愚按：《左傳‧襄二年》云：〔註1〕「《商書》曰：『無偏無黨。』」意夫子未定百篇之前，此篇雜《商書》中。自經夫子之手，然後定為《周書》，以繼《武成》之後歟？今觀箕子有不可臣之實，預言「罔為臣僕」，一也；紀周之年而稱祀，二也；對武王不稱王，而曰「而」曰「汝」，三也。特以斯道之在己，舍武王無可傳者，不得已而授之。此武王之問，固難其辭，而箕子之答，尤難其辭也。武王之訪，即《孟子》所謂「不召之臣，欲有謀焉，則就之」者。新安陳氏曰：「箕子不臣周，所以正萬世君臣之大法；其陳洪範，所以傳萬世天人之大法也歟。」

朝鮮。

漢樂浪郡，故朝鮮國也。周、秦時與中國絕，武帝元封三年始開。《寰宇記》云：「平州盧龍縣有朝鮮廢城，即殷箕子受封之地。」今平灤路盧龍縣也。

〔註1〕「二」，日本正保四年本作「三」。

彝，常；倫，理也，所謂「秉彝人倫」也。

朱子《詩傳》云：「秉，執也。彝，常也。言天生眾民，有是物，必有是則。蓋自百骸、九竅、五臟，〔註2〕達之君臣、父子、夫婦、長幼、朋友，無非物也，而莫不有法焉。如視之明，聽之聰，貌之恭，言之順，君臣有義，父子有親之類是也。是乃民所執之常性也。」愚按：武王所問，箕子所對，其指彝倫，〔註3〕蓋合一本萬殊之理言之。天地之常經，古今之通義，近而五常之性，散而萬事萬物之所以然，與其所當然者，皆在其中矣。蓋五行、五紀，在天之彝倫也；五事、八政、三德，在人之彝倫也；皇極，在君、在民之彝倫也；稽疑，在事、在物之彝倫也；庶徵、福極，天人感應之彝倫也。推之而彌滿六合，卷之而退藏於密，達之而亙古亙今，一散為萬，萬會於一，其大無外，其小無內，體用兼該，顯微無間，此其所以為常理，此其所以為洪範歟。

蓋曰：洪範九疇，原出於天。鯀逆水性，汩陳五行，故帝震怒，不以與之，此彝倫之所以敗也。

鯀治水九載，不能順水之性而疏導之，乃以土塞其下流。夫水性潤下，不得其性，則必橫流逆決，而為害甚矣。夫五行之序，水居其首，而土居其終。當鯀之施工，而水土陻塞，是汩陳其五行也。蓋水得其性，地平天成，然後木、火相生，金、土呈露，而稼穡以成焉。今五行既亂，則萬物失宜，民生不遂，舉凡彝倫之當然者，皆斁敗而不敘矣。夫以鯀之方命圮族，斁敗彝倫，得罪於天，宜上帝之震怒也。羽山之殛，舜固誅之，然舜之誅之也，可怒在彼，己何與焉？故鯀之殛，理之所當怒也。理之當怒，即上帝之所怒也。然觀箕子之論，謂之「彝倫攸斁」，可言也；謂之「帝乃震怒」，亦可言也，孰從而知九疇之將畀而不畀哉？蓋於禹而後知之也。禹使水、火、金、木、土、穀惟修，而畀九疇，則汩陳五行者之不得畀，從可知矣。雖然，當陶唐之盛，於變時雍之際，又何彝倫之斁哉？此無他，非言朝廷也，蓋言水患之甚，為民害也。五行既汩，九功未敘，獸蹄鳥跡之道，交於中國，堯甚憂之，此彝倫之所以斁也，豈必綱常絕滅，而後謂之斁哉？

禹順水之性，地平天成，故天出書於洛，禹別之以為洪範九疇，此彝倫之所以敘也。彝倫之敘，即九疇之所敘者也。

《孟子》曰：「人性之善也，猶水之就下也。人無有不善，水無有不下。」

〔註2〕「臟」，余氏勤有堂本、日本正保四年本、清鈔本作「藏」。
〔註3〕「其」，日本正保四年本作「共」。

－142－

故君子以人治人，則治水者亦當順水之性也。先天之位，山澤通氣。凡天下之水皆出於山，而天下之山皆起於西北。蓋艮居西北，而兌居東南，則天下之水必源發於西北之山，而委趨於東南之澤者，是水之性也。天地定位，去古未遠，神聖繼作，財成未備，是以水之在地，其躍也或激之，其趨也或梗之。當唐堯之際，龍門未闢，呂梁未鑿，河出孟門之上，泛濫衍溢，懷山襄陵，四海一壑，仁人之所惡，而帝堯之所憂也。舜使禹治之，禹知水勢所激在龍門、呂梁之間，乃先經始壺口等處，以殺下流之勢；然後治梁及岐，鑿龍門，疏底柱，使大河西來，盤束於山峽間千數百里，不致橫流逆決；然後迤邐東行，各循其道。河水既定，餘川尚多，禹之施工，皆自下流，疏淪其壅遏，分別其枝派，故自冀而兗，而青而徐，此自北而之東也；自徐而揚、荊，由東而南也；自荊而豫，由南而至於中土也；自豫而梁、雍，又由中土而後至西北也。蓋天下地勢，西北至高，東南至下，芒芒禹跡，必先經理其下流，而後浚滌其泉源，此所謂順水之性也，豈若鯀之陻塞汨亂之為哉？禹也能行其所無事，以蓋前人之愆，善莫大焉。且大哉乾元，萬物資始；至哉坤元，萬物資生。天以陰陽五行化生萬物，惟能生覆而不能成載，故盈天地之間者，必麗乎土。昔也洪水為患，莫不昏墊；今也水患既去，地勢已平，而天之所生者，可以成遂矣，如六府孔修，三事允治，皆是也。莫大於天地，使天不成而地不平，天地亦無如之何也。一禹之功，上極乎天，而天者成；下蟠乎地，而地已平，窮高極遠，而深厚莫測，〔註4〕推而放諸四海，而四海準垂之，〔註5〕萬世而永有所賴。是則功侔造化，道通神明，固能使天不愛道，地不愛寶，穹示效靈，而川嶽貢珍者也。昔者伏羲在御，〔註6〕龍馬已嘗負圖出河矣，伏羲因之而畫八卦。禹之功業，充塞天地，而垂諸無窮者如此，寧不有感而致盛時之嘉瑞乎？故洛水之涯，天地之中也，陰陽之交也，風雨之會也，有神龜焉，乃能於此負書而出。許氏《說文》云：「書者，如也。」又云：「著也。」蓋天地之理與數，著見於此，而又克如禹之志也。伏羲仰觀俯察，〔註7〕不待河圖而畫八卦，而龍馬出河之數，自合於先天之圖，故謂之河圖。大禹地平天成，不待洛書而敘九疇，而神龜出洛之數，自合於《洪範》之書，故謂之洛書。箕

〔註4〕「深厚莫測」，余氏勤有堂本、清鈔本作「深厚測」，日本正保四年本作「深原測」。

〔註5〕余氏勤有堂本、日本正保四年本無「而四海」三字。

〔註6〕「羲」，余氏勤有堂本、日本正保四年本、清鈔本作「犧」。

〔註7〕「羲」，余氏勤有堂本、日本正保四年本、清鈔本作「犧」。

子乃言：「天乃錫禹洪範九疇。」夫既非人力之可致也，則不曰天錫，而謂之何哉？洪範之訓，是為大法；彝倫之訓，是曰常理。禹之所以為大法者，其存神過化，亦已久矣，於今而有覩於龜背之數，自一至九，是何神也？天不言，豈有世人之字以為書哉？特所具者數而已。數之所存，理之所寓也。聖人以常理寓諸法，天以常理寓諸數，理同則道無不合矣。是故禹也別龜之數，敘吾之範。龜有九數，範有九類，九類既彰，萬理咸備，故曰彝倫之敘，即九疇之所敘者也。九疇敘於聖人，九數闓於洛龜，倫既敘於疇，而數壹寓於書，故後世即謂九疇六十五字為洛書本文也。吁！是豈可以易言哉？

世傳「戴九履一，左三右七，二四為肩，六八為足」，即洛書之數也。

此據龜體記之。戴九，九數近首也。履，尾也，近尾有一數也。左三右七，三近左脅，七近右脅也。二四為肩，二近前右足，四近前左足也。六八為足，六近右後足，八近左後足也。又有五數居正背，此當補「五數居中」一句始備。本數嘗詳言之，自一至九，而五數居中。五者，數之宗也。一者其始，而九者其究也。龜背之文，分居九位，而五為之宗，則五九者，龜書之大數也。自一至九，積而計之，凡四十有五，則為五者九，為九者五也。然則九者，九疇之所以分，而五者，又九疇之所宗也。五不著，則九不敘，故汨陳五行，則彝倫攸斁也。何以言之？道之大原出於天，彝倫者，天命之所付也。天道之運，莫過於五行。五行者，造化功用之原也。在洛書，具五行之全數；在《洪範》，貫五行之宗旨。其一六者，水也；二七者，火也；三八，木也；四九，金也；五居中，土也，此具五行之全數也。一五行，五氣運於天，而五材生於地也；二五事，五行之發於人也；五皇極，五數之御於君也；稽疑卜五，〔註8〕事物吉凶之先見也；八庶徵，天人休咎之感應也，此貫五行之宗旨也。《洪範》九疇而貫五行者，五位焉，故「初一曰五行」而不言用，無所往而不用也，是孰有大於五行哉？且九數之位，崇陽抑陰。一為陽之始，故居下；九為陽之極，故居上；五為陽之中，故居中；三在五前，為陽中之陽，故居左；七在五後，為陰中之陽，故居右。一三者，水、木之生數，自北而東，陽生於子，誠之通也。九七者，金、火之成數，自南而西，陰生於午，誠之復也。二四六八，是為陰偶，分居四隅，不敢抗陽也。六居一西，八居三北，四居九

〔註8〕「卜」，日本正保四年本作「十」。

東，二居七南，陰隨陽後，各從其類也。水一加火二為三，三加木三為六，六加金四為十，十加土五為十五，十五則無以復加矣。故洛書一二三四五之積為十五。羲畫以一極兩儀，〔註9〕四象八卦，合之亦十五。然洛書之十五，陽之積也；羲畫之十五，陰之積也。陽則周流而無窮，陰則一定而不易，故洛書縱橫錯綜皆十五。而為十五者有九，以橫計之，二九四、四九二，各為十五，一也；七五三、三五七，各為十五，二也；六一八、八一六，各為十五，三也。以縱計之，二七六、六七二，各為十五，四也；九五一、一五九，各為十五，五也；四三八、八三四，各為十五，六也。以斜計之，二五八、八五二，各為十五，七也；四五六、六五四，各為十五，八也。以錯計之，正之一三，隅之二四，以及中五；又虛中而七跨八，九跨六，各為十五，九也。愚故曰：五九者，龜書之大數也。雖然，十五之數雖有九，而其參五數者止五位，其二九四、六一八、二七六、四三八，則未嘗有五，豈土居於中，而不及四圍乎？曰：不然。一與四自為五，二與三亦為五，土固無所不在也。一六為水數，六退五即生，一加五即成矣，是水之生成，不離乎土也。二七為火數，七退五即生，二加五即成矣，是火之生成，不離乎土也。三八為木數，八退五即生，三加五即成矣，是木之生成，不離乎土也。四九為金數，九退五即生，四加五即成矣，是金之生成，不離乎土也。土得一四亦生，二三亦生，合一二三四為十而後成也。水、火、金、木，生於土之先，成於土之後；土生於四者之後，成於四者之先。所謂土得一四亦生，二三亦生者，一四合五，金生水而金枯也；二三合五，木生火而木燼也。金枯木燼，皆為土矣。洛書無十數，一二三四之積，是為十，不待更著十也。此洛書所以具五行之全數，而《洪範》所以貫五行之宗旨也。朱子《易學啟蒙》云：「河圖以五生數，統五成數，而同處其方，蓋揭其全以示人，而道其常數之體也。洛書以四奇數，統四偶數，而各居其所，蓋主於陽以統陰，而肇其變數之用也。其皆以五居中者，何也？曰：凡數之始，一陰一陽而已矣。陽之象圓，圓者徑一而圍三；陰之象方，方者徑一而圍四。圍三者，以一為一，故參其一陽而為三；圍四者，以二為一，故兩其一陰而為二，是所謂參天兩地者也。三二之合，則為五矣，此河圖、洛書之數所以皆以五居中也。」又云：「洛書以奇數為主，故其中之所以為五者，亦具五奇數之象焉。其下一點，天一之象也；其左一點，天三之象也；其中一點，天

五之象也；其右一點，天七之象也；其上一點，天九之象也。」又云：「洛書
之運行，則水克火，火克金，金克木，木克土，右旋一周，而土復克水也。」
又云：「洛書之縱橫十五，而七八九六，迭為消長盈虛。五分十，而一含九，
二含八，三含七，四含六，參伍錯綜，無適而不遇其合焉，此變化無窮之所以
為妙也。」又云：「聖人則河圖者虛其中，則洛書者總其實。洛書之實，其一
為五行，其二為五事，其三為八政，其四為五紀，其五為皇極，其六為三德，
其七為稽疑，其八為庶徵，其九為福極。其位與數，尤曉然矣。」又云：「洛
書而虛其中五，則亦太極也。奇偶各居二十，則亦兩儀。一二三四，含九八七
六，縱橫十五，而互為七八九六，則亦四象也。四方之正，以為乾、坤、離、
坎；四隅之偏，以為兌、震、巽、艮，則亦八卦也。河圖一六為水，二七為
火，三八為木，四九為金，五十為土，則固《洪範》之五行。而五十五者，又
九疇之子目也。是則洛書固可以為《易》，而河圖亦可以為《範》矣，又安知
圖之不為書，書之不為圖也？是其時雖有先後，數雖有多寡，然其為理，則
一而已。但《易》乃伏羲之所先得乎圖，而初無待於書；《範》則大禹之所獨
得乎書，而未必追考於圖爾。且以河圖而虛十，則洛書四十五之數也。虛五，
則大衍五十之數也。積五與十，則洛書縱橫十五之數也。以五乘十，以十乘
五，則又皆大衍之數也。洛書之五，又自含五則得十，而通為大衍之數也。積
五與十，則得十五，而通為河圖之數矣。苟明乎此，則橫斜曲直，無所不通，
而河圖、洛書又豈有彼此先後之間哉？」西山蔡氏云：「古今傳記，自孔安國、
劉向父子、班固，皆以為河圖授羲，洛書錫禹。關子明、邵康節皆以十為河
圖，九為洛書。蓋《大傳》既陳天地五十有五之數，《洪範》又明言『天乃錫
禹洪範九疇』，而九宮之數，戴九履一，正龜背之象也。惟劉牧意見以九為河
圖，〔註10〕十為洛書，託言出於希夷，既與諸儒不合，並無明驗。」《漢書》
劉歆云：「禹治洪水，賜洛書，法而陳之，九疇是也。河圖、洛書，相為經緯；
八卦、九章，相為表裏。」關子明云：「洛書之文，九前，一後；三左，七右；
四前左，二前右；八後左，六後右。」邵子曰：「方者，土也。畫州井地之法，
其放於此乎？方者，洛書之文，禹、箕敘之而作《範》也。」愚又按：蔡氏撰
《皇極內篇數》為一書，以為《易》更四聖而象已著，《範》錫神禹而數不傳，
於是有《範數圖》八十一章，章八十一變，共六千五百六十一變。曰：「洛書

〔註10〕「牧」，日本正保四年本作「敏」。

者，數之原也。余讀《洪範》而有感焉。上稽天文，下察地理，中參人物古今之變，窮義理之精微，究興亡之徵兆，微顯闡幽，彝倫所敘，秩然有天地萬物各得其所之妙。」

此九疇之綱也。

《朱子語錄》云：「此是個大綱目。天下之事，其大者，大概備於此矣。」又云：「此是人君為治之心法。《周禮》一書，只是個八政而已。」又云：「洛書本文，只有四十五點。班固云六十五字皆洛書本文。古字畫恐自有模樣，但今無所考。漢儒說此未是，恐只是以義起之，不是數如此。蓋皆以天道、人事參互言之。五行最急，故第一；五事又參之於身，故第二；一身既修，可推之於政，故八政次之；政既成，又驗之於天道，故五紀次之；又繼之以皇極居五，蓋能推五行、敬五事、厚八政、修五紀，乃所以建極也。六三德，乃是權衡此皇極者也。德既修矣，稽疑、庶徵繼之者，著其驗也。又繼之以福極，其善惡之效，至是不可加矣。」又云：「初一、次二，此讀豆。也，全讀是以一二為次第，不見洛書本文，又不見聖人法象之義，故後人至以此章總為洛書本文，皆為句讀不明也。」王太古見《易》云：「《範》疇有九，合乎河圖之綱數。王氏以九數為河圖。《範》之子目五十五，合乎洛書之目數。王氏以十數為洛書。五行有五事，有五政，有八紀，有五皇極，居一德，有三卜五占，二休徵，五咎徵，五福極，共十一，總五十有五。疇有九而五行不言用，虛一者，體猶太極也；目五十五而皇極不言數，虛一者，理猶太極也。昔禹之謨九功，其六府以水、火、金、木、土、穀為序，自上克下，河圖九宮之文也。及敘九疇，其五行以水、火、木、金、土為序，依天一地二之次，洛書五位之文也。其序《禹貢》，又準洛書，以北、東、南、中、西相生為序，先冀州於北；次兗、青、徐於東，水生木也；又次揚、荊於南，木生火也；又次豫於中，火生土也；又次梁、雍於西，土生金也。若此者，非規規求以合之也。合乎理，故合乎圖，合乎書，無往而不合也。」

在天惟五行，在人惟五事，以五事參五行，天人合矣。

《輯纂》引真氏曰：「五行者，天之所生以善乎人者也。其氣運於天而不息，其材用於世而不匱，其理則賦於人而為五常。以天道言，莫大於此，故居九疇之首。五事，天之所賦而具於人者。貌之恭，言之從，視之明，聽之聰，思之睿，皆形色中天性之本然也。必以敬用之，則能保其本然之性；不以敬用之，則貌必慢，言必悖，視、聽則昏且塞，思慮則粗且淺，而本然之性喪

矣。五者治心治身之要，以人事言，莫切於此，故居五行之次。」愚按：以五事參五行者言，人之貌、言、視、聽、思，正與天之水、火、木、金、土相配合也，詳見本疇。

八政者，人之所以因乎天。

一曰食，主於稼穡，必因春之發生，夏之長茂，秋之成遂，順天時而施人力，然後稼穡可成焉。二曰貨，以五金為富，必因天地之所產，而人取以為貨焉。三曰祀，必因天地鬼神，為物之體而不可違，故祭祀以報其本焉。四曰司空，主平水土，必因天時地利，而使四民各得其所焉。五曰司徒，教以人倫，必因天敘天秩，而教民明善，以復其初焉。六曰司寇，掌邦禁，必因天討有罪，而施刑焉。七曰賓，必因天地之蕃毓，而後嘉會以合禮焉。八曰師，必恭行天罰，以誅鋤暴亂焉。此所謂八政者，人之所以因乎天也。民以食為天，故以食為首，而又曰「農用」焉。

五紀者，天之所以示乎人。

天之為象，以日司晝，以月司夜，以星辰司位次。南北二極，示人以樞機；東西升沒，示人以運動；日月之會，示人以晦朔；晝夜長短，示人以寒暑；周匝，示人以期歲；中星之移，示人以躔度；斗杓之指，示人以月建。天之所以示人者，可謂至矣，在乎人之所以推測而合之耳。故聖人制為曆數之書，詳步占之法，以求其所以合乎天者焉。故曰五紀曰協，所以合天也。

皇極者，君之所以建極也。

皇者，君也。極者，至極之義，標準之名也。人君中天下而立，定四海之民則，當以一身為四海之標準，無所不用其極，使民皆仰望而取則焉。故皇極曰建，所以立極也。

三德者，治之所以應變也。

聖人之德有常，凡民之德則無常也。無常則為變，惟聖人為能隨其變而應之，必至於治而後止。故曰三德曰乂，所以治民也。

稽疑者，以人而聽於天也。

人心不能無惑，惟天可以為人心之準。天者，理之所由出也。理明則惑祛矣。然天不言，理無跡，聖人必假蓍龜以前民用，而使民聽命焉，以為之準。故曰稽疑曰明，所以辨惑也。

庶徵者，推天而徵之人也。

雨、暘、燠、寒、風，五者皆天之所為也，人君必因而反之於己，以省吾所以感召之者如何。蓋聖人無一時而不戒，無一事而不戒，天人感應之機，必有攸在也。故曰庶徵曰念，所以省驗也。

福、極者，人感而天應也。

五福者，人之所嚮也，故因以為勸。六極者，人之所畏也，故因以為懲。人君而能建其有極，則保佑命之，自天申之；凡民而能錫汝保極，則惟天惠民，惟辟奉天，天人之間，有感必有應者如此夫。

本之以五行，敬之以五事，厚之以八政，協之以五紀，皇極之所以建也。乂之以三德，明之以稽疑，驗之以庶徵，勸懲之以福極，皇極之所以行也。

本之以五行，則承天意以從事。敬之以五事，則身修而道立。厚之以八政，則萬事得其宜。協之以五紀，則四時得其序。此皇極以之而立也。乂之以三德，則俗化日以厚。明之以稽疑，則事理日以著。驗之以庶徵，則戒懼日以謹。勸懲之以福極，則善惡之效不可誣矣。皇極之行，其備於此矣。

水、火、木、金、土者，五行之生序也。天一生水，地二生火，天三生木，地四生金，天五生土。

太古王氏曰：「五行之生成，以奇偶為天地也，以先後為一二也。太極渾然，初無象數，因氣成質，先後可紀。生之類，水最先，故曰一；數奇而陽，故曰天。火之生次水，故曰二；數偶而陰，故曰地。木、金、土又次之，故曰天三生木，地四生金，天五生土。語其生，則土最後，蓋有水、火、木、金，而後土有以為質。語其成，則土才具，而四者皆因以成，土又因四者之生以為成。本無六七八九十之序也，原其生，則有是先後之序耳。生之者奇，則成之者偶；生之者偶，則成之者奇。蓋獨陽獨陰，不能以生成也。夫所謂水最先者，物靜而動，氣以潛潤，呵而雨，啗而涎，悲而泣，愧而汗，牝牡之交感，果實之包含，其初皆水也。濕之氣鬱於陰則熱，故火次之。熱與濕相搏持則凝，故木次之。俄而堅強不撓，故金又次之。四者俱備，相與沖和，故土居其中。故曰一水、二火、三木、四金、五土也。水、火、木、金，非土不能以有成，故生成之數，水之一加於土五則為六，火之二加於土五則為七，木之三加於土五則為八，金之四加於土五則為九。土之五不待加五也，以土加土，如塗附塗，吾知其必不然矣。然則土之成數，曷為而成十哉？全水、火、木、

金之生，即土之成數，蓋一二三四之積，即十數也。」愚按：此論甚精，可以發明九宮無十數也。又蔡《傳》引《疏》文「微著為次」之說，亦可與此互相發也。

潤下、炎上、曲直、從革、稼穡。

東齋《集傳》云：「潤下，潤濕而下流。炎上，炎熱而上升。曲直，謂生而曲與直。從革，謂可因可革。種曰稼，斂曰穡。」

作，為也。鹹、苦、酸、辛、甘者，五行之味也。

《輯纂》引夏氏云：「五味必言作者，水之發源，未嘗鹹也，流而至海，凝結既久，而鹹之味成，則鹹者，潤下之所作。火之始然，未嘗苦也，炎炎不已，焦灼既久，而苦之味成，則苦者，炎上之所作。木之初生，金之初鑛，土之始稼穡，亦然。」

五行有聲色氣味。

五行之聲，水羽、火徵、木角、金商、土宮也。五行之色，水黑、火赤、木青、金白、土黃也。五行之氣，水朽、火焦、木羶、金腥、土香也。

以性言也，以德言也。

潤下、炎上、曲直、從革，而謂之性者，是就水、火、木、金之體而言。蓋四者形，而後有此氣質之性也。稼穡而謂之德者，稼穡本言五穀，五穀乃養人之具，非言土之為體於土，而有五穀之可稼可穡焉。是土有此養人之德也，故不可以為性也。

貌、言、視、聽、思者，五事之敘也。

其次敘與五行同。動容貌，發言語，視色，聽聲，思其所思，皆人事也，故謂之五事。

貌澤，水也；言揚，火也。

精之潤澤者為貌，如水之浸潤，故屬水。氣之發揚者為言，如火之炎上，故屬火。又貌者，精之榮也，故為水。言者，心之聲也，故為火。

視散，木也；聽收，金也。

目內實而精散於色，故屬木。色之華彩者，莫如木也。耳內虛而氣接於聲，故屬金。聲之遠聞者，莫如金也。故木實則色茂，眼實則視廣，金虛則聲揚，耳虛則聽收。

思通，土也。

心者，一身之主宰，萬事之本根也。心者，思之體；思者，心之用。五事之有思，猶五行之有土也。水、火、木、金，皆不可無土；貌、言、視、聽，皆不可無思。故《論語》云：「貌思恭，言思忠，視思明，聽思聰。」思於貌、言、視、聽，無所不在，故土於水、火、木、金，亦無所不有，故以思屬土也。勉齋黃氏云：〔註11〕「水貌雨，太陰；火言暘，太陽；木視燠，少陽；金聽寒，少陰。土思，風也，通乎四者，而不同焉。」

恭、從、明、聰、睿者，五事之德也。

德者，所得之理，所謂有物必有則也。貌自得恭之理，言自得從之理，目自得明之理，〔註12〕耳自得聰之理，思自得睿之理，皆天性之本然，人事之當然也。

肅、乂、哲、謀、聖，五德之用也。

恭、從、明、聰、睿，本得於天，故為德之體，由是作肅、作乂、作哲、作謀、作聖，則德之用也，蓋貌本具恭之德，而乃不能作肅，是有體而無用也。用不行，則體亦無自而立。苟貌而作肅，言而作乂，視而作哲，聽而作謀，思而作聖，則恭、從、明、聰、睿，五者之德，無不備於我，而為有德之人矣，顧在所以作之如何耳。作字，是用之行處。又按：五事，貌居其首，蓋貌總一身。其德主敬，是敬又為五德之原也，故曰「敬用五事」。如下文「農用八政」，以食為首，故曰「農用」。

食者，民之所急；貨者，民之所資，故食為首而貨次之。

愚按：八政皆為民而設，故五事指名，三事指官，而不及冢宰、宗伯、司馬。民莫急於食、貨，故首列之。在《周禮》則食、貨掌於天官，祀掌於宗伯，此分言食、貨，則不及統率百官之事；獨言祀，則不及朝廷禮樂之事。司空安居四民，司徒教民五典，司寇禁民奸慝，皆切近民事者。賓如鄉飲、鄉射之類。《周禮》大行人掌大賓之禮，本屬司寇，今析言之，則不及朝覲、會同之事。師，如五人為伍，守望相助之類，不言司馬，則不及陳師鞠旅之事。蓋民生日用，食、貨既足，然後修祀事，定居室，教以孝悌，禁其奸慝，會賓友，尚往來，然後能親其上，死其長也。治民之序固如是，若主朝廷布政之

〔註11〕「齋」，日本正保四年本作「齊」。
〔註12〕「目」，清鈔本作「自」。

職，則有不盡於此者，禮樂大事而不舉焉。愚固以八政皆為民而設也。《注疏》亦云：「如鄭、王之說，自可皆舉官名，何獨三事舉官也？蓋八政主農而言，非謂公家之事耳。」

歲者，序四時也。

歲者，天時之一周，故正其歲在於序四時。四時得其序，而後歲功可成也。

月者，定晦朔也。

歲統時，時統月，時有三月，故三月為天道小變之節，不可差也，在於定晦朔而已。晦為前月之終，朔為後月之始，每於日、月所會之辰定之，則十有二月不差矣。

日者，正躔度也。

在天為度，在歲為日。躔者，日行於度也。天有三百六十五度四分度之一，歲有三百六十五日四分日之一。日行每與月會，則為一月。一會之期，二十九日四百九十九分，十二會而成一歲。則日行之度，尚餘十日八百二十七分，謂之閏餘。積之三歲，則置閏月以貯之。故日行惟在於正躔度，躔度既正，則日、月之會，無先後之差，而餘分之積，免失閏之謬，由是曰月曰歲，皆可協矣。

星，經星、緯星。

經星貼天不動，凡內官、外官，二十八舍，皆是也。緯星麗天而行，如杼之緯帛，水、火、木、金、土五星，是也。夜則仰觀而識之，後倚北極，前定昏旦二中，伺察五緯，晨夕遲疾，順逆伏見，彗孛流隕，皆謹視之，以奉天戒。〔註13〕

辰，日、月所會十二次也。

自玄枵至娵訾，各有界限。夜考中星，知日、月之行度，以追計其所會，而定晦、朔、弦、望，必於辰推之，則歲、月、日皆可定矣。詳見《堯典》。

曆數者，占步之法，所以紀歲、月、日、星、辰也。

《史記》太史公曰：「神農以前尚矣。蓋黃帝考定星曆，建立五行，起消息，正閏餘，是謂五官，各司其序。顓頊受之，乃命南正重司天，北正黎司地。堯立羲和之官，明時正度，年耆禪舜，申戒文祖，云：『天之曆數在爾躬。』

〔註13〕「天」，余氏勤有堂本、日本正保四年本作「夫」。

舜亦以命禹。由是觀之，王者所重也。夏正以正月，殷正以十二月，周正以十一月。蓋三王之正若循環，窮則返本。天下有道，則不失紀序；無道，則正朔不行於諸侯。」愚按：占步之法，歷代不同，三代不可考矣。後世作者，莫善於唐一行《大衍曆法》，其詳具載《唐史》。今之授時尤精焉。

皇，君；建，立也。極，猶「北極」之「極」，至極之義，標準之名，中立而四方之所取正焉者也。

朱子《皇極辨》曰：「洛書九數，而五居中；《洪範》九疇，而皇極居五，故自孔氏《傳》訓『皇極』為『大中』，而諸儒皆祖其說。余獨以經之文義語脈求之，而有以知其不然也。蓋皇者，君之稱也。極者，至極之義，標準之名，常在物之中央，而四外望之，以取正焉者也。故以極為在中之準的則可，而便訓『極』為『中』則不可。若北辰之為天極，脊棟之為屋極，皆然。而《禮》所謂『民極』，《詩》所謂『四方之極』者，於『皇極』之義為尤近。顧今之說者，既誤於此，而並失於彼，是以其說展轉迷謬，而終不能以自明也。即如舊說，姑亦無問其他，即經文而但讀『皇』為『大』，讀『極』為『中』，則夫所謂惟大作中，大則受之，為何等語乎？今以余說推之，則人君以眇然之身，履至尊之位，四方輻輳，面內而環觀之，自東而望者，不過此而西也；自南而望者，不過此而北也，此天下之至中者也。既居天下之至中，則必有天下之絕德，而後可以立至極之標準。故必順五行，敬五事，以修其身；厚八政，協五紀，以齊其政，然後至極之標準，卓然有以立乎天下之至中。使夫面內而環觀者，莫不於是而取則焉。語其仁，則極天下之仁，而天下之為仁者，莫能加也。語其孝，則極天下之孝，而天下之為孝者，莫能尚也。是則所謂皇極者也。由是而權之以三德，審之以卜筮，驗其休咎於天，考其禍福於人，如挈裘領，豈有一毛之不順哉？此洛書之數所以雖始於一，終於九，而必以五居其中；《洪範》之疇所以雖本於五行，究於福極，而必以皇極為之主也。」〔註14〕

極者，福之本；福者，極之效。極之所建，福之所集也。人君集福於上，非厚其身而已，用敷其福以與庶民，使人人觀感而化，所謂「敷錫」也。

朱子又云：「人君能建其極，則為五福之所聚，而又有以使民觀感而化焉，則是又能布此福，以與其民也。」愚按：極本於理，福原於氣。極建則福集

〔註14〕「主」，余氏勤有堂本、日本正保四年本作「王」。

者,蓋理順而氣亦順耳。《記》曰:「福者,備也。備者,百順之名也。」人君以皇極為訓,而庶民行之,則庶民亦受其福矣。君人者,豈他有所謂福以付界之哉?

庶民與有位之人,而無淫朋比德者,惟人君為之極,而使之有所取正耳。

下文言「有猷、有為、有守」,此庶民之無淫朋者。「有能有為」,此正人之無比德者。「人」「民」二字,分言甚明,諸說要以蔡《傳》為正。新安陳氏曰:「『作』有扶植振起之意。建立作興,大略相似。不建不作,則斯道廢墜矣。」

「帝念哉」之「念」。

言人君於有猷、有為、有守之人,念之而不忘,當如帝舜之念皋陶也。

「歸斯受之」之「受」。

言民有未合於善,不陷於惡,人君所當受之。蓋如《孟子》所謂逃楊、墨而歸儒者,有可與為善之機也,故歸斯受之。

見於外而有安和之色,發於中而有好德之言,汝於是則錫之以福,而是人斯其惟皇之極矣。

朱子又云:「夫人之有能革面從君,而以好德自名,則雖未必出於中心之實,人君亦當因其自名,而與之以善。則是人者,亦得以君為極,而勉其實也。」新安陳氏曰:「『而康而色』,《傳》《辨》皆作民言。孔氏謂:『汝當安汝顏色,以謙下人。』兩『而』字,皆指武王言。假容色以俯就誘掖人,則人心感發,無隱於君,曰:我所好在德。君則尤當迎其善意,而錫之福也。蓋『攸好德』為五福之一,實福之本也。」愚按:此說儘善,而朱、蔡並不孔從者,蓋經文此一節本說庶民有此三等,所當念之者,是中人以上,有可見之德者也;所當受之者,中人之資,可與進德者也;彼安和其色,自謂好德者,中人以下者也。朱子所謂「革面從君」者,謂如「論篤是與,君子者乎?色莊者乎?」汝則錫之福者,與其過而棄之,寧若過而與之。人君於此三等,或念之而不忘,或受之而不拒,或錫之而不吝,則時人斯其惟皇之極,而無不勉為善矣。如孔氏之意,止言「念之」「受之」兩等,總以謙下之,而錫之福也,如此,則中人以下之資,皆棄於聖人陶冶之外矣。下文尚言「無虐煢獨」,況於革面而知以好德自名者乎?此朱、蔡不從孔氏之旨也。

煢獨，庶民之至微者也。高明，有位之尊顯者也。各指其甚者而言。

煢獨微賤，無善可錄，又出於上文三等之下，人之所易忽者也。高明尊顯，聞望久著，又出於有能有為之上，人之所易畏者也。於此無虐而無畏焉，則抑揚予奪之間，其必有道矣。在三德之疇，「惟辟作福，惟辟作威」是也。此一節兼言民、人，又以煢獨為庶民之微者，故以結上章之末；高明為有位之尊者，故以冠下章之首也。朱子辨中，並下文至「而邦其昌」解之，謂君之與民，一視同仁，凡有才能，使皆進善，則人才眾多，而國賴以興也。與蔡《傳》不同。

此言有位者也。

此亦分三段者。第一段，言在位而又有才智施設，使羞其行，則是嘉其已善，而益進其後效也。第二段，言富則方穀，貧則陷罪，是中人而在位者，必養其恒心，而後責其善行也。第三段，言無德而錫福者，是謂「用咎」，蓋爵罔及惡德之義也。誠以列於庶位之人，善惡有未易先知者，必考其實，而黜陟之也。詳此民、人兩章，各分三節，其論人君升降予奪之權，既明且嚴，誠以居上御下，威福在己，一失其道，則下不得所，其將何以建其有極，而使民人皆錫汝保極哉？又按：「其作汝用咎」，朱子謂：「至於無好德之心，而後始欲教之以修身，勸之以求福，則已無及於事，而其起以報汝，惟有惡而無善矣。」蔡氏謂：「則為汝用咎惡之人。」愚謂：作，起也。咎，歸怨也，如舉枉錯諸直，則民不服之意。謂於無德之人，若錫之福祿，則人皆起而歸怨於汝矣。

此章蓋《詩》之體，所以使人吟詠而得其情性者也。

「性」字下，當補「之正」二字。性與氣雜，情與欲流，未必皆正，故皇極之君，以彝理為訓，惟欲使人得其情性之正耳。愚又按：此章有戒辭，有勸辭。上六句用「無」字者，所謂「戒之以私而懲創其邪思」也。下六句用「王」字者，所謂「訓之以極而感發其善性」也。前言無偏陂好惡，禁止之意重；後言無偏黨反側，禁止之意輕。蓋人慾之萌，能遏之於心，則及其既發，自然中節，而無事禁止之嚴矣。方會其有極也，必指其所當行者，故曰「遵義」「遵道」「遵路」，遵而不失，則自忘其傾邪狹小之念矣。及歸其有極也，莫不識其正大之體，故曰「蕩蕩」「平平」「正直」，如行者之赴家，而自達於公平廣大之域矣。始而行道，終而造道，皆以人君為標準，而自求至極之理於吾心也，故在君曰「建其有極」，在民曰「會其有極，歸其有極」。所有者，各有其有耳，非人有之，而己獨無也；又非得他人之所有，以為己有也。合而來也，各有其有；來而至也，同有其有，此皇極、君民所以相與之盛歟。

與《周禮》太師教以六詩者，同一機而尤要者也。

《春官・太師》云：「教六詩，曰風，曰賦，曰比，曰興，曰雅，曰頌。以六德為之本，以六律為之音。」愚按：太師教詩，而本之以六德，是固可以融會性情，而興起志意。然三百篇之多，一言之要，在「思無邪」而已。曷若「皇極之敷言，是彝是訓」，使人諷誦之間，恍然而悟，油然而得者。故比之六詩，雖同一機括，而尤為切要者也。

曰者，民之辭也。謂之父母者，指其恩育而言，親之之意。謂之王者，指其君長而言，尊之之意。

凡民之所以有生者，父母也。父母有我，合天地之氣以成形，具天地之理以成性。然父母之所以恩育我者，其初惟能保此天地之氣，而使形體之長茂爾，其賢不肖，固未可必之。於後日也，有聖人焉，繼天立極，是彝是訓，能使天下之民皆有以明天地之理，以全其固有之性，則其教誨式穀，有父母之所不能備者。於是時也，服膺皇極之訓，親近天子之光，皆曰生我者，父母也，而能備教育之恩者，吾君又為一父母也。則其歡欣愛戴之私不極，其歸往之辭不止也，故曰以為天下王。夫自古未嘗一日無王也，而得民之尊己者為難，惟以德行仁者，而後天下以為王也。蓋生我者，一家之父母也，而建其有極者，天下之父母也。為天下之父母，則天下之赤子皆往歸之，不謂之王，而謂之何哉？箕子之為是言，以天下之公義而推望於武王者深矣。

正直、剛、柔，三德也。

三德一疇，須分君民之別，然後義明。

正者無邪，直者無曲。剛克、柔克者，威福予奪、抑揚進退之用也。

此三德之在君者。所謂「為政以德」，德者，出治之本也。人君道全德備，剛柔正直，各臻其極，隨所遇而應之爾。

彊弗友者，彊梗弗順者也。燮友者，〔註15〕和柔委順者也。沉潛者，沉深潛退，不及中者也。高明者，高亢明爽，過乎中者也。蓋習俗之偏，氣稟之過者也。

此三德之在民者，並正直為三德。人君能建其有極，故三德皆吉。凡民有氣稟之殊，習俗之異，故正直之德甚少，而剛柔過不及之德甚多。皇極之化，所以抑揚進退者，皆欲過不及者之歸於正直也。

〔註15〕「燮」，余氏勤有堂本、日本正保四年本、清鈔本作「爕」。下同，不出校。

故平康正直，無所事乎矯拂，無為而治是也。

正直，即前所謂「王道正直」是也。平康，即前所謂「無反無側」，後所謂「家用平康」是也。在下者無反側，在上者惟正直，夫何為哉？恭己正南面而已矣。

正直之用一，剛柔之用四也。

正直用之於平康，剛柔用之於習俗之偏，氣稟之過者也。習俗之偏，言習於彊而偏於剛，習於變而偏於柔。氣稟之過，謂所稟沉潛而過於柔，所稟高明而過於剛。

聖人撫世酬物，因時制宜。

平康、強梗、委弱，有舉世而然，有一家一國而然，有一身一時而然。聖人抑揚進退，威福予奪，所謂酬物制宜者也。

三德乂用，陽以舒之，陰以斂之。

三德在君，皆主於治民，在民各從君所治。民所習者剛，或所稟者柔，則君皆以剛克之；民所習者柔，或所稟者剛，則君皆以柔克之。〔註16〕陽以舒之者，言變友柔克，沉潛剛克，皆人君之所予也；陰以斂之者，言強弗友剛克，高明柔克者，皆人君之所抑也。

執其兩端，用其中於民，所以納天下民俗於皇極者，蓋如此。

兩端、用中，皆借說。聖人稟中和之氣，三德備具。其為治也，全體立於此，而大用行於彼，如鑑之照物，妍媸在彼，隨物應之而已。或以剛克，或以柔克，抑其過而引其不及，而卒化天下於平康，所謂用其中於民也。兩端，言剛、柔也。中，言正直也。聖人豈不欲天下之人皆正直，而無所事乎矯拂哉？不可必得，故盡其撫世酬物，因時制宜之妙，會極歸極，而終得以歸於聖人之天也。故曰三德者，治之所以應變也。

福威者，上之所以御下。玉食者，下之所以奉上。

前「皇極」，《傳》云：「作好作惡，好惡加人之意也。」〔註17〕此云「作福」「作威」，亦以威福加人之意，如「可貴可賤，可富可貧，可生可殺」之類。孔《傳》云：「玉食，美食也。」《釋文》云：「珍食也。」

〔註16〕余氏勤有堂本、日本正保四年本、清鈔本無「以」字。
〔註17〕余氏勤有堂本、日本正保四年本、清鈔本無「人」字。

「臣無有」者，戒其臣不可上僭也。

禮始諸飲食，蓋飲食乃日用之切身者。凡臣下僭上，威福之外，未有不玉食者，故以切近者為戒。

頗，不平也。

頗，普多反，與「無偏無陂」同訓「不平」。舊本作「無偏無頗」，唐玄宗以「頗」不協「義」字韻，詔改為「陂」，〔註18〕事見郭忠恕《佩觿》。

大夫必害於而家，諸侯必凶於而國。有位者固側頗僻而不安其分，小民亦僭忒而踰越其常。

「而家」「而國」，與皇極疇「而邦其昌」「好於而家」同，「而」字皆訓「汝」。彼「而邦」，指周言；此國字，指侯國言。大夫之家，諸侯之國，而謂之「而家」「而國」者，蓋王者一統天下，諸侯、大夫不敢有其室，雖寄治於諸侯、大夫，其實無非天子之家國也。天子不能作福作威，而使權移於下，是自害汝家，自凶汝國耳。魯用天子之禮樂，其流之弊，遂使季氏僭八佾，三家僭雍徹，陪臣執國命，是其驗也。

龜曰卜，蓍曰筮。

《輯纂》引東齋《集傳》云：〔註19〕「龜歲久則靈。蓍生百年，〔註20〕一本百莖，亦物之神靈者。卜筮實問鬼神，以蓍龜神靈之物，故假之以驗其卦兆。卜法，以明火爇柴，灼龜為兆。筮法，以四十九蓍，分掛揲扐，凡十有八變而成卦。」又西山蔡氏云：「皇極之君，以人謀未免乎有心，有心未免乎有私，此所以洗心齋戒，〔註21〕以聽天命，而無所容其心也。『擇建立卜筮人』者，非其人則不可，非其職則不專，必得其人而立之，然後乃可命之卜筮，定天下之吉凶，成天下之亹亹，非細事也。」

雨者如雨，其兆為水。霽者開霽，其兆為火。蒙者蒙昧，其兆為木。驛者，絡繹不屬，其兆為金。克者，交錯有相勝之意，其兆為土。

此五者，雖無一二之次，然立言自合五行之生序。蓋龜兆隨時而見，不如五事有先後之倫也。絡繹，孔氏作「落驛」，《疏》云：「希疏之意。」愚按：五兆，蔡氏與孔氏所釋大同，但孔氏不知為五行之兆耳。又《疏》云：「今之

〔註18〕「詔」，日本正保四年本作「詔」。
〔註19〕「東齋」，日本正保四年本作「東齊」。下同，不出校。
〔註20〕「蓍」，日本正保四年本作「耆」。
〔註21〕「齋」，日本正保四年本作「齊」。

用龜，其兆橫者為土，立者為木，斜向徑者為金，背徑者為火，因兆而細曲者為水。不知與此五者同異如何。」又《史記‧龜策傳》其兆有首仰、首俛、足開、足肹、音琴，斂也。橫吉之類。是漢太卜法，其文雖存，而今之學者亦罕通之。又《周禮‧太卜》：「掌三兆之法，其經兆之體，皆百有二十。其頌皆千有二百。」《疏》云：「體者，謂龜之金、木、水、火、土五兆之體。經兆之體者，名體為經也。」《占人》云：「凡卜筮，君占體，大夫占色，史占墨，卜人占坼。」《注》云：「體，兆象也。色，兆氣也。墨，兆廣也。坼，兆釁也。體有吉凶，色有善惡，墨有大小，坼有微明。尊者視兆象，卑者以次詳其餘也。」

內卦為貞，外卦為悔。

《朱子語錄》云：「『貞』訓『正』，事方正如此。悔吝，皆是事過後方有。內卦之占，是事正如此；外卦之占，是已如此。二字有終始之意。一貞八悔，如重乾，澤天夬，火天大有，雷天大壯，風天小畜，水天需，山天大畜，地天泰，內體是乾，是一貞；外體八卦，是八悔。餘仿此。」

《左傳》「蠱之貞風，其悔山」是也。

《疏》云：「僖十五年，秦伯伐晉，卜徒父筮之，其卦遇蠱。蠱卦巽下艮上。說卦云：『巽為風，艮為山。』其占，蠱之貞，風也；其悔，山也。是內卦為貞，外卦為悔也。筮法，爻從下起，故以下體為內，上體為外。下體為本，因而重之，故以下卦為貞。貞，正也，言下體是其正。鄭玄云：『悔之言晦。晦，猶終也。』晦是月之終，故以為終。言上體是其終也。下體言正，以見上體不正；上體言終，以見下體為始，二名互相明也。」

又有以遇卦為貞，之卦為悔，《國語》「貞屯、悔豫，皆八」是也。

《晉語》云：「公子親筮之，曰：『尚有晉國。』韋昭云：「命筮之辭也。」得貞屯、悔豫，皆八也。」韋昭云：「內曰貞，外曰悔。震在屯為貞，在豫為悔。八為震兩陰爻，〔註22〕在貞在悔，皆不利。」朱子《啟蒙》云：「三爻變，則占本卦之彖辭，而以本卦為貞，之卦為悔。」沙隨程氏曰：「晉公子重耳筮得國，遇『貞屯、悔豫，皆八』，蓋初與四、五，凡三爻變也。初與五用九變，四用六變，其不變者二、三、上。在兩卦皆為八，故云『皆八』。而司空季子曰：『皆利建侯。』」

舊說卜有玉兆、瓦兆、原兆，筮有《連山》《歸藏》《周易》者，非是。

《疏》云：「言『三人占』，是占此卜筮法，當有三人。」《周禮‧太卜》：

〔註22〕「為」，余氏勤有堂本、日本正保四年本、清鈔本作「謂」。

「掌三兆之法,一曰玉兆,二曰瓦兆,三曰原兆。掌三易之法,一曰《連山》,二曰《歸藏》,三曰《周易》。」三法並卜,法有一人,故三人也。又《周禮疏》云:「其形可占者,其象似玉、瓦、田之璺罅,謂破而不相離也。原,原田也。」杜子春云:「玉兆,帝顓頊之兆。瓦兆,帝堯之兆。原兆,有周之兆。」又云:「《連山》伏羲,《歸藏》黃帝。」鄭玄云:「夏曰《連山》,殷曰《歸藏》。」皇甫謐云:「夏人因炎帝曰《連山》,殷人因黃帝曰《歸藏》。」西山蔡氏曰:「恐非是。禹敘洛書之時,未有原兆與《周易》也。」

人一從而龜、筮不違者,亦吉。

卜筮有六條,第一是大同,最吉。第二是君從,第三卿士從,第四庶民從。此皆人一從而龜、筮不違者,為次吉。

龜從、筮逆,則可作內,不可作外。

是第五條,為次凶。

龜、筮共違,則可靜不可作。

是第六條,最凶。

然有龜從、筮逆,而無筮從、龜逆者,龜猶聖人所重也。〔註23〕**故《禮記》「大事卜,小事筮」,《傳》謂「筮短龜長」是也。**

僖公四年《左傳》云:「晉獻公欲以驪姬為夫人,卜之不吉,筮之吉。公曰:『從筮。』卜人曰:『筮短龜長,不如從長。』」杜預《注》云:「物生而後有象,象而後有滋,滋而後有數。龜象筮數,故象長數短。」又《朱子語錄》云:「易占不用龜,而每言蓍龜,皆具此理也。筮短龜長者,謂龜惟鑽灼之易,而筮有扐揲之煩。龜之兆,一灼便成,亦有自然之易。」

雨屬水,暘屬火,燠屬木,寒屬金,風屬土。

按朱子《太極圖解》:「水陰盛,故為雨;火陽盛,故為暘;木陽稺,故為燠;金陰稺,故為寒;土沖氣,故為風。」此序亦與五行生序同。

《漢志》引狐突金寒之言。

《五行志》:「貌之不恭,時則有服妖。」引《左傳·閔公二年》晉獻公使太子申生帥師,〔註24〕公衣之偏衣,佩之金玦,狐突歎曰:「尨涼冬殺,金寒玦離,胡可恃也。」師古曰:「金行在西,是謂之寒。」《輯纂》引新安陳氏

〔註23〕「猶」,文淵閣四庫本作「尤」。
〔註24〕「閔」,余氏勤有堂本、日本正保四年本、清鈔本作「愍」。

曰：「雨、暘、燠、寒，吳氏引證其屬水、火、木、金甚當。風之屬土，獨缺其證。當如《莊子》風生於土囊之口，及『大塊噫氣，其名為風』，證之風為土氣，豈不章章明矣乎？」又孔氏《疏》云：「風，土氣也。凡氣非風不行，猶金、木、水、火非土不處，故土氣為風。」葵初王氏曰：「吳斗南以雨、暘、燠、寒、風屬水、火、木、金、土，引證甚明，但風土無所證。今以孔氏、陳氏之說補之，極合造化。」愚按：五事，思曰睿，睿作聖；休徵曰「聖，時風若」，蓋思無不通。曰睿，有八風宣暢之象。

五行乃生數，自然之序。五事則本於五行，庶徵則本於五事，其條理次第，相為貫通。

一曰水，在事為貌，在徵為雨。二曰火，在事為言，在徵為暘。三曰木，在事為視，在徵為燠。四曰金，在事為聽，在徵為寒。五曰土，在事為思，在徵為風。皆自然之合也。

在天為五行，在人為五事。五事修，則休徵各以類應之；五事失，則咎徵各以類應之，自然之應也。然必曰某事得則某休徵應，某事失則某咎徵應，則亦膠固不通，而不足與語造化之妙矣。

愚按：蔡氏既曰「五事修，則休徵各以類應；五事失，則咎徵各以類應」，是其失得感應之條緒，有不可紊者矣。然又以「膠固不通，而不足與語造化之妙」者，是何言之相反也？此無他，蓋言理不可爽，事不可泥，以深懲漢儒穿鑿之弊，以解後世之惑耳。前言「自然之應」者，以其理有不可爽故也；後言「膠固不通」者，以其事有不可泥故也。且經文明言「念用庶徵」，又曰「王省惟歲」，且以五事之得失，詳著其效驗如此，是固人君之所必當省念，而克謹天戒者，豈妄為虛文，以厚誣天人哉？《朱子語錄》云：「今人讀《書》，麄心大膽，如何看得古人意思。如說『八庶徵』，這若不細心體識，如何會見得。『肅，時雨若』，肅是恭肅，便自有滋潤底意思，所以便說時雨順應之。『乂，時暘若』，乂是整治，便自有開明底意思，所以便說時暘順應之。『哲，時燠若』，〔註25〕哲是昭融，〔註26〕便自有和暖底意思，所以便說時燠順應之。『謀，時寒若』，謀是藏密，便自有寒結底意思，所以便說時寒順應之。『聖，時風若』，聖是通明，便自有爽快底意思，所以便說時風順應之。」愚按：漢儒以五行論災異，正為不知五行、五事皆有自然之序，而恣為穿鑿之說，其

〔註25〕「哲」，日本正保四年本、文淵閣四庫本、清鈔本作「晢」。
〔註26〕「哲」，日本正保四年本、文淵閣四庫本、清鈔本作「晢」。

言曰：「田獵不宿，飲食不享，出入不節，奪民農時，及有奸謀，則木不曲直。棄法律，逐功臣，殺太子，以妾為妻，則火不炎上。治宮室，飾臺榭，內淫亂，犯親戚，侮父兄，則稼穡不成。好攻戰，輕百姓，飾城郭，侵邊境，則金不從革。簡宗廟，不禱祠，廢祭祀，逆天時，則水不潤下。貌之不恭，是謂不肅。厥咎狂，厥罰恒雨，厥極惡。時則有服妖，時則有龜孽，時則有雞禍，時則有下體生上之痾，〔註27〕時則有青眚、青祥，唯金沴木。言之不從，是謂不乂〔註28〕。厥咎僭，厥罰恒暘，厥極憂。時則有詩妖，時則有介蟲之孽，時則有犬禍，時則有口舌之痾，時則有白眚、白祥，惟木沴金。視之不明，是謂不哲。〔註29〕厥咎舒，厥罰恒燠，厥極疾。時則有草妖，時則有蠃蟲之孽，〔註30〕時則有羊禍，時則有目痾，時則有赤眚、赤祥，惟水沴火。聽之不聰，是謂不謀。厥罰恒寒，厥極貧。時則有鼓妖，時則有魚孽，時則有豕禍，時則有耳痾，時則有黑眚、黑祥，惟火沴水。思心之不睿，是謂不聖。厥咎霧，厥罰恒風，厥極凶短折。時則有脂夜之妖，時則有華孽，時則有牛禍，時則有心腹之痾，時則有黃眚、黃祥，時則有金、木、水、火沴土。皇之不極，是謂不建。厥咎眊，厥罰恒陰，厥極弱。時則有射妖，時則有龍蛇之孽，時則有馬禍，時則有下人伐上之痾，時則有日月亂行，星辰逆行。」唐孔氏曰：「《洪範》本體與人主作法，皆據人主為說。《五行傳》曰：『貌屬木，言屬金，視屬火，聽屬水，思屬土。』《五行傳》，伏生之書也。」《漢書・五行志》云：「河圖、洛書，相為經緯；八卦、九章，相為表裏。昔殷道弛，文王演《周易》；周道敝，孔子述《春秋》。則《乾》《坤》之陰陽，效《洪範》之咎徵，天人之道，粲然著矣。漢興，承秦滅學之後，景、武之世，董仲舒治《公羊春秋》，始推陰陽，為儒者宗。宣、元之後，劉向治《穀梁春秋》，數其禍福，傳以《洪範》，與仲舒錯。至向子歆治《左氏傳》，其於《春秋》意亦已乖矣；〔註31〕言《五行傳》，又頗不同。是以擥仲舒，〔註32〕別向、歆，傳載眭孟、夏侯勝、

〔註27〕「痾」，文淵閣四庫本作「病」。下同，不出校。

〔註28〕「乂」，諸本作「艾」，據文淵閣四庫本改。

〔註29〕「哲」，余氏勤有堂本、通志堂經解本、清鈔本作「悊」，文淵閣四庫本作「哲」，據日本正保四年本改。

〔註30〕「蠃」，日本正保四年本、清鈔本作「贏」。

〔註31〕余氏勤有堂本、日本正保四年本、清鈔本無「於」字。

〔註32〕「擥」，通志堂經解本、文淵閣四庫本作「與」，據余氏勤有堂本、日本正保四年本、清鈔本改。

京房、谷永、李尋之徒，所陳行事，迄於王莽，舉十二世，以傳《春秋》，著於篇。」〔註33〕《朱子語錄》云：「伯謨云：『老蘇著《洪範論》，不取《五行傳》，而東坡以為漢儒《五行傳》不可廢。此亦自是。既廢，則後世有忽天之心。』先生曰：『漢儒也穿鑿。如五事，一事錯，則皆錯，如何卻云聽之不聰，則某事應？貌之不恭，則某事應？」西山蔡氏云：「君即五者之應，以察吾五事之得失。一事得，則五事從，休徵無不應矣；一事失，則五事違，咎徵無不應矣。鯀陻洪水，水失其性爾，而五行為之汨陳，以是理也。漢儒不得其意，而事為之說，〔註34〕驗之於古，則鑿而不經；推之將來，〔註35〕則膠而不應。又以福極強配五行，而以弱配皇之不極，非鑿歟？」復齋董氏曰：〔註36〕「仲舒、劉向《五行傳》以五行、五事、皇極、庶徵、福極五者牽合相從，至於庶徵分配五福，而六極衍其一，則於咎徵各增其一，曰『皇之不極，厥咎眊，厥罰常陰，厥極弱』。此則於箕文之外，別立此以遷就其說，其失箕子之意遠矣。」愚謂：《洪範》九章，五行居首，而其相貫者，五事、庶徵而已。漢儒分析六極，甚無謂也。蔡氏知其牽合穿鑿，泥於災異，將以防人君之失，而適以啟世主之惑，故深闢之，而又以其理有不可爽者，故以自然之應論之，可謂深切著明者矣。今以經之成文，事之定理，係其感應，約為條緒，遵蔡氏之旨，正漢儒之謬，曰：天有五行，散為五氣。順則時若，逆則恒若。人有五事，具為五德。修則徵休，過則徵咎。天人相應，理氣存焉。大君受命，欽若昊天。建其有極，惟謹厥德。反躬克念，休咎靡忒。天一生水，水性潤下。在事為貌，在氣為雨。貌德為恭，貌澤為水。恭而作肅，時雨順之；弗念而狂，恒雨順之。地二生火，火性炎上。在事為言，在氣為暘。言德惟從，言揚為火。從而作乂，時暘順之；弗念而僭，恒暘順之。天三生木，木性曲直。在事為視，在氣為燠。視德惟明，〔註37〕視散為木。明而作哲，〔註38〕時燠順之；弗念而豫，恒燠順之。地四生金，金性從革。在事為聽，在氣為寒。聽德惟聰，聽收為金。聰而作謀，時寒順之；弗念而急，恒寒順之。天五生土，土德稼穡。在事為思，在氣為風。思德惟睿，思通為土。睿而作聖，時風順之；弗念而蒙，

〔註33〕「著」，日本正保四年本作「若」。
〔註34〕「事」，日本正保四年本作「專」。
〔註35〕「推」，余氏勤有堂本、日本正保四年本闕文。
〔註36〕「齋」，日本正保四年本作「齊」。
〔註37〕「明」，余氏勤有堂本、日本正保四年本、清鈔本作「民」。
〔註38〕「哲」，文淵閣四庫本、清鈔本作「喆」。

恒風順之。人主一身，示天下準。財成輔相，惟明克允。匪曰一動，厥咎易彰；匪曰一言，厥休永臧。誠之於思，視聽無違。念茲庶徵，內外兩持。惟德惟至，惟義惟極。居中御外，孰曰罔克。斂茲五福，以錫萬邦。永孚於休，外順內昌。上帝降監，保茲皇極。於萬斯年，為民之式。

王者之失得，其徵以歲。卿士之失得，其徵以月。師尹之失得，其徵以日。

王者統卿士，卿士統師尹，如歲統月，月統日。故王者之省念，以歲計之，卿士以月計之，師尹以日計之。職任愈卑，則省念愈詳。師尹上之於卿士，卿士上之於天子，天子反躬自省，視吾之五事失得如何。或有大旱淫雨、愆陽伏陰之災，關一歲之利害者，王曰：「是吾之咎也。」一月之間，陰陽不和，卿士則曰：「是吾之咎也。」未及一月，以日計之，而亦為災害者，師尹則曰：「是吾之咎也。」蓋災害之大者，則上屬於君，其次則係於大臣，其次則係於群臣。上下之間，交相儆戒，不敢有一豪忽天之心，則必和氣致祥，休慶軿集，歲月日時，無所變易，而稼穡治功，人才家國，無不各順其宜矣。其或玩月愒日，昏迷天象，災眚薦至，若罔聞知，自下至上，互為欺蔽，積日至月，積月成歲，師尹不致其憂，卿士不疢其心，天子不能反躬修德，遂使日月至歲變其時，若百度皆廢，休咎所致，有如此者，可不謹哉？

好風者箕星，好雨者畢星。《漢志》言軫星亦好雨。此「雨」字誤，《漢志》作「風」。

《漢‧天文志》云：「箕星為風，東北之星也。及《巽》在東南，為風。風，陽中之陰，其星，軫也。月去中道，移而東北入箕，若東南入軫，則多風。西方為雨。雨，少陰之位也。月失中道，移而西入畢，則多雨。故《詩》云『月離於畢，俾滂沱矣』，言多雨也。」《晉志》亦言「軫主風」。

日有中道。中道者，黃道也。北至東井，去極近；南至牽牛，去極遠；東至角，西至婁，去極中。日極南至於牽牛，則為冬至；極北至於東井，則為夏至；南北中，東至角，西至婁，則為春、秋分。

此皆據《漢志》文。愚謂：天體至圓，非有界限為日、月、五星之道路也。惟有經星綴天不動，可借之以誌界限，於是記取日所經歷之處。周圍有二十八星，名曰二十八舍。又記取日行之路，名曰黃道。黃道貫穿二十八舍之間，斜繞天腹，一日行一周，而不及天少許。蓋天亦動，日亦動，皆自東而西，天至健，一晝夜一周而過一度。初不知其為一度也，則見日行於內，

一晝夜恰一周，而不及天所攙過者，積三百六十五日四分日之一，而日行恰退過一周，遂即其所誌二十八舍，分為三百六十五度四分度之一。蓋以日一日不及天少許之處，為一度地位也。其黃道既斜繞天腹，則去北極自有遠近。所謂「北至東井，去極近；南至牽牛，去極遠」者，北至者，夏至之時也；南至者，冬至之時也。東井本在南方朱鳥七宿中，牽牛本在北方玄武七宿中，今以夏至日行在人間天北井度，近於北極；冬至日行在人間天南牛度，遠於北極，故曰「北至東井，去極近；南至牽牛，去極遠」也。東至角，為秋分，日行所退之處；西至婁，為春分，日行所退之處。此云東西者，則按天圖言之。角在東方七宿，婁在西方七宿也，又非人間之東西也。日至牽牛而為冬至，在東井而為夏至，在婁為春分，在角為秋分，此皆漢曆然也。天運於外，日行於內，每歲有差，至八十餘年，則差一度。唐一行謂：「堯時冬至，日在虛一度。及開元甲子，卻差三十六度。」自開元至於今，又不同矣。今則北至井四，南至斗初，東至軫二，西至壁九，與漢不同。漢曆亦與周初不同也，而蔡氏引之者，亦示人以曆法大概，使學者知日月之行，所以有冬有夏者如此耳。

月有九行。九行者，黑道二，出黃道北；赤道二，出黃道南；白道二，出黃道西；青道二，出黃道東，並黃道為九行也。立春、春分從青道，立秋、秋分從白道，立冬、冬至從黑道，立夏、夏至從赤道。

此亦據《漢志》文。又按《大衍曆》云：「凡合朔所交，冬在陰曆，夏在陽曆，月行青道。冬至、夏至後，青道半交在春分之宿，當黃道東。立冬、立夏後，青道半交在立春之宿，當黃道東南。至所衝之宿，亦如之。冬在陽曆，夏在陰曆，月行白道。冬至、夏至後，白道半交在秋分之宿，當黃道西。立冬、立夏後，白道半交在立秋之宿，當黃道西北。至所衝之宿，亦如之。春在陽曆，秋在陰曆，月行朱道。春分、秋分後，朱道半交在夏至之宿，當黃道南。立春、立秋後，朱道半交在立夏之宿，當黃道西南。至所衝之宿，亦如之。春在陰曆，秋在陽曆，月行黑道。春分、秋分後，黑道半交在冬至之宿，當黃道北。立春、立秋後，黑道半交在立冬之宿，當黃道東北。至所衝之宿，亦如之。四序離為八節，至陰陽之所交，皆與黃道相會，故月有九行。其去黃道六度。凡日以赤道內為陰，外為陽；月以黃道內為陰，外為陽。」愚嘗思之，月有九行，合洛書九宮之數；分為八節，合洛書八方之數；每一節四十五日，合洛書之目數；五日為一候，九候為一節，合洛書九數。皆以五為宗也，故五九四十五日也。一節四十五日，八節各三百六十日，為一期之數也。洛書縱橫十五，故月十

五日而望也。一六配黑道，三八配青道，四九配朱道，二七配白道，〔註 39〕
五配黃道。六為老陰，一合五亦為六，在北為立冬、冬至。八為少陰，三合五
亦為八，在東為立春、春分。九為老陽，四合五亦為九，在南為立夏、夏至。
七為少陽，二合五亦為七，在西為立秋、秋分。

月行東北，入於箕則多風；月行西南，入於畢則多雨。「南」字衍文，
《漢志》無「南」字。

《朱子語錄》云：「問：箕星好風，畢星好雨。曰：箕是簸箕，以其簸揚
而鼓風，故月宿之則風。古語云：『月宿箕，風揚沙。』畢是叉網，漉魚底叉
子，亦謂之畢。漉魚，則其汁水淋漓而下，若雨然。畢星名義，蓋取此。今畢
星上有一柄，下開兩叉，形象亦類畢，故月宿之則雨。《漢書》謂月行東北入
箕，若東南入軫則風者，軫是東南方，屬巽，為風，所以好風。恐未必然。」

**五福、六極，在君則係於極之建不建，在民則由於訓之行不行，感
應之理微矣。**

人君建其有極，而民人會極歸極者，所謂理一也。福有五而極有六者，
所謂分殊也。夫死生禍福，貧富壽夭，得於有生之初，各有一定之分，而不可
移者，今而嚮用五福，所以勸善；威用六極，所以懲惡。然則福極果出於人
力，而不謂命哉？曰：不然。皇極之理，與天為一，故栽者培之，傾者覆之，
天之道也。天者，理之所自出也。皇極既建，是訓是行，此天之所培也。嚮用
五福，固有可致之理也。背道滅德，自暴自棄，此天之所覆也。威用六極，固
有可召之機。其福極之本，皆原於氣。壽得氣之長，富得氣之厚，康寧得氣之
安，攸好德得氣之純，考終命得氣之正，凶得氣之暴，短折得氣之促，疾得氣
之疵，憂得氣之鬱，貧得氣之薄，惡得氣之沴，弱得氣之衰，無非氣稟之所為
者。然氣非理無所主，理無不善，有生之後，氣拘物蔽，在乎善返其初與否
耳。理順則氣順，順則為福，蓋理之所至，氣亦隨之而化，故曰禍福無不自己
求之者。皇極之君，德盛仁熟，斂福於身，推以為訓，而與民由之，所謂錫福
也。其或自外於聖人之天，而無攸好德之實，則鮮不陷於六極矣。雖然，有常
有變，為善致福，為惡致禍，此常也；盜跖之壽，顏淵之夭，此變也。君子語
常而不語變，盍惟於吾心之天求之。《輯纂》董氏曰：「自『初一曰五行』至
『威用六極』，禹之本文，九疇之經也。自『一五行』至篇終，箕子之敘論，

〔註39〕「七」，清鈔本作「十」。

九疇之傳也。先經以明其綱，後傳以詳其目，《洪範》可得而讀矣。蓋天地之所以為造化者，陰陽五行而已，聖人不能違也。天地以其氣生育民物，而理行乎其中；聖人以其理修己治人，而氣參乎上。大抵一二三四皆經常之疇，法天以治乎人者也；六七八九皆權變之疇，即人以驗諸天者也。而『五皇極』一疇，則守常制變之主，與天為徒，為民之則者也。《洪範》法之大，不出九疇外，則彝倫道之常，即在九疇中矣，舍是何以敘彝倫哉？」

書蔡氏傳旁通卷第四下

旅獒

　　九夷、八蠻，多之稱也。《職方》言四夷、八蠻，《爾雅》言九夷、八蠻，但言其非一而已。

　　《周禮注》云：「東方曰夷，南方曰蠻。四、八，周之所服國數也。」《爾雅注疏》云：「東夷有九種，一曰玄菟，二曰樂浪，三曰高驪，四曰蒲飾，五曰鳧臾，六曰索家，七曰東屠，八曰倭人，九曰天鄙。」八蠻者，李巡云：「一曰天竺，二曰咳首，三曰僬僥，四曰跛踵，五曰穿胸，六曰儋耳，七曰狗軹，八曰旁春。」

　　武王克商之後，威德廣被九州之外，蠻夷戎狄莫不梯山航海而至。

　　按《汲冢周書・王會篇》所載，蠻夷戎狄所獻，有曰稷慎文璧，曰穢人前兒，曰良夷在子，曰揚州禺魚，曰發人鹿人，曰俞人雖馬，曰青丘狐九尾，曰周頭抵輝，曰黑齒白鹿白馬，曰白民黃乘，曰東越海蚃，曰甌人蟬蛇，曰於越納，曰姑妹珍，曰且甌文蜃，曰共人玄貝，曰海陽大蟹，曰自深桂，曰會稽鼃，曰義渠茲白，曰央林尊耳，曰唐戎閭，曰渠叟㹮犬，曰樓煩星施，曰卜盧以牛，曰區陽鼈封，曰規矩麟，曰西申鳳鳥，曰氐羌鸞鳥，曰巴人比翼鳥，曰方煬皇鳥，曰蜀人文翰，曰方人孔鳥，曰卜人丹砂，曰夷閭木，曰康民桴苡，曰州靡費費，曰都郭生生欺羽，曰奇幹善芳，曰高夷嗛羊，曰獨鹿邛邛距虛，曰孤竹距虛，曰不令支玄獏，曰不屠何青熊，曰東胡黃羆，曰山戎戎菽，曰般吾白虎，曰屠州黑豹，曰禺氏騊駼，曰大夏茲白牛，曰犬戎古皇之乘，曰楚數每牛，曰匈奴狡，曰權扶玉自，曰白州比閭，曰禽人管，曰路人大竹，曰

長沙鼈，曰魚復鼓鍾鍾牛，曰蠻楊之翟，曰倉吾翡翠。《正義》所謂「《王會》備焉」者，此也。

犬高四尺曰獒。

據《爾雅》。

《公羊傳》曰：「晉靈公欲殺趙盾，盾躇階而走。」

見宣公六年。躇，丑略反。何休《注》云：「躇，猶超遽，不暇以次。」

太保，召公奭也。《史記》云：「與周同姓，姬氏。」

《史記注》譙周云：「周之支族，食邑於召。」《索隱》云：「召者，畿內采地。或者謂文王取岐周故墟召地，分爵二公，故《詩》有《周》《召》二南，言皆在岐山之陽，故言南也。後武王封之北燕，以元子就封，而次子留周室，代為召公。至宣王時，邵康公虎其後也。」

謹德，蓋一篇之綱領。

新安陳氏云：「一篇皆自『明王慎德』一句推廣之，曰『昭德之致』，曰『惟德其物』，曰『德盛不狎侮』，〔註1〕曰『玩人喪德』，曰『終累大德』，德之一辭，諄諄焉。惟慎德，所以自能致貢物；惟所貢無異物，所以見其慎德。若奇玩之物，非所當獻，亦非所當受，一受之，則荒怠之心生，而慎德之意失矣。」

其所貢獻，惟服、食、器用而已，無異物也。

《正義》云：「玄纁、絺紵，供服也。橘柚、菁茅，供食也。羽毛齒革、瑤琨篠簜，供器用也。」

如分陳以肅慎氏之矢。

《魯語》云：「仲尼在陳，有隼集於陳侯之庭而死，楛矢貫之，石砮，其長尺有咫。陳惠公使人以隼如仲尼之館問之。仲尼曰：『隼之來也遠矣。此肅慎氏之矢也。昔武王克商，通道於九夷、百蠻，使各以其方物來貢，使無忘職業。於是肅慎氏貢楛矢、石砮，其長尺有咫。先王欲昭其令德之致遠也，以示後人，使永監焉，故銘其楛曰「肅慎氏之貢矢」，以分太姬，配虞胡公，而封諸陳。古者分同姓以珍玉，展親也；分異姓以遠方之職貢，使無忘服也。故分陳以肅慎氏之貢。君若使有司求諸故府，其可得也。』使求之，得之金櫝，如之。」

〔註1〕「侮」，文淵閣四庫本作「悔」。

分魯以夏后氏之璜之類。

《左·定四年》衛子魚曰：「昔武王克商，成王定之，選建明德，以藩屏周。故周公相王室，以尹天下，於周為睦。分魯以大路、大旂，夏后氏之璜，封父之繁弱，殷民六族。〔註2〕分康叔以大路、少帛、綪茷、旃旌、大呂，殷氏七族。分唐叔以大路、密須之鼓、〔註3〕闕鞏、甲名也。沽洗，懷姓九宗，職官五正。」

不役於耳目之所好。

不為聲色所役也。《心箴》云：「心為形役，乃獸乃禽。」

周穆王得白狐、白鹿，而荒服因以不至。「狐」，當作「狼」。

《史記》：「穆王將征犬戎，祭公謀父諫。王遂征之，得四白狼、四白鹿以歸，自是荒服者不至。」

以武王之聖，召公所以警戒之者如此。

董氏曰：「聖人不以細行而不謹，大臣不以細過而不諫。此古之所以君明臣良，而後世鮮儷也。漢文帝無太保之訓，而卻千里馬，其賢矣哉。」

金縢

藏於金縢之匱。

王曰休曰：「縢，緘也。以金緘封，若金鎖然。」〔註4〕鄭氏曰：「凡藏秘書，皆然，非始周公。」

築土曰壇，除地曰墠。

築土，封土也。除地，平地也。鄭玄云：「時為壇墠於豐。壇墠之處，猶存焉。」

《詩》言「圭璧既卒」。

《雲漢》之辭。既卒，既盡用也。

《周禮》「祼圭以祀先王先公」。

《冬官·玉人》云：「祼圭，尺有二寸，有瓚，以祀廟。」瓚如盤，其柄為圭也。林氏云：「植璧於壇，秉圭於手。」愚案：祼圭有瓚，非所秉者。所

〔註2〕「民」，余氏勤有堂本、日本正保四年本作「氏」。
〔註3〕「鼓」，文淵閣四庫本作「鼓」。
〔註4〕「金鎖」，余氏勤有堂本、日本正保四年本、清鈔本作「今鎖」。

秉於手者，乃桓圭、信圭、躬圭耳，當如《雲漢》總為禮神之玉。若為所秉於手者，則非祼圭也。故孔《注》以為周公秉桓圭以為贄，蔡氏雖以為祼圭，而遂不容解「秉」字。要之，周公當時亦無酌酒降神之事，當依古注為是。

若爾三王，是有丕子之責於天。蓋武王為天元子，三王當任其保護之責於天，不可令其死也。「於天」之下，疑有闕文。舊說謂天責取武王者，非是。

新安陳氏曰：「蔡氏謂任保護之責於天，未然。惟不用師說，所以疑『於天』之下有缺文。」《朱子語錄》云：「此一段，先儒都解錯了，只有晁以道說得好。他解『丕子之責』，如史傳中『責其侍子』之『責』。蓋云上帝責三王之侍子。〔註5〕侍子，指武王也。上帝責其來服事左右，故周公乞代其死。言三王若有侍子之責於天，則不如以我代之。我多材多藝，能事上帝；武王不若旦多材多藝，不能事鬼神，不如且留他在世上，定你之子孫與四方之民。文意如此。」

周公忠誠切至，欲代其死，以輸危急。

林氏曰：「旦多材藝，元孫之死，不若旦之死。元孫能畏服四方，則旦之生，不若元孫之生。」

習，重也，謂三龜之兆一同。開籥見卜兆之書，乃並是吉。

蔡氏及古注皆不明指「是」字為何物，所並者何兆。愚竊謂：以三龜卜之，見兩兆皆吉，故云「一習吉」。及啟籥見書，乃云並此兆亦吉也。

體，兆之體也。

薛氏曰：「體，與《詩》『爾卜爾筮，體無咎言』之『體』同。《周禮・占人》云：『凡卜，君占體，大夫占色，史占墨，卜人占坼。』然證以《詩》之語，則卜看兆體，亦可通上下言之。」

翼日，公歸之明日也。瘳，愈也。

林氏曰：「請代武王之死者，周公之本心也。王瘳而公不死者，天也，非人之所能為也。」

孺子，成王也。

案《稽古錄》：「武王克商，七年而崩，子成王誦立。成王年十三，周公為冢宰，攝行天子事。」據此，則武王克商二年病，時成王僅八歲，故不知卜

〔註5〕「云」，清鈔本作「去」。

事。至此十三歲而即位，聞流言。周公居東二年，則成王已十五歲，所謂「五尺童子」也，故稱「孺子」「沖子」。自成王即位，至周公復辟時，凡七年，而成王二十歲，所謂「六尺之孤」也。

流言，無根之言，如水之流，自彼而至此也。

《詩疏》云：「流，謂水流。造作虛言，使人傳之，如水之流然。」

辟，讀為避。鄭氏《詩傳》言「周公以管、蔡流言，辟居東都」是也。

見《七月》詩序下。《詩疏》云：「居東者，出處東國，待罪，以需王之察己，是說避居之意也。周公避居東都，史傳更無其事。古者避、辟、扶亦反。譬、僻皆作『辟』字，而借聲為義。鄭讀『辟』為『避』，故為此說。」朱子《與蔡仲默書》云：「『弗辟』之說，只從鄭氏為是。向董叔重得書，亦辨此一條，一時信筆答之，謂當從古注說。後來思之不然。是時三叔方流言於國，周公處兄弟骨肉之間，豈應以片言半語，便遽然興師以誅之？聖人氣象，大不如此。又成王方疑周公，周公固不應不請而自誅之；若請於王，王亦未必見從，則當時事勢，亦未必然。雖曰聖人之心，公平正大，區區嫌疑，似不必避，但舜避堯之子於南河之南，禹避舜之子於陽城，自是合如此。若居堯之宮，逼堯之子，即為篡矣。又謂成王疑周公，故周公居東，不幸成王終不悟，不知周公如何處。愚謂周公亦惟盡其忠誠而已。」

鴟鴞，惡鳥也，以其破巢取卵，比武庚之敗管、蔡及王室也。

嚴氏《詩緝》云：「鴟鴞，惡聲之鷙鳥，喜破鳥巢而食其子。託為鳥之愛其巢者，呼鴟鴞而告之曰：汝先已取我子食之矣，無更毀我巢也。喻為惡者既陷管、蔡於罪矣，無更謀危王室也。恩愛勤勞，鬻養此子，〔註6〕誠可傷憫。今既取之，其毒甚矣，況又毀我巢乎？」程子曰：「鴟鴞謂為惡者，子喻管、蔡，室喻王室。」呂氏曰：「殷民流言，中傷周公，謀危王室，故周公曰：管、蔡親也，爾既以惡污染，使陷於罪，是害我兄弟矣。又欲謀危王室，則不可也。」

誚，讓也。

讓，責也。呂氏曰：「王欲誚公而未敢，所謂未敢，則悔過之根本也。」

新，當作「親」。

案：陸氏《釋文》云：「新逆，馬本作『親逆』。」

〔註6〕「鬻」，日本正保四年本作「毓」。

大誥

三叔懼，遂與武庚叛。

東齋陳氏曰：「武王以公義封武庚，而不虞其怨；以親愛用三叔，而不料其反，仁人之過也。使舍武庚而立微子，三監雖欲叛而不從；舍三叔而任他人，武庚雖欲反而不敢。」《朱子語錄》云：「當初紂之暴虐，天下之人胥怨，無不欲誅之。及武王既奉天下之心以誅紂，於是天下之怨皆解，而歸德於周矣。然商之遺民，及與紂同事之臣，一旦見故主遭人戮，宗社為墟，寧不動心？茲固叛心之所由生也。蓋始於苦紂之暴，而欲其亡，固人之心；及紂既死，則怨已解，而人心復有所不忍，亦事勢人情之必然者。又況商之流風善政，畢竟尚有在人心者，及其頑民感商恩意之深，此其所以叛也。後來樂毅伐齊，亦如此。」

紹介天明，以定吉凶。

《韻會》云：「紹介，行也，謂行人之副也。」《書疏》云：「天道玄遠，龜是神靈，能傳天意，以示吉凶，故疑則卜之，以繼天明道。」林氏曰：「天之吉凶，示人甚明。然其道幽冥，無介紹以傳其意，惟卜之以龜，則天之明曉可見。」

反鄙邑我周邦。

《左傳·宣十四年》宋華元曰：「過我而不假道，鄙我也。鄙我，亡也。」杜預云：「以我比其邊鄙，是與亡國同。」

微子之命

成王既殺武庚，封微子於宋，以奉湯祀。

林氏曰：「不曰『宋公之命』而曰『微子之命』，蓋周以賓待之，非欲臣之也。」吳氏曰：「武王克殷，封武庚於殷墟，封微子於宋。《樂記》曰：『武王下車，投殷後於宋。』是也。及武庚叛，成王殺之，始即微子已封之宋國，建之為上公，以奉湯祀。蓋申命之書，非先未封，至此始封也。《史記·世家》言：『周公既承王命，誅武庚，乃命微子代殷後，奉先祀，作《微子之命》以申之。』其說為是。且武王猶封箕子於朝鮮，豈有捨微子不封，待成王而後封乎？」新安陳氏曰：「殺武庚，始命微子奉湯祀者，蓋紂以嫡子立為天子。武庚，紂子，實為大宗子，微子不過支子耳。武庚在，為殷後奉湯祀者，武庚也，微子不得與也。武庚死，殷命黜，微子始得代之為殷後歟。」

微子，帝乙之長子，紂之庶兄也。

《正義》曰：「《呂氏春秋·仲冬紀》云：『紂之母生微子啟與仲衍，尚為妾，已而為妻，後生紂。紂父欲立啟為太子，太史據法而爭之，曰：「有妻之子，不可立妾之子。」故紂為後。』」鄭云：「微子啟，紂同母庶兄也。」

宋、亳在東，故曰東夏。

自豐、鎬言之，則宋在東。宋國，即隋之宋州，唐之睢陽郡，宋升應天府。今為歸德府，屬河南，即高辛氏闕伯所居商丘也，有微子墓。

服命，上公服命也。

《周禮·典命》云：「上公九命為伯，其國家、宮室、車旗、衣服、禮儀皆以九為節。」《司服》云：「公之服，自袞冕而下，如王之服。」

康誥

武王誥命為衛侯。

《朱子語錄》云：「五峰胡氏於《皇王大紀》考究得《康誥》非周公、成王時，乃武王時，蓋有『朕其弟』之語，若成王，則康叔為叔父矣。又首尾只稱『文考』，成王、周公必不只稱『文考』。又有『寡兄』之語，亦是武王自稱無疑，如今人稱『劣兄』之類。又唐叔得禾，傳記所載，成王先封唐叔，後封康叔，決無姪先叔之理。」

武王分封之時，年已九十。

武王年九十三而終，克商後七年而崩，則克商時已八十六歲，及至分封，則近九十矣。

衛康叔封布茲。

徐廣曰：「茲者，籍席之名。諸侯病曰負茲。」《索隱》曰：「茲，一作莁，公明草也。言茲，舉成器；言莁，見潔草也。」

三月，周公攝政七年之三月也。始生魄，十六日也。蘇氏曰：「此《洛誥》之文，當在『周公拜手稽首』之上。」

新安陳氏曰：「初基，定基址也。鎬在西，洛在東，故曰東國洛。見士，朝見而趨事也。民大和會，人心本自和也；播民和，因人心之和，而播敷宣暢其和也。悅以使民，民忘其勞，公不忘民之勞，而勤勞之，所以得民心也。以《召誥》考之，周公以三月十二日乙卯至洛，先觀召公營洛規模；十四日丁

巳，行郊禮；十五日戊午，行社禮；十六日己未，初基作洛。繼此五日內，號召齊集，計度區畫，分配科派；至二十一日甲子朝，乃用書命庶殷，諸侯丕作。《召誥》所謂『用書命』『丕作』，即此所謂『洪大誥治』也。如《召誥》傳中，引《春秋傳》云云之類。參以《召誥》，日月吻合。《洛誥》冠以此九句，方有頭緒，強附之此，全不相應。其為《洛誥》脫簡，何可疑者。諸家阿附牽強解之，非矣。」

孟，長也，言為諸侯之長。

吳氏曰：「《詩序》言『衛不能修方伯連率之職』，康叔之為方伯無疑。」

明德慎罰，一篇之綱領。

林氏曰：「案：蘇忿生以溫為司寇，《立政》『司寇蘇公』是也。又定四年云：『武王之母弟八人，康叔為司寇。』則康叔以衛侯入繼蘇公為之，故並以詰奸刑暴之事告之。」

臬，法也，為準限之義。

東齋陳氏曰：「臬，門捆也，有限準之義，故以訓『法』，猶謂法為律也。」愚案：律，即黃鐘十二律也，〔註7〕毫釐不可差，刑法亦然，故稱法為律。

呂氏曰：「外事，衛國事也。《史記》言康叔為周司寇。職任內事，故以衛國對言為外事云云。」異時成王或舉以任司寇之職，而此未必然也。

新安陳氏曰：「《左傳·定公四年》有曰『武王之母弟八人，周公為太宰，康叔為司寇』，則康叔以諸侯入為王朝之卿，明矣。為司寇與即衛封，兩不相妨，往來乎朝廷、邦國之間，何往不可？呂氏『內事』『外事』之說極當，蔡氏何必疑之，而乃添出『異時成王或舉以任司寇之職』一句，適以助後世成王封康叔之說，何也？權用殷罰有倫者，正是初得天下，初分封時事。若是後來，何必師用殷罰為哉？味此語，愈見得此為武王之書也。」

要囚，獄辭之要者也。

東齋陳氏曰：「要者，結罪之辭。要囚，謂結定其囚之罪也。蔽要囚，謂斷其所結定之囚，猶今世引斷也。今世大辟，囚已結罪，後猶有審覆經年者。」

顛越人。

《疏》云：「謂不死而傷。」

〔註7〕「鐘」，余氏勤有堂本、日本正保四年本、清鈔本作「鍾」。

戛，法也。

新安陳氏曰：「蔡訓『戛』為『法』，未見所本。」愚案：《釋詁》以典、彝、法、則、律、戛皆訓「常」，郭《注》云：「皆謂常法耳。」《疏》引「不率大戛」，蔡氏蓋據此也。

酒誥

妹邦，即《詩》所謂「沬鄉」。

孔氏曰：「妹地，紂所都朝歌以北是。」薛氏曰：「妹，古沬字，水名，因水名地。」愚案：古文水名多從女，如嬀水、姜水是也。《毛詩傳》云：「沬，衛邑也。」

穆，敬也，《詩》曰「穆穆文王」是也。或曰：文王世次為穆，亦通。

新安陳氏曰：「案：『昭穆』之穆，與《左傳》合，不易之論。以穆考為『穆穆』之穆，則《詩》稱武王曰『率見昭考』，此昭字，又如何訓耶？穆穆之證，非也。」

天始令民作酒。

《疏》云：「《世本》云『儀狄造酒』，又云『杜康造酒』，本人以意為之。今言『天降命』，蓋人為亦天之所使也。」

酒之禍人也，而以為天降威者，禍亂之成，是亦天耳。

新安陳氏曰：「『天降命』與『天降威』當對觀。設酒之初意，本為祭祀，乃天之降命也；酒之流生禍，亦天之降威也。酒一而已，用以祀者，此酒也；喪德喪邦者，亦此酒也。天理人欲，同行異情。人之於酒，知其祭祀而本於降命之天，又能於燕飲而凜然知有降威之天，則天理行而人欲室，方無酒禍矣。」史氏漸曰：「吾切喜衛人何其服《酒誥》之訓，世守於無窮也。始也商俗淫湎，武王以《酒誥》戒之；逮幽王之世，上下沈湎，衛武公作《賓之初筵》，以見衛人非特一時聞訓，不敢自越於禁防，又能以其所以為禁防者，傳為子孫法焉。」

肇，敏。

葵初王氏曰：〔註8〕「『肇』訓『敏』，未可曉。」愚案：《釋言》云：「肇，敏也。」郭云：「肇牽車牛。」蔡氏正據此，而葵初妄譏。甚矣，學不可不博。

〔註8〕「葵」，日本正保四年本作「蔡」。

汝當用力戒謹殷之賢臣,與鄰國之侯、甸、男、衛,使之不湎於酒。

林氏曰:「康叔為諸侯長,故劼毖及侯、甸、男、衛。」

太史掌六典、八法、八則,內史掌八柄之法。

太史、內史,在《周官》為宗伯屬。而六典、八法、八則,則冢宰所建,以治百官。而太史又建六典,以為王逆邦國之治,掌法以逆官府之治,掌則以逆都鄙之治。太宰既以八柄詔王,〔註9〕內史又居中貳之,以詔王治。六典,治典、教典、禮典、政典、刑典、事典也。八法,官屬、官職、官聯、官常、官成、官法、官刑、官計也。八則,祭祀、法則、廢置、祿位、賦貢、禮俗、刑賞、田役也。八柄,曰爵,曰祿,曰予,曰置,曰生,曰奪,曰廢,曰誅也。薛氏曰:「二史掌邦法,在王朝則貳冢宰,在侯國則居賓友之地。」陳氏傅良曰:「諸侯有太史無內史,內史惟天子有之。內史是商之故臣,康叔所當親之為友者也。」愚案:此章冠之以「汝劼毖殷獻臣」,當如陳氏說。

位三卿者。

大國三卿也。

圻父,政官,司馬也,主封圻。

圻,《詩》作「祈」。毛云:「祈父,司馬也,職掌封圻之兵甲。」《釋文》云:「封圻,當作『畿』。古作祈、圻、畿同。」《大司馬》云:「制畿封國,以正邦國。」

農父,教官,司徒也,主農。

《大司徒》云:「以土會之法,辨五地之物生。以土宜之法,辨十有二土之名物,以任土事。辨十有二壤之物,而知其種,以教稼穡樹藝。以土均之法,辨五物九等,制天下之地征。乃經土地,而井牧其田野。」凡此皆農事既富,而後教先王之政也。

宏父,事官,司空也,主郭地居民。

《周官》云:「司空掌邦土,居四民,時地利。」《正義》云:「諸侯三卿,以上有司馬、司徒,故知宏父是司空。宏,大也。言大父者,以營造為廣大國家之父。」

〔註9〕「王」,日本正保四年本作「土」。

群飲，蓋亦當時之法，其詳不可得而聞矣。

《史記》注云：「漢律：三人已上，無故群飲，罰金。故賜酺得會聚飲食。」《酒誥》群飲之執，其類此歟？

梓材

大家，孔氏曰：「卿大夫及都家也。」

《正義》云：「卿大夫，在朝者。都家，亦卿大夫所得邑也。又公邑而大夫所治，亦是也。」愚案：定四年云：「分康叔殷民七族，陶氏、施氏、繁音婆。氏、錡氏、樊氏、饑氏、終葵氏。」即衛之大家也。

《律》所謂知情、藏匿、貲給。

三者皆因罪人所歷過，或知情，或藏匿，或貲給之。貲，當作「資」，以貲資之也。

《漢律》所謂「痏」也。

痏，《說文》云：「毆傷也。」諸氏切。

此章文多未詳。

新安胡氏曰：「蔡《傳》僅訓字，而云『多未詳』，信當缺之。愚以意解之云：汝若常言及曰：我固有官師為師，三卿及正官之長，及眾大夫，然必自曰我不可厲虐殺人。亦以為人上者，當率先恭敬勞來，故在下者無往而不恭敬勞來矣。惟其有欽恤之心，勞來之意，其用刑也，故於往日為奸為宄，或殺人，或歷人，皆宥之。故亦於見其君事，而有毀傷人者，亦宥之。往日紂在時也，『見厥君事』，亦紂事也。蓋商紂之時，其民多有為惡者，康叔於此不當追咎於既往，而與之更新可也。」

康叔所封，亦受畿內之民，當時亦謂之監。

受，紂也，非「授受」之「受」。東齋陳氏曰：「康叔，孟侯，故稱之為監。」

敷菑，廣去草棘也。

敷，廣也。《爾雅》云：「田一歲曰菑。」郭璞云：「江東呼初耕地反草為菑。」

畎，通水渠也。

《周禮·匠人》：「為溝洫，廣尺、深尺曰畎。」〔註10〕

〔註10〕「曰」，余氏勤有堂本、日本正保四年本作「田」。

塗墍，泥飾也。

《說文》云：「墍，仰塗也。」〔註11〕

茨，蓋也。

《穀梁傳》注云：「茨，謂茅蓋屋也。」

梓，良材。

梓，木名。

臒，采色之名。

《正義》云：「臒是采色之名，有青色者，有朱色者。鄭玄引《山海經》云：『青丘之山，多有青臒。』此經知是朱者，與『丹』連文故也。」

樸斲以喻制度。

陳東齋云：「具粗曰樸，致巧曰斲。」

肆，今也。

新安陳氏曰：「蔡氏訓『肆』為『今』，未安。」愚案：《釋詁》云：〔註12〕「肆、故，今也。」郭云：「肆既為故，又為今；今亦為故，故亦為今。」蔡氏正據此，陳氏未考耳。

監，視也。此人臣祈君永命之辭也。案：《梓材》有「自古王若茲，監罔攸辟」之語，而編《書》誤以「監」為句讀，而爛簡適有「已若茲監」之語，以為意類，合為一篇，而不知其句讀之本不同，文義之本不類也。

新安陳氏曰：「『已若茲監』與『自古王若茲監』相似而實不同。上文之監，平聲，三監之監。此之監，去聲，監觀之監。已乎！君其監觀於茲。臣所祈於君，惟曰欲自今至於萬年，當為天下王，王之子子孫孫永保民而已。其人臣祈君永命，忠愛無窮之心歟。」

〔註11〕「仰」，日本正保四年本作「飾」。
〔註12〕「詁」，日本正保四年本作「詔」。

書蔡氏傳旁通卷第五

召誥

武王克商，遷九鼎於洛邑。

見《左傳‧桓二年》。又宣三年云：「王孫滿對楚子曰：『昔夏之方有德也，遠方圖物，貢金九牧，鑄鼎象物，以承天休。桀有昏德，鼎遷於商，載祀六百。商紂暴虐，鼎遷於周。成王定鼎於郟鄏，卜世三十，卜年七百，天所命也。』」

《史記》載武王言：「我南望三途，《史》作「塗」。北望嶽鄙，顧詹有河，粵詹洛、伊，毋遠天室，營周居於洛邑而後去。」

《史記索隱》云：「杜預曰：『三塗，山名，大行、轘轅、崤黽也。在陸渾縣南。』嶽，蓋河北太行山。鄙，都鄙，謂近嶽之邑。」愚謂：「顧詹有河」，謂回視河水在後也。「粵詹雒、伊，毋遠天室」，《史記正義》謂：「粵者，審慎之辭。言審慎詹雒、伊二水之陽，無遠離此為天室也。」愚謂：粵與越同，及也。及視雒、伊二水之傍，若天室之所在，宜為王者之都，毋捨此而遠去也。天室，猶天府也。

既望，十六日也。乙未，二十一日也。

林氏曰：「《漢志》曰：『周公攝政七年，二月乙亥朔，庚寅既望。』故二十一日為乙未。」

戊申，三月五日也。

《漢志》曰：「三月甲辰朔，三日丙午。」愚案：二月小盡，故三月得甲辰朔，五日得戊申。

規度其城郭、宗廟、郊社、朝市之位。

《周禮》:「匠人營國,方九里,旁三門。國中九經九緯,經涂九軌,左祖右社,面朝後市,市朝一夫。王宮門阿之制五雉,宮隅之制七雉,城隅之制九雉。經涂九軌,環涂七軌,野涂五軌。」旁三門,則四面通十二門也。國中,城內也。九經,直路九條也。九緯,橫路九條也。涂,路也。九軌,言路之廣也。軌,車轍也。乘車之轍,六尺六寸,兩旁加各七寸,通八尺。九軌之廣,七十二尺也。左祖,宗廟在王宮之東也。右社,社稷壇在西也。面朝者,面猶鄉也,布政之朝廷,在王宮之前也。後市,市在後也。市朝一夫,市與朝各方百步也。阿,棟也。高一丈,長三丈,謂之一雉。王宮之門,屋脊高五丈也。隅者,角上浮思也。《疏》云:「浮思,小樓也,上刻畫雲氣蟲獸。宮隅之制七雉者,王宮之四角,高七丈也。城隅之制九雉者,城角高九丈也。環涂者,遶城下路也。七軌,廣五丈六尺也。野涂,國外之路也。五軌,廣四丈也。」又案:《周書·作雒》云:「周公將致政,乃作大邑成周於土中,〔註1〕城方千七百二十丈,郭十七里,南繫於洛水,北因於郟山,以為天下湊。乃設丘兆於南郊,以祀上帝,配后稷。」愚案:以六尺為步算之,則九里之城,計方一千六百二十丈。《汲書》云「七百」者,古本字訛耳。郟山,即郟鄏之郟。《史記正義》云:「郟,山名。鄏,邑名。」《括地志》云:「故王城,一名河南城,本郟鄏,周公新築,在洛州河南縣北九里苑內也。」

郊,祭天地也,故用二牛。社祭用太牢,禮也。

孔氏云:「郊以后稷配,故二牛。」《疏》云:「《記》及《公羊》皆曰:『養牲必養二,帝牛不吉,以為稷牛。』」呂氏曰:「郊祭天,社祭地。」愚案:上三說皆是也。古者無天地合祭之禮,所以郊用二牛者,一為上帝之牛,一為配帝后稷之牛。蔡《傳》謂「祭天地,故用二牛」,此說誠誤。社為土神,即祭地之禮。朱子言之詳矣,蔡氏不用,何也?《王制》曰:「天子社稷皆太牢。」

《春秋傳》曰:「士彌牟營成周。」

見昭公十二年,即周敬王十年。

揣高低,仞溝洫,物土方。

度高曰揣,度深曰仞。物,相也,相取土之方面也。

〔註1〕「土」,日本正保四年本作「上」。

邦伯者，侯、甸、男服之邦伯也。

邦伯，諸侯之長也。

王氏曰：「成王欲宅洛邑者，以天事言，則日東景朝，_{當作「夕」。}多陽；_{當作「風」。}日西景夕，_{當作「朝」。}多陰；日南景短，多暑；日北景長，多寒。洛，天地之中，風雨之所會，陰陽之所和也。」

《大司徒》云：「以土圭之法，測土深，正日景，以求地中。日南則景短多暑，日北則景長多寒，日東則景夕多風，日西則景朝多陰。日至之景，尺有五寸，謂之地中，天地之所合也，四時之所交也，風雨之所會也，陰陽之所和也。然則百物阜安，乃建王國焉。制其畿方千里，而封樹之。」鄭司農云：「土圭之長，尺有五寸。以夏至之日，立八尺之表，其景適與土圭等，謂之地中。今穎川陽城地為然。」馮氏子亮云：「土中之說，蔡氏引王氏所論，而今本多訛，『日東景夕多風』誤為『景朝多陽』，『日西景朝多陰』誤為『景夕多陰』，宜正之。」又案：王氏據《周禮》，而鄭《注》不明，蓋《地官·司徒》測土深，正日景，所以求地之中也，所謂「日南景短，日北景長，日東景夕，日西景朝」者，是指其立表之處，而言其不中也。日南云者，是立表於晝日之南也，表立於此，則其影必短於圭，而其地多暑，是偏於南矣。日北者，是立表於晝日之北也，表立於此，則其影必長於圭，而地多寒，是偏於北矣。表立於晝日之東，則日至夕，而表影方與圭齊，是又偏於東，而其地多風矣。表立於晝日之西，則日方朝，而表影已與圭齊，是又偏於西，而其地多陰矣。凡此皆非地之中也，而用此法者，乃所以求中也。案：步占之說，以為日與地相去一萬五千里，為地之中。土圭之法，圭長一尺五寸，以一寸準千里，當晝漏方半，置圭立表，以測度之。夏至之日，立八尺之表，其影適與土圭等，定此為地中也。又案《寰宇記》云：「河南府登封縣測景臺，在縣東南二十五里，高一丈，周迴十六步。《周禮》地中在此也。縣北有陽城山。」

王之初服，若生子，無不在於初生，習為善則善矣，自貽其哲命。為政之道，亦猶是也。

新安陳氏曰：「明哲之性，與生俱生。初生之時，習於善，則明可作哲；習於惡，則靡哲不愚。哲則為天所命，愚則天不命焉，是自貽哲命，如所謂自求多福。此所謂無不在其初生時，自貽哲命者，王之初服，亦猶是也。此一節，發明「王乃初服」之意，蓋今日作邑，而自服土中，乃所謂「初服」，是又中天下、定四海之一初也。天之命吉凶判於此，王之能敬德祈永命與不能，

亦判於此。召公所以欲王乘此一初之機，而疾敬德也。疾敬德，則能用德。疾云者，欲其乘此機而速勉之。

洛誥

復，如「逆復」之「復」。

逆復，出《周禮》，已見「龍作納言」下。

復命於王。

葉氏曰：「如《孟子》『有復於王』之『復』。」

王莽居攝，幾傾漢鼎，皆儒者有以啟之。

古注云：「周公言：『我復還明君之政於子。』」新安陳氏曰：「王莽廢漢，孺子嬰為安定公，執其手，流涕曰：『昔周公攝位，終得復子明辟。今予獨迫皇天威命，不得如意。』蓋因孔氏釋經之誤，莽遂借此以文其奸也。」

洛師，猶言京師也。

京，大也。師，眾也。

河朔黎水，河北黎水交流之內也。〔註2〕

蘇氏曰：「黎水，今黎陽也。」黎陽，漢縣，今大名路濬州也。地有黎陽津，亦名白馬津。

澗水東、瀍水西，王城也，朝會之地。瀍水東，下都也，〔註3〕處商民之地。王城在澗、瀍之間，下都在瀍水之外，其地皆近洛水，故兩云「惟洛食」也。

史氏漸曰：「澗、瀍之東西，即洛之中也。澗水之東，即洛之偏也。同名為洛，而王城、頑民之居不同，非洛自為洛，澗、瀍自為澗、瀍。洛邑，居天下之中，伊、洛、瀍、澗，實周流於其間。天子南嚮，則澗水在洛之右，瀍水在洛之左。周公於澗、瀍之中，龜兆告吉，遂營王城，以建王居，定郊社、宗廟，是為郟鄏之地，今之河南是也。又循之左，越瀍水之東，龜復告吉，遂營下都，名曰成周，又曰東郊，以居殷民，今之洛陽是也。二城相距十有八里。」

下逮胞翟之賤，亦皆有孚顒若。

《祭統》云：「夫祭者，畀輝、運。胞、庖。翟、閽者，惠下之道也。」輝

〔註2〕「黎」，諸本無，據日本正保四年本補。

〔註3〕「也」，諸本無，據日本正保四年本補。

者，甲吏之賤者也。胞者，肉吏之賤者也。翟者，樂吏之賤者也。閽者，守門之賤者也。《易》云：「觀，盥而不薦，有孚顒若。」程子云：「盥，謂祭祀之始，盥手酌鬱鬯於地，求神之時。薦，謂獻腥獻熟之時。居上者，正其表儀，如始盥之初，勿使神意，如既薦之後，則天下之人，莫不盡其孚誠，顒然瞻仰之矣。顒，仰望也。」

予惟謂之曰：「庶幾其有所事乎？」公但微示其意，以待成王自教詔之也。

新安陳氏曰：「周公言：『我今整齊其營洛之百官，〔註4〕使從王於宗周。我惟謂之曰：『王庶幾將適新邑而有事乎？』國之大事，在祀與戎，故古人於祭祀皆曰『有事』。公但微示王將行祀事於洛之意於百官，以待王之自教詔之也。」

宗周之四輔。漢三輔，本諸此。

朱子云：「四輔，猶四鄰也。〔註5〕漢三輔，京兆、馮翊、扶風，三郡也。」案《王制》曰：「設四輔及三公。」四輔，左輔、右弼、前疑、後丞也。蔡不據此者，以成周未嘗設四輔官，時公旦任太師，在三公列，不聞為四輔，故止引漢三輔為比。周家非有三郡，特以王城、鎬京相為鄰輔，如朱子四鄰之義耳。〔註6〕

公又言其自是宅中圖治。

此言曰「其自時中乂」，案《召誥》云：「旦曰：其作大邑，其自時配皇天，毖祀於上下，其自時中乂。」周公固嘗舉與召公言之，此又舉以答成王也。

秬，黑黍也，一稃二米，和氣所生。鬯，鬱金香草也。

《正義》云：「以黑黍為酒，煮鬱金之草，築而和之，使芬香調暢，謂之秬鬯。」徐鉉云：「稃，米殼也，音孚。」《爾雅》曰：「秬，黑黍。秠，一稃二米。」郭云：「秠，亦黑黍，但中米異耳。漢和帝時，任城生黑黍，或三四實，實二米，得黍三斛八斗是也。」詳此，則一稃二米，名曰秠，常罕得。既名秬鬯，則不必其皆一稃二米也。

〔註4〕「其」，諸本作「共」，據日本正保四年本改。
〔註5〕「也」，諸本無，據日本正保四年本補。
〔註6〕「耳」，日本正保四年本作「可」。

卣，中尊也。

《爾雅》文也。孫炎云：「尊，彝為上，罍為下，卣居中。」郭璞云：「卣，不大不小者。」《爾雅疏》云：「是在罍、彝之間，即《周禮》犧、象、壺、著、大、山六尊是也。罍者，尊之大者也。案《禮圖》云：『六彝為上，受三斗。六尊為中，受五斗。六罍為下，受一斛。』《毛詩》說：『金罍，大一碩。』是也。」彝、卣、罍三者，皆為盛酒器也。

酒清，人渴而不敢飲也；肉乾，人飢而不敢食也。

《聘義》文。

享有體薦。

見《左傳‧宣十六年》。

敬之至者，其禮如祭。

新安陳氏曰：「寧，如『歸寧父母』之『寧』。『曰明禋，拜手稽首，休享』者，述王命使之辭曰：此明潔以敬祀之酒，今拜稽而致休美，以享公焉。『敬之至者，其禮如祭』，《傳》曰『享有體薦』，一證也。《記》曰『君子敬則用祭器』，又一證也。」

宿，與《顧命》「三宿」之「宿」同。

宿，進爵也。《顧命》則謂三進爵於神前，此則周公言我不敢自進此酒，則用以祭文、武也。

戊辰，十二月之戊辰日也。

蔡氏於《康誥》篇首，以「三月哉生魄」為周公攝政七年之三月，則此十二月亦在七年也。《康誥》篇首乃《洛誥》脫簡，及《召誥》《洛誥》月日皆第七年中事。今以《漢志》考之，云「周公攝政七年，二月乙亥朔」，〔註7〕《召誥》言「二月既望」，十六日庚寅也；「越六日乙未」，二十一日也；「三月甲辰朔，惟丙午朏」，三月初三也；「越三日戊申」，初五日也；「越三日庚戌」，初七日也；「越五日甲寅」，十一日也；「若翼日乙卯」，十二日也；「越三日丁巳」，十四日也；「越翼日戊午」，十五日也。此接《康誥》「三月哉生魄」，十六日己未也。又《召誥》「越七日甲子」，二十一日也。《洛誥》「予惟乙卯」，即《召誥》三月十二日也；「戊辰，王在新邑」，十二月三十日也。唐孔氏謂：「此歲有閏，九月，辛未朔，小，則十二月三十日戊辰晦也。」

〔註7〕「二月」，余氏勤有堂本、日本正保四年本作「三月」。

烝祭之禮。

冬曰烝。

周尚赤，故用騂。

騂，赤色毛也。

宗廟禮太牢。

合用牛一、羊一、豕一。

此用特牛，舉盛禮。

文、武各一牛，故為盛。

逸，史佚也。

時太史名佚，古字通作「逸」。

太室，清廟中央室也。

明堂中央曰太廟太室。《樂記》注云：「文王之廟為明堂制。」《周頌》云：「清廟，祀文王也。」《疏》云：「天德清明，文王能象天之清明，故謂其廟為清廟。」然則清廟者，洛邑文王廟名，以其制如明堂，故亦有中央太室。此蔡氏所以訓太室為清廟中央室也。

周公自留洛之後，凡七年而薨也。

周公位冢宰，攝政已七年，欲退休，成王留之治洛，又歷七年。自武王喪後，共十四年也。兩經七年，新安陳氏以為「惟七年」即攝政之七年者，非是。

多士

弗弔，未詳。

《大誥》引「不弔昊天」，與此同。

旻天，秋天也。

《爾雅》云：「春為蒼天，夏為昊天，秋為旻天，冬為上天。」

肆，與《康誥》「肆汝小子封」同。

肆，故也。

弋，取也，「弋鳥」之「弋」。

《論語》曰：「弋不射宿。」以生絲繫矢而射也。

栽者培之，傾者覆之，固其治而不固其亂者，天之道也。

《仲虺之誥》曰「推亡固存」，與此「固」字同義。蓋能自種其德者，天

因以加培之；自傾其德者，天因以覆滅之。福善禍淫，天之道也，聖人豈容心哉？惟天所命耳。

降，猶今法「降等」。四國之民，罪皆應死，我大降爾命，不忍誅戮。

如今云減死一等也。

來自商奄。

《孟子注》：「奄，東方之國。」《史記》注云：「奄，於險反。兗州曲阜縣奄里，即奄地。」東齋陳氏曰：「此奄與淮夷、三監，同助武庚以叛。周公東征，一舉而誅四國，獨言『來自奄』者，伐奄在後，誅奄即來也。四國，殷、管、蔡、霍也。」

邑，「四井為邑」之「邑」。

四井，三十二家也。五畝之宅，二畝半在田，二畝半在邑，所謂「宅爾邑」也。

無逸

劉裕奮農畝而取江左，一再傳後，子孫見其服用，反笑曰：「田舍翁得此，亦過矣。」

《南史》：「宋高祖劉裕孫孝武帝駿，壞高祖所居陰室，為玉燭殿。床頭有土障，壁上掛葛燈籠、麻蠅拂。〔註8〕袁顗因盛稱高祖儉德，上曰：『田舍翁得此，已為過矣。』」

祖甲，高宗之子，祖庚之弟。漢孔氏以祖甲為太甲，又《經世書》高宗、祖庚、祖甲世次歷年，皆與《書》合。又周公言「自殷王中宗及高宗及祖甲及我周文王」，「及」云者，因其先後次第而枚舉之辭也，則祖甲之為祖甲而非太甲，明矣。

西山真氏曰：「祖甲為太甲明矣，蘇氏以享國多寡為次，得之。」新安陳氏曰：「祖甲為太甲較分明，《經世書》與三『及』字，皆不足援以為辨。太甲為商賢君，萬萬不可磨，何苦極力挽從來無人齒及之帝甲，以排太甲乎？」愚案：真氏、陳氏皆不取蔡氏說，今且平論之。蘇氏謂以享國多寡為次，則高宗五十九年之後，便當到文王五十年，何必逆取太甲以廁於其間？

〔註8〕「蠅」，日本正保四年本作「繩」。

此蘇氏之說非也。陳氏謂《經世書》、三「及」字皆不足援，其意默取蘇說，以破蔡《傳》。然考之經文，則祖甲享國下即云「自時厥後立王，生則逸」，又云「亦罔或克壽」，既以祖甲為太甲，則中宗、高宗皆太甲後人，安得言「生則逸」「罔或壽」邪？〔註9〕既云不論世次，則不可言「自時厥後」矣。以兩「自時厥後」詳之，則蔡《傳》所考不可破，而孔氏、蘇氏、真氏、陳氏諸說皆非是。

昃，日昳也。

昳，徒結反。

春秋貢於霸主。

《左傳·昭十三年》晉合諸侯於平丘，子產爭承曰：「行理之命，無月不至，貢之無藝，小國有闕，所以得罪也。」

唐有送使之制。

《唐·食貨志》云：「憲宗時，分天下之賦為三，一曰上供，二曰送使，三曰留州。」

君奭

臣扈，與湯時臣扈二人而同名者也。

疑至、臣扈，湯時二臣名。《輯纂》陳氏云：「湯至太戊百三十年，必二人而名同也。」

在武丁時不言傅說，豈傅說不配食於配天之王乎？其詳不得而聞矣。

息齋余氏曰：「不言傅說，即下文不言尚父之意。」愚案：周公以君奭為經歷之舊臣而留之，故歷數商、周之老成，是以武丁時不言傅說，文、武時不言太公。傅說、太公，非若甘盤、虢叔之舊也。

陟，升遐也。

如「陟方乃死」之「陟」。

通徹三極而無間。

貫通天、地、人之理也。

〔註9〕「邪」，余氏勤有堂本、日本正保四年本、清鈔本作「耶」。

《卷阿》「鳴於高岡」者，乃詠其實，故周公云爾。

《卷阿》，召公所作。曰「鳳凰鳴矣，〔註10〕于彼高岡」，蓋眾人之所聞見，喻大賢處高顯之地。召公既言之矣，今乃求去，故周公云「我則鳴鳥不聞」也。

震撼擊撞，欲其鎮定。

言所以處人心之未服者。

辛甘燥濕，欲其調齊。 才細反。

言所以處人情之未和者。

槃錯棼結，欲其解紓。 音舒。

言所以處人事之未靖者。

黯闇污濁，欲其茹納。

言所以處人言之未順者。

患失乾沒者。

患失，即《論語》所謂「鄙夫」。乾沒，出《前漢·張湯傳》，云：「始為小吏乾沒。」服虔曰：「射成敗也。」如淳曰：「居物以待之，得利為乾，失利為沒。」乾音干。

召公親遭大變，破斧缺斨之時。

《詩》云：「既破我斧，又缺我斨。」言周公東征誅戮，兵器弊壞之時也。

超然肥遯。

肥遯，《遯卦》上九爻辭也。程子曰：「肥者，充大寬裕之意。遯者，飄然遠逝，無所繫滯之為善。」〔註11〕

蔡仲之命

此篇次序當在《洛誥》之前。

蓋以事在周公攝政七年之中，不在留洛七年之內也。

蘇氏曰：「郭，虢也。」

當時聲訛以「虢」為「郭」，如「韓」為「何」、「陳」為「田」之類。

〔註10〕「鳳凰」，日本正保四年本作「鳳鳳」。
〔註11〕余氏勤有堂本、日本正保四年本、清鈔本無「善」字。

管、霍，國名。

今河南鄭州管城縣，古管國也。《左傳·閔二年》晉滅霍，杜預云：「永安縣東北有霍太山。」今山西平陽路霍山也。

周公留佐成王，食邑於圻內。圻內諸侯孟、仲二卿，故周公用仲為卿，非魯之卿也。

知非魯國之卿者，以《左傳·定四年》云：「蔡仲改行率德，周公舉之，以為己卿士。」周公未嘗居魯，既曰「己卿士」，是圻內之卿士也。孟、仲二卿，猶言上下二卿，皆命於其君。周公以仲為己卿士，則是自命之卿也。

蔡，《左傳》在汝、淮之間。

杜預云：「武王封叔度於汝南上蔡，胡徙新蔡，昭侯徙九江下蔡。」愚案：汝南上蔡，今汝寧府上蔡縣也。新蔡，舊亦為蔡州屬縣，今廢。下蔡，宋為壽州倚縣，今廢，在安豐路界內。

此章與伊尹申誥太甲之言相類，而有深淺不同者，太甲、蔡仲之有間也。

伊尹曰克敬，曰有仁，曰克誠，此語深且詳矣。此以「惟德」「惟惠」言之，則所包者廣，不如敬、仁、誠分別之切，蔡氏所謂淺也。蓋太甲敗度、敗禮之餘，仲則邁跡自身，彼則以臣而告君，此則以上而訓下，故其深淺詳略之不同如此。

中者，心之理而無過不及之差者也。

中者，本所以狀性之德，今經言「率自中」，是循而由之之義，故直以「心之理」訓之。若論其未發，則在中之中，無所偏倚，是為天下之大本。及其既發而時中，然後見其無過無不及也，所謂「天下之達道」也。

多方

光武成功，若建瓴然。

建音蹇，瓴音苓。《漢書》云：「居高屋上，建瓴水。」《注》云：「建，翻水也。瓴，盛水瓶也。居高而翻瓶水，言易也。」西漢之末，王莽篡逆。公孫述據成都，隗囂據天水。光武以漢宗室起兵南陽，破莽兵，海內豪傑響應，皆殺莽。牧守用漢年號，旬月徧天下，更始殺王莽，光武破隗囂，擊殺公孫述，天下復為漢者二百年。

成王即政之明年，商、奄又叛，成王征滅之。

新安陳氏曰：「《洛誥》『戊辰，王在新邑』，孔《注》：『十二月戊辰晦。』此七年之十二月，即成王即政之年也，《多士》作於是年之三月。曰『昔朕來自奄』，是述東征時事，乃自武王誅紂伐奄後，第二番叛也。《多方》作於即政之明年五月。《成王政》序曰『成王遂踐奄』，《多方》序曰『成王歸自奄』，此書曰『成王來自奄』，乃奄之第三叛。王墮其城，〔註12〕遷其君，又因以告多方也。以去年十二月戊辰晦算之，則次年正月朔己巳，五月朔非丁卯，則戊辰，丁亥非二十，即二十一日也。《多士》與《多方》之作，先後蓋一年有三月云。」

奄，不知所在。

解在《多士》。《寰宇記》：「在曲阜縣奄中，古奄國也。」

衛孔悝之鼎銘。

見《祭統》。孔悝，衛莊公蒯聵時大夫也。〔註13〕鄭《注》云：「周既去鎬京，猶名王城為宗周也。」悝音恢。

時鎬已封秦。

《史記》犬戎殺周幽王酈山下，秦襄公以兵送平王，遷都雒，封襄公為諸侯，賜以岐、豐之地。

克堪者，能勝之謂也。

新安陳氏曰：「『克堪』二字，下得極有力，非有仁以為己任之弘，兼死而後已之毅，不能堪而用之也。克堪用之，必有非力之力，如『真積力久』之力而後可。」

神天之主。

東齋陳氏曰：「可為神與天之主，山川、宗社之得其安，三光、寒暑之得其序，皆人君有以主之。」

讋服。

讋，質涉反。《漢書》云：「群臣震讋。」讋中自服也。

「賓介」之「介」。

相副相助者。

〔註12〕「墮」，余氏勤有堂本、日本正保四年本、清鈔本作「隳」。
〔註13〕「聵」，文淵閣四庫本作「瞶」。

《周官》多以胥、以伯、以正為名。

如大胥、小胥、象胥、宗伯、宮伯、宮正、酒正之類。胥，有才智者也。伯與正，皆長也。

立政

葛氏曰：「綴衣，《周禮》司服之類。」

《天官》有司裘，有內司服，有縫人。《春官》亦有司服。

虎賁，《周禮》之虎賁氏也。

蔡氏謂：「執射御者曰虎賁。」今案《夏官》：「虎賁氏掌先後王而趨，舍則守王閑，在國則守王宮，有大故則守王門。」無執射御之事。又有旅賁氏，「掌執戈盾，夾王車而趨」。

牧民之長曰常伯，任事之公卿曰常任，守法之有司曰準人。

呂氏曰：「常伯等即三宅。三代之書，他無所見，意者公卿輔相之別名歟。官有別名，如相曰阿衡、保衡，三卿曰圻父、農父、宏父，此亦三代輔政大臣別名耳。綴衣、虎賁，特於侍御僕從中錯舉二者，以見其餘耳。職重者有安危之寄，職親者有染習之移，其繫天下之本一也。」新安陳氏曰：「呂說得之。宅事，常任所職必廣，凡任事之大臣也。宅牧，常伯主牧養之大臣也。宅準，準人主平法之大臣也。」〔註14〕又案：虞有十二牧，夏、周有九牧，皆在邦國，意必有大臣在朝者以統之，如虞四岳統十二牧，周六卿倡九牧。《立政》所謂常伯、宅牧，必長牧養而在朝以統牧伯者歟。

甸者，井牧其地，什伍其民也。

井牧者，按《小司徒》云：「乃經土地，而井牧其田野。九夫為井，四井為邑，四邑為丘，四丘為甸，四甸為縣，四縣為都。」什伍其民者，《大司徒》云：「五家為比，五比為閭，四閭為族，五族為黨，五黨為州，五州為鄉。」又《小司徒》云：「五人為伍，五伍為兩，四兩為卒，五卒為旅，五旅為師，五師為軍。」又《遂人》云：「五家為鄰，五鄰為里，四里為酇，五酇為鄙，五鄙為縣，五縣為遂。凡治野，夫間有遂，十夫有溝，百夫有洫，千夫有澮，萬夫有川。」此井牧、什伍之大綱也。

〔註14〕「主」，通志堂經解本作「王」，據諸本改。

以是立民長伯,則體統立而下有所寄。

新安陳氏曰:「立民長伯,當時宅俊或有出而封為長伯者。」愚案:康叔為司寇,是「宅乃準」者,封於衛為孟侯。《詩序》言「衛不能修方伯連率之職」,是三宅為長伯之證。

趣馬,掌馬之官。

趣,七口反。《周禮》:「趣馬,下士,皂一人,徒四人。」

攜僕,攜持僕御之人。

《周官》有太僕,下大夫;祭僕,中士;御僕,下士;隸僕,下士;大馭,中大夫;戎僕,中大夫;齊僕,下大夫;道僕,上士;田僕,上士;馭夫,中士;車僕,中士。

庶府,若內府、太府之屬也。

《周官》有玉府、內府、外府、泉府、天府。

大都之伯、小都之伯。

畿內之都,大都為公之采邑,小都為卿之采邑。

藝人者,卜、祝、巫、匠執技以事上者。

卜,如太卜、卜師、龜人、菙人、簭人、占夢、眡祲是也。〔註15〕祝,如太祝、喪祝、甸祝、詛祝是也。巫,如司巫、男巫、女巫、神士是也。匠,如攻木、攻金、攻皮、設色、刮摩、搏埴之工,皆是也。《王制》云:「凡執技以事上者,祝、史、射、御、醫、卜及百工。」

如庖人、內饔,膳夫則是數尹之伯也。

《傳》意謂庖人為庖尹,內饔為饔尹,而膳夫則兼二者,而為之伯也。蓋庖、饔各治其事,而又統於膳夫也。然此二句以下文比之,必有脫字。

鐘師尹鐘,磬師尹磬,太師、司樂,則是數尹之伯也。〔註16〕

太師及司樂,為鐘師、磬師之伯。此二節,特舉例以解尹伯,以是求之,尹伯固不止於此二者矣。

太史奉諱惡,公天下後世之是非。

《王制》云:「太史典禮,執簡記,奉諱惡。」簡記,策書也。動則左史書之,言則右史書之。大事書於策,小事簡牘。所書善惡,必以實錄,所謂

〔註15〕「菙」,日本正保四年本作「華」。
〔註16〕「鐘」,余氏勤有堂本、日本正保四年本、清鈔本作「鍾」。下同,不出校。

「公天下後世之是非」也。諱，先王名也。惡，忌日也。先王死日，及子卯不樂。《周官》云：「小史詔王之忌諱。」

此諸侯之官也。司徒主教，司馬主政，司空主土。諸侯之官獨舉此者，以其名位通於天子歟？

愚案：《康誥》言圻父、農父、宏父，三卿亦與此同，可見此為諸侯之官。蓋大國三卿兼攝六事。《傳》謂名通天子者，大國三卿皆命於天子也。

亳見史。三亳，蒙為北亳，穀熟為南亳，偃師為西亳。

此據《正義》所引皇甫謐說也。《寰宇記》考城縣有北亳城，今睢州考城縣也。蒙，縣名，今廢。又云：「宋州穀熟縣亳城，在縣西南三十五里。」宋州，今歸德府也。穀熟縣廢。偃師縣屬河南府。《地志》云：「河南偃師尸鄉，殷湯所都。」臣瓚曰：「湯居亳，今濟陰縣是也。今亳有湯冢，己氏有伊尹冢。」師古曰：「瓚說非也。又如皇甫謐所云湯都在穀熟，事並不經。劉向云殷湯無葬處，安得湯冢乎？」

《地志》載王官所治非一。

案《地志》，中國、四夷，皆有都尉。治在蠻夷，謂之中部都尉、東部都尉、南部都尉、西部都尉、北部都尉。又有屬國都尉、宜禾都尉、騎都尉、農都尉、江關都尉、匈奴都尉等數十處，意與夷、微、盧、烝、三亳、阪尹相似，皆王官出治外地者。

蘇，國名。《左傳》：「蘇忿生以溫為司寇。」

《地志》云：「溫，己姓。蘇忿生所封。」《左傳》語見成公十一年。溫，今孟州溫縣也。

書蔡氏傳旁通卷第六上

周官

按：此篇與今《周禮》不同，如三公、三孤，《周禮》皆不載。

《周禮》未嘗不言公、孤之名，但不載其專職耳，如位次之高下，未嘗不顯然可考也。如云：「王之三公八命，出封加一等。」則九命為伯，是舉朝無尊於此者。而外朝之位，三公在前三槐之下，孤、卿、大夫在左，公、侯、伯、子、男在右，是惟三公可以面天子，天子之所禮也。孤則亞於三公，故其位與諸侯之公相對，六卿莫敢先也。其六卿之職曰：太宰，卿一人；大司徒，卿一人，餘皆然。其摯，孤執皮帛，卿執羔，則卿亞於孤，又可見矣。但公、孤之任，坐而論道者也；六卿之職，作而行之者也。周公六典專為治事而設，故以公、孤為鄭重，而未及言之，非《周禮》與《周官》二書迥絕也。

或又謂：師氏即太師，保氏即太保。然以師、保之尊而反屬司徒之職，亦無是理也。

師氏，僅中大夫；保氏，乃下大夫，豈有三公之尊，而資級如是之卑邪？〔註1〕《周禮注》謂周、召兼此官，必無是理。案：師氏以三德、三行教國子，保氏以六藝、六儀教國子，猶後世國子先生之儔耳，故列在司徒之屬。

《周禮》六服諸侯，有一歲一見者，二歲一見者，三歲一見者。

《秋官・大行人》云：「侯服，歲壹見。甸服，二歲壹見。男服，三歲壹見。采服，四歲壹見。衛服，五歲壹見。要服，六歲壹見。九州之外，謂之蕃國，世壹見。」《注》云：「九州之外，夷服、鎮服、蕃服也。」

〔註1〕「邪」，余氏勤有堂本、日本正保四年本、清鈔本作「耶」。

　　《周禮》非聖人不能作也。意周公方條治事之官，而未及師、保之職，書未成而公亡，其間法制有未施用，故與此異，而《冬官》亦闕。要之，《周禮》首末未備，周公未成之書也。惜哉！

　　新安陳氏曰：「《周禮》乃周公擬議未全，未行之書。《周官》則成王建置訓迪，已施行之書也。今只當據《周官》以解《周官》，其與《周禮》未吻合處，姑略之可也。」○王莽時，劉歆置《周禮》博士，《司空》篇亡，購千金不得，以《考工記》充之。○臨川俞庭春曰：「《司空》之篇為逸書，漢人以《考工記》附益之。相傳之久，習以為然，雖有鉅儒碩學，不復致思研慮，後世遂以考工之事為六官之一。司空所掌，日漸謬誤，並與其官廢。蓋嘗紬繹是書，伏而讀之，《司空》之篇實未嘗盡亡也。六官之屬，誠有顛倒錯亂而未盡正者，編次而辨正焉。周官三百六十，未聞有溢員也。《小宰》曰『其屬六十』，則六十之外皆羨矣。《周禮》得於秦火之後，宜少不宜羨。今《天官》之羨者三，《地官》之羨者十有六，《春官》之羨者九，《夏官》之羨者九，《秋官》之羨者五。從其羨而求之，《冬官》不皆亡矣。」又云：「《詩》之逸不可復考，獨《周禮‧司空》有可得言者。反覆之於經，質之於《書》，驗之於《王制》，皆有可以是正焉者。而《司空》之篇實雜出於五官之屬，且因《司空》之復，而五官之謬誤，亦遂可以類考。一一摘其要者議之，誠有犁然當於人心者，不啻寶刀、大玉之得，〔註2〕而鄆、讙、龜陰之歸也。」

　　庭，直也。

　　《釋詁》文。

　　六服，侯、甸、男、采、衛，並畿內為六服也。《禹貢》五服通畿內，周制五服在王畿外也。《周禮》又有九服，侯、甸、男、采、衛、蠻、夷、鎮、蕃，與此不同。

　　新安陳氏曰：「巡侯、甸，即六服而略言之也。六服承德，即九服而以內五服，並王畿言之也。內五服，九州內；外五服，九州外。以內五服並畿內為六，正與『侯、甸、男邦、采、衛』之辭合，略外四服耳，無不同也。」

　　周制無萬國，大言之耳。

　　《周禮》王畿千里，外有九服，每服五百里，則每方五九四千五百，合之為九千里，通王畿為方萬里。以開方法計之，方千里者為方百里者百，則

方萬里者為方百里者萬矣。以百里為諸侯之國率之，是九服之內，可容萬國。然周初會於牧野者八百諸侯，《王制》所計，亦止千七百七十三國，故孔氏以此為大言之，非實數也。然史官例以「萬邦」「萬國」言一統之廣，其來久矣。

立，始辭也。三公非始於此，立為周家定制，則始於此也。

新安陳氏曰：「文王時，太公已為太師；武王時，召公已為太保，是三公非自成王始立也。」葉氏曰：「成王以周、召為師、保，而太傅無聞。周公沒，召公仍為保，而不聞設師、傅，蓋難之也。」陳傅良曰：「周、召以師、保為冢宰，是卿兼三公也。《顧命》自『同召太保奭』以下，皆卿也。是時召公為保兼冢宰，芮伯為司徒，彤伯為宗伯，畢公為司馬，皆是以三公兼之。衞侯康叔為司寇，毛公為司空，審如是，則三公多是六卿兼之，但其人足以兼公，則加其公之職位；無其人，則止為卿而已。三公、三孤，皆無其人，則闕焉而已，而六卿自若也。要之，成周以三公、三孤待非常之德，故曰：『官不必備，惟其人。』」

陰陽以氣言。道者，陰陽之理，恒而不變者也，《易》曰「一陰一陽之謂道」是也。論者，講明之謂。經者，經綸之謂。燮理者，和調之也。非經綸天下之大經、參天地之化育者，豈足以任此責？

古者王佐之才，上有以參天地之常道，下有以修國家之常典。惟其論道，則講明精至，必能推天而達之人，而天下之常經不紊矣。惟其燮理陰陽，則調和清穆，必能存心以事天，而天地之常道不變矣。「一陰一陽之謂道」，陰陽，氣也，所以一陰一陽者，道也。道謂太極之理也。元亨利貞，萬古周流而不息，故曰恒而不變者也。其不變者，此理而已。若論陰陽二氣，苟燮理之不至，則有常者不能不為之變，日月之薄食，星緯之錯行，山川之崩竭，年穀之凶荒，札瘥之夭折，皆陰陽之變耳。如朝廷之上，三公得人，則必講論精密，內有以修其身，上有以啟其君，經綸有要，燮調有道。在造化，則使三光全而四時和；在國家，則使三綱正而九法敘，而後無愧三公之職焉，然豈可以易言哉？故曰「惟其人」而已。

天地以形言。化者，天地之用，運而無跡者也，《易》曰「範圍天地之化」是也。弘者，張而大之。寅亮者，敬而明之也。

天地之化，運而無跡，如四時之行，六氣之運，皆造化之妙用，不言而示人者也。範，模也。圍，匡郭也。聖人範圍天地之化，蓋參贊之極功，能使造化囿於聖人精神心術之中，如物之得其模範匡郭而不違也。張而大之，如

天地得其位，萬物得其育也。敬而明之，如欽若昊天，以授人時，在璣衡以齊七政，是也。

天官卿，治官之長，天子之相也。百官異職，管攝使歸於一；四海異宜，調劑使得其平。

呂氏曰：「三公、三孤，天子所與調精祲之原，而無所治者也。統萬事而分治之，則六卿之職。六卿者，萬事之綱也。冢宰管攝百官，非官官而控制之，自百而歸六，自六而歸一，所操至簡也。所調劑者，非人人而稱量之也，大與之為大，小與之為小，所居至易也。明乎簡易之道，相業無餘蘊矣。」

馴擾兆民。

呂氏曰：「擾者，馴習而熟之，拊摩而入之，畜養而寬之之謂。」新安胡氏曰：「擾者，順其自然而導之。」

掌刑不曰刑而曰禁者，禁於未然也。

陳氏曰：〔註3〕「刑曰邦禁，此初設刑之美意，禁民使不為惡，而非以虐民也。」

按：《周禮·冬官》則記考工之事，與此不同。蓋本闕《冬官》，漢儒以《考工記》當之也。

五峰胡宏《皇王大紀》曰：「《周官》司徒掌邦教，敷五典者也。司空掌邦土，居四民者也。世傳《周禮》闕《冬官》，愚考其書，而質其事，則《冬官》未嘗闕也，乃劉歆顛倒迷妄，〔註4〕以《冬官》事屬之《地官》耳。」○俞庭椿曰：「司空，古官也。舜以水土命禹，而共工則咨垂，然則司空之官實重，而百工之事無與焉。《周官》曰：『掌邦土，居四民，時地利。』《太宰》云：『六曰事典，以富邦國，以任百官，以生萬民。』《小宰》云：『六曰事職，以富邦國，以養萬民，以生百物。』《王制》尤詳焉，曰：『司空執度，度地居民，山川沮澤，時四時，量地遠近，興事任力』，至『民咸安其居，樂事勸功，尊君親上，然後興學』，凡此皆著見於經，而粲然可據者也。後人徒以司徒之為地官，土地之事，地官之類也，故司空之屬皆汩乎其中。蓋自大司徒之職，已皆謬誤，大半皆司空事也。『土地之圖』『土會之法』『土宜之法』『土均之法』『土圭之法』，大司馬九畿之籍，小司徒會萬民之卒伍，

〔註3〕「陳」，日本正保四年本作「胡」。
〔註4〕「倒」，諸本無，據日本正保四年本補。

『乃均土地』『乃經土地』等章，天官以九職任萬民，皆司空事也。百工，特司空九職之一耳。」

冢宰相天子，統百官，乃並數之為六者，綱在網中也。

呂氏云：「冢宰列於六卿，綱固在網中，而首非處身之外也。」

乾坤之與六子，並列於八方。

康節曰：「乾坤縱而六子橫，蓋先天圓圖，乾南、坤北、離東、坎西、兌東南、震東北、巽西南、艮西北。乾坤為六卦之父母，比於六卿之冢宰；六卦為乾坤之男女，比於五官也。」

六年一朝會京師。十二年，王一巡狩。

六年一朝，與《周禮》不合。十二年一巡狩，與《周禮・大行人》合。

考制度，猶舜之協時月正日、同律度量衡等事也。

《大行人》云：「王之所以撫邦國諸侯者，歲徧存，三歲徧覜，五歲徧省，七歲屬象胥，諭言語，協辭命；九歲屬瞽史，諭書名，聽聲音；十有一歲，〔註5〕達瑞節，同度量，成牢禮，同數器，修法則；十有二歲，王巡狩殷國。」按此，則制度已預飭於前，至巡狩特考之，若曰言語諭歟，辭命協歟，書名諭歟，聲音雅歟，瑞節達歟，度量同歟，牢禮成歟，數器同歟，法則修歟，凡此者或否歟。

諸侯各朝方岳者，猶舜之「肆覲東后」也。

《孟子》趙氏注曰：「太山明堂，周天子東巡狩，朝諸侯之處。」齊宣王欲毀之，漢時遺址尚在。《郊祀志》云：「泰山東北址，古時有明堂處。」是也。

大明黜陟者，猶舜之「黜陟幽明」也。

林氏曰：「即《王制》所謂『不敬者，君削以地；不孝者，君黜以爵；有功德於民者，加地進律』是也。」

疏數異時，繁簡異制，帝王之治，因時損益者可見矣。

呂氏曰：「諸侯既親承德意於天子，天子復親考制度於諸侯，禮樂刑政，斯四達而不悖矣。是制也，嘗一見於《虞書》，後千餘年復出於此，驗其疏數，而世之升降，事之繁簡，興衛之多寡，用度之豐約，與夫成王觀會通以行典

〔註5〕「十有一歲」，余氏勤有堂本、日本正保四年本、清鈔本作「十一年」。

禮者，皆可得而推矣。」林氏曰：「此皆斟酌舜事行之。舜五載一巡狩，此十二年，何也？文中子曰：『舜一歲而巡四岳，兵衛少而徵求寡也。』以是觀之，則周時兵衛日多，徵求日眾，故不能五年，而以十二年也。」

鄭子產鑄刑書。

見《左傳‧昭公六年》。

自唐以前，治罪科條，止於律令而已。

鄭夾漈《通志略》云：「舊律，其文起自魏文侯，李悝撰諸國法，著《法經》六篇。蕭何定律，益三篇，合為九篇。叔孫通益律所不及，十八篇。張湯《越宮律》二十七篇，趙禹《朝律》六篇，合六十篇。又漢時決事，為《令甲》以下三百餘篇。世有增損，馬融、鄭康成諸儒章句，十有餘家，數十萬言。凡斷罪所當由用者，合二萬六千二百七十二條。」

君陳

天子之國，五十里為近郊。

王城方九里，謂之王國。國外曰郊，五十里為近郊，百里為遠郊，六鄉之地也。然則頑民亦在六鄉之數矣。

物之精華，固無二體，然形質止而氣臭升，止者有方，升者無間，則馨香者，精華之上達者也。至治之極，馨香發聞，感格神明，不疾而速。凡昭薦黍稷之苾芬，是豈黍稷之馨哉？所以苾芬者，實明德之馨也。至治舉其成，明德循其本，非有二馨香也。

「物之精華，固無二體」者，精華不離於物也。形質，指犧牲粢盛也。止，置於此而不動者也。「氣臭升」者，燔燎羶香，達於彼者也。止者有方，言物在俎豆，有方所也。升者無間，如臭陰達於淵泉，臭陽達於牆屋，所達無界限也。《郊特牲》云：「周人尚臭，灌用鬯臭，鬱合鬯，臭陰達於淵泉。灌以圭璋，用玉氣也。既灌，然後迎牲，致陰氣也。蕭合黍稷，臭陽達於牆屋，故既奠，然後焫蕭合羶薌。」是也。「至治之極，馨香發聞」，言至治之格天，亦如氣臭之達於上下也。聖賢以德為政，故至治不離於德，假黍稷以薦馨，非黍稷之氣可以感神明也。蓋有明德本於內，至治成於外，上帝監此馨香之德已久矣。今以黍稷之薦，感於神明，雖有黍稷之氣，實在於明德之馨也。明德之馨、至治之馨，與黍稷之氣，合而為一，故曰「非有二馨香也」。至治之有明德，猶黍稷之有氣臭，至治之馨在明德，黍稷之馨在氣臭，皆精華之可以

上達者也。然氣臭與黍稷，非有二體；明德與至治，亦非有二體。黍稷之馨，至治之馨，尤不可離而二之也。為人上者，不恃其黍稷之有氣臭，而恃其至治之有明德，則精華達於上，至治成於下，神明尚可感，何有頑民而不可化哉？

職業有修與不修，當簡而別之，則人勸功。進行義之良，以率其不良，則人勵行。

愚按：《多士》篇商民自言「夏迪簡在王庭，有服在百僚」，此意蓋怨周人之不用己也。成王言「予一人惟聽用德」，今命君陳曰「簡厥修」「進厥良」，實成王欲踐舊日之言，所以簡拔有德，而置之在庭百僚也。

顧命

冢宰第一，召公領之。

《正義》云：「高官兼攝下司者，漢世以來謂之領。」此言召公本居太保之位，又兼領太宰之職也。

司徒第二，芮伯為之。

芮，姬姓之國。今同州朝邑縣芮鄉，古芮國也。時芮伯以諸侯入王朝為大司徒。

宗伯第三，彤伯為之。

王肅云：「彤，姒姓之國。」〔註6〕時彤伯以諸侯入王朝為大宗伯。

司馬第四，畢公領之。

畢公名高，文王之庶子也。武王封之於畢，在今奉元路咸陽縣。時畢公以成王之叔父，繼周公為東方諸侯之伯，則亦必繼周公為太師，又兼領大司馬之職也。此後康王又命保釐東郊，亦所以繼周公也，而康王稱之曰「父師」，則在太師之位無疑矣。

司寇第五，衛侯為之。

《左傳·定四年》云：「康叔為司寇。」而此書列在第五，與《周禮·秋官》司寇第五同次，故因可推此六人為六卿也。詳見《康誥》。

司空第六，毛公領之。

毛公名鄭，亦文王之庶子。時以諸侯入王朝為太傅，兼領大司空。司空

〔註6〕「姒」，文淵閣四庫本作「似」。

為右官之長，〔註7〕在諸侯惟有司徒、司馬、司空，《立政》亦云。然王朝既以冢宰為第一，而太保領之，則是六卿之冢宰，猶三卿之司徒也，〔註8〕餘司馬、司空，故亦以三公領之。畢公既繼周公為太師，則此毛公當任太傅矣。《正義》云：「太保是三公官名，畢、毛又亦稱公，故知此三人是三公也。」此六卿次第，蔡《傳》皆據孔《傳》成文。又案：周公位太師，時為冢宰，周公既沒，召公元老，當居冢宰，而太保則如故。畢公以太師領司馬，蓋太公望嘗以太師領司馬，故畢公居此位不為卑，兼分掌東伯，則與召公實相並云。

威者，有威可畏；儀者，有儀可象，舉一身之則而言也。蓋「人受天地之中以生，是以有動作、威儀之則」。

西山真氏《甲記》云：「《左氏傳》劉康公曰：『民受天地之中以生，所謂命也。是以有動作、禮義、威儀之則，以定命也。』朱子云：「這幾個字，自古聖賢上下數千年，喚得都一般，必竟是聖學傳授不斷，故能如此。至春秋時，其傳猶未泯，如劉康公論人受中以生，其窮理甚精。」真氏云：「按『民受天地之中以生』，故凡動作、禮義、威儀，皆有自然之準則，過之非中也，不及亦非中也，所以然者，以其有定命也。命出於天，一定而不可易，雖欲違之，得乎？動作以身言，禮義以理言，威儀以著於外者言。」又《烝民》之首章曰「天生烝民，有物有則」，朱子曰：「天生眾民，有是物必有是法，蓋自百骸、九竅、五藏，而達之於父子、君臣、夫婦、長幼，〔註9〕無非物也，而莫不有法焉。如視之明，聽之聰，貌之恭，言之順，以至君臣有義、父子有親之類，皆是也。」

孔子所謂「知幾」。

《下繫》云：「子曰：『知幾，其神乎！幾者，動之微，吉之先見者也。』」

子思所謂「謹獨」。

《中庸章句》云：「幽暗之中，細微之事，跡雖未形，而幾則已動。人雖不知，而己獨知之，是以君子於此尤加謹焉。」

周子所謂「幾善惡」。

《通書》云：「幾善惡。」朱子云：「幾者，動之微，善惡之所由分也。蓋

〔註7〕「右」，余氏勤有堂本、日本正保四年本作「古」。
〔註8〕「三」，清鈔本作「王」。
〔註9〕文淵閣四庫本無「於」字。

動於人心之微，則天理固當發見，而人慾亦已萌乎其間矣。」《語錄》云：「天理人欲之分，只爭些子，故周子只管說幾字，然辨之又不可不早，故橫渠每說豫字。」又云：「《通書》極力說個幾字，儘有警發人處，近則公私邪正，遠則廢興存亡，只於此處看破，便斡轉了。」

綴衣，幄帳也。

王氏曰：「綴衣，其衣連綴，帷幄之屬。在旁曰帷，在上曰幕，四合象宮室曰幄，幄上承塵曰帟。」

群臣既退，徹出幄帳於庭。

《正義》云：「王先在幄帳中，發命訖，反寢處，遂徹出之，將欲為死備也。庭，路寢之庭也。」

《喪大記》云：「疾病，君徹懸，東首於北墉下。」

懸，樂懸也，鐘磬之在簨簴者。天子宮懸，諸侯軒懸，非謂幄帳也。墉音容，《記》一作「牖」。

於其明日，王崩。

《皇極經世書》成王在位三十七年，起丙戌，盡壬戌。成王十三即位，壽五十也。

唐穆、敬、文、武以降，閹寺執國命，易主於宮掖，而外庭猶不聞。

唐穆宗，中尉梁守謙、王守澄所立也。敬宗為蘇佐明所弒，王守澄復迎立文宗。文宗以敬宗子成美為太子，宦者以為立不由己，廢之，而立穎王瀍，是為武宗。武宗疾篤，子幼，宦官定策禁中，立憲宗子怡，是為宣宗。宣宗崩，宦者立鄆王溫，是為懿宗。懿宗崩，宦官立其少子儼，是為僖宗。僖宗有疾，宦者立壽王傑為太弟，是為昭宗。昭宗遇弒，朱全忠立幼子祚為哀帝，而唐遂滅。

伯相，召公也。召公以西伯為相。

時分天下為左右，以三公領之，曰二伯。《樂記》云：「五成而分陝，周公左，召公右。」蓋自陝以東，周公主之；自陝以西，召公主之，故召公為西伯。周公卒，畢公繼為東伯也。

狄人設階，蓋供喪役而典設張之事者也。

據《禮記》「狄人設階」，蓋設梯升屋，號復之事也。此「設黼扆綴衣」，是典設張之事也。

設黼扆帳幄，如成王生存之日。

《正義》云：「經於四座，上言『設黼扆綴衣』，則四座皆設也。先施屏風於前，又施帳幄於上。」愚謂：四座雖當皆設幄帳，惟黼扆當止設戶牖間一處，餘三座不當設也。

此平時見群臣、覲諸侯之坐。

此據古注，而古注則據《周禮·司几筵》，云：「大朝覲，設黼依，加次席黼純，左右玉几。」故知此亦然也。

天子之席三重。

《周禮》文也。《正義》云：「此四座皆言『敷重』，但舉其上席而言，知其下更有席也。牖間之坐，即《周禮》扆前之座。篾席之下二重，其次是繅席畫純，其下是莞筵紛純。〔註10〕其餘三座，《禮》無其事可推，其為三重，但不知其下二重是何席耳。」

篾席，桃竹枝席也。

此據古注也。竹枝，字當乙。《周禮·春官·司几筵》云：「加次席黼純。」《注》云：「次席，桃枝席，有次列成文者。」《爾雅》云：「桃枝四寸有節。」《疏》云：「竹相去四寸有節者，名桃枝。」戴凱之《竹譜》云：「桃枝堪為簟。」又《竹記》云：「桃枝竹皮滑，可為簀。」《南越志》云：「出南海縣，緣海而生。」

黼，白黑雜繒。

雜，言白、黑二色相雜也。《考工記》云：「白與黑謂之黼。」

純，緣也。

純，之尹反。緣，于絹反。

《周禮》：「吉事變几，凶事仍几。」

《司几筵》文也。吉事，祭禮。凶事，喪禮也。變，更也。

旦夕聽事之坐。

亦據古注。《正義》云：「西序之坐，在燕饗坐前，以其旦夕聽事，重於燕飲，故西序為旦夕聽事之坐。」

底席，蒲席也。

《正義》引王肅云：「底席，青蒲席也。」

〔註10〕「筵」，余氏勤有堂本、日本正保四年本、清鈔本作「莚」。

綴，雜彩。

《正義》云：「綴者，連綴諸色。席必以彩為緣，故以綴為雜彩也。」

文貝，有文之貝。

《正義》云：「貝者，水蟲，取其甲以飾器物。《釋魚》於貝之下云：『餘蚳，黃白文。餘泉，白黃文。』李巡曰：『貝甲以黃為質，白為文彩，名餘蚳。以白為質，黃為文，名餘泉。』有文之貝，謂此也。」

養國老、饗群臣之坐。

《正義》云：「案《燕禮》云：『坐於阼階上，西嚮。』則養國老及饗與《燕禮》同。」故知之。

豐席，筍席也。

「筍」字必誤。下文「西夾南嚮」，自有筍席，此不應又訓豐席為筍席也。據古注，訓豐席為莞，此筍席亦當為莞席，傳寫誤也。《正義》云：「《釋草》云：『莞，苻離。』《詩》云：『下莞上簟。』莞，《周禮》音官。《爾雅疏》云：「《本草》：『白蒲，一名苻離，楚謂之莞。』《斯干》鄭《箋》云：『莞，小蒲也。莞、蒲，一草之名，而《司几筵》有莞筵、蒲筵，則蒲有大小之異，為席有精有粗，故得為兩種席也。」《爾雅疏》又云：「鼠莞，纖細似龍須，可以為席。」

親屬私燕之坐。

《正義》云：「夾室之坐，在燕饗坐後，是隱映之處。親屬輕於燕饗，故夾室為親屬私燕之坐也。」

筍席，竹席也。

古注云：「筍，蒻竹。」《正義》云：「《釋草》云：『筍，竹萌。』孫炎曰：『竹初萌生謂之筍。』是筍為蒻竹，取筍竹之皮以為席也。」

牖戶之間謂之扆。

《爾雅·釋宮》文也。郭璞云：「窗東、戶西也。」

天子負扆朝諸侯。

如上文「牖戶之間」，是以地言。此又云「負扆」者，是以器言也。《正義》云：「《禮》有斧扆，形如屏風，畫為斧文，置於扆地，因名為扆。故先儒相傳黼扆在戶牖之間。」愚謂：據《爾雅》，則扆自是戶牖間地名，以屏置其地，因亦名屏為扆。以所畫之色言，則曰黼扆；以所畫之形言，則曰斧扆；以天子所倚立而言，則曰負扆；以天子之位而言，則曰當扆而立。

赤刀，赤削也。

《考工記》云：「築氏為削，長尺博寸，合六而成規。」《注》云：「今之書刀也。」《正義》云：「謂之赤刀者，其刀必有赤處。」又云：「赤刀者，武王誅紂時刀，赤為飾，周正色也。」

文、武之訓，亦曰大訓。

以前成王《顧命》言「嗣守文、武大訓」。

琬琰，圭名。

見《考工記》。琬圭、琰圭，皆長九寸。東齋陳氏云：「琰有鋒芒，琬無鋒芒。」

夷，常也。

大玉、常玉，皆玉璞未琢，故不以禮器名之。

球，鳴球也。

《益稷》傳云：「鳴球，玉磬名也。」《正義》云：「玉色如天，故曰天球。」

河圖，伏羲時，龍馬負圖，出於河，「一、六位北，二、七位南，三、八位東，四、九位西，五、十居中」者。

謂馬負圖，必有文在其背，不應別有一物。想如今之點數，具於馬背毛色耳，時必著之竹帛，謂之河圖也。一、六位北，北方者，水之數，一生水，六成水也。二、七位南，南方者，火之數，二生火，七成火也。三、八位東，東方者，木數，三生木，八成木也。四、九位西，西方者，金數，四生金，九成金也。五、十居中，中央者，土之數，五生土，十成土也。《易‧繫辭》云：「河出圖，洛出書，聖人則之。」孔安國、劉歆皆言伏羲則河圖而畫八卦。八卦之位，其橫圖則太極生兩儀，兩儀生四象，四象生八卦。八卦之次，乾一、兌二、離三、震四、巽五、坎六、艮七、坤八。其圓圖位次，則乾南、坤北、離東、坎西、兌東南、震東北、巽西南、艮西北。所謂四象者，老陽，金象，居一含九；少陰，木象，居二含八；少陽，火象，居三含七；老陰，水象，居四含六。然以此象數考之河圖，則火、金易位，不為吻合，故劉牧以洛書九宮四十五數為河圖，而以此河圖五十五數為洛書。蔡西山、朱夫子皆不之從，以十為河圖，九為洛書，其詳說具《啟蒙》矣。自來先儒傳說，伏羲則河圖而畫八卦，神禹則洛書而敘九疇，夫子於《大傳》獨載五十有五之數，而不及四十有五之數，則足證五十五者，果河圖也。天一、地二，天三、地四，天五、

地六，天七、地八，天九、地十，天數五，地數五，五位相得，而各有合。天數二十有五，地數三十，凡天地之數，五十有五，此所以成變化而行鬼神也。朱子曰：「此一節，夫子所以發明河圖之數也。天地之間，一氣而已，分而為二，則為陰陽，而五行造化，萬物終始，無不管於是焉。故河圖，一與六共宗而居乎北，二與七為朋而居乎南，三與八同道而居乎東，四與九為友而居乎西，五與十相守而居乎中。蓋其所以為數者，不過一陰一陽，一奇一偶而已。陽數奇，故一、三、五、七、九皆屬乎天；陰數偶，故二、四、六、八、十皆屬乎地。積五奇而為二十五，積五偶而為三十，合是二者而為五十有五，此河圖之全數也。虛五與十，太極也。奇數二十，偶數二十者，兩儀也。以一、二、三、四為六、七、八、九者，四象也。析四方之合，〔註11〕以為乾、坤、離、坎；補四隅之空，以為兌、震、巽、艮者，八卦也。《大傳》又曰：「大衍之數五十，其用四十有九。」朱子云：「大衍之數五十云者，以天地之數五十有五，除出金、木、水、火、土五數，並天一，便用四十九。數家之說多不同，此說卻分曉。」又云：「河圖自天一至地十，積數凡五十有五，而其五十者，皆因五而後得，故五虛中，若無所為，而實乃五十之所以為五十也。」

　　大貝如車渠。

　　《正義》引伏生《書傳》云：「散宜生之江、淮，取大貝，如大車之渠。」是言大小如車渠也。《考工記》謂車罔為渠。大小如車罔，其貝形曲如車罔，故比之也。

　　王之五輅。 輅，《周禮》作「路」。

　　見《春官》巾車之職。玉路、金路、象路，謂以玉、以金、以象飾諸末。革路，鞔之以革而漆之。木路，不鞔以革，漆之而已。鞔，莫干反。

　　成王殯在西序。

　　《禮記》云：「周人殯於西階之上。」

　　弁，士服。冕，大夫服。

　　《正義》云：「垂旒為冕，無旒為弁。弁、冕，版皆廣八寸，長尺六寸，前圓後方。」楊信齋云：「冕前後有旒，低前一寸二分，故取其俛，而名曰冕。弁制無旒，又前後平，故名弁。用布升數取冠倍之義，朝服十五升，冕用三十升。」

〔註11〕「析」，日本正保四年本作「折」。

雀弁，赤色弁也。綦弁，以文鹿子皮為之。

《正義》云：「雀弁，色赤而微黑，如雀頭也。阮諶《二禮圖》云：『雀弁，以三十升布為之。』」愚謂：文鹿子皮者，其皮有文，如今鹿皮赤質白文者也。既以鹿皮為弁，其制必不用版，安國亦以雀弁為韋弁，蓋以《周禮·司服》云：「凡兵事，韋弁服。」此人執兵，宜以韋為之也。

堂廉曰阰。

《正義》云：「廉，稜也。所立在堂下，近於堂稜。」

惠，三隅矛。劉，鉞屬。戣、瞿，皆戟屬。

《正義》云：「惠狀蓋斜刃，宜芟刈。戈，即今之句子戟。劉，蓋今鑱斧。鉞，大斧。戣、瞿，蓋今三鋒矛。《周禮》戈長六尺六寸，其餘未聞長短之數。古今兵器，名異體殊，此等形制，皆不可得而知也。」

《周書》曰：「一人冕，執銳。」

《說文》所引《書》，皆古文之舊，故從之。然其餘所引不同者，尚多有之。

東西垂，路寢東西序之階上也。

古語「坐不垂堂」，以切近階也。

側堦，北陛之階上也。

《正義》云：「堂北惟一階，側猶特也。」

古者執戈戟以宿衛王宮，皆士大夫之職。

呂氏云：「凡弁，士也，皆立堂下。冕，大夫也，皆立堂上。」

下及秦、漢，陛楯執戟。又云周廬陛楯。

衛宏《漢官舊儀》云：「五官中郎將、左右中郎將、郎中令，秩皆比二千石。左車將、右車將、左戶將、右戶將，皆比千石，屬光祿勳，與大夫、諫議大夫同列，皆侍宿衛禁中。」班固《西都賦》云：「陛戟百重，周廬千列。」李善引《漢書》云：「武士陛戟，陳列殿下。」《史記》云：「周廬設卒甚謹。」張晏曰：「直宿曰廬。」

椎埋囂悍之徒。

《前漢·趙肅王傳》云：「椎埋攻剽。」師古曰：「椎殺而埋之。」

麻冕，三十升麻為冕也。「升麻」之「麻」當作「布」。

朱子云：「三十升布為之，升八十縷，則其經二千四百縷矣。」愚案：麻冕用三十升布，上染玄，下染纁，以衣其版。

康王吉服。

蘇氏曰：「麻冕之裳四章，此獨用黼，示變也。」《正義》云：「王麻冕者，蓋袞冕也。《周禮》：『享先王則袞冕。』衣五章，裳四章，則袞衣之裳，非獨有黼。言黼裳者，以裳之章色黼黻有文，故特取為文。《詩·采菽》之篇言王錫諸侯云：『玄袞及黼。』以黼有文，故特言之。」

蟻，玄色。

《正義》云：「《禮》祭服皆玄衣纁裳。纁，赤色之淺者。蟻，色玄如蟻。」

太宗，宗伯也。

時彤伯為之，又稱上宗，即《周禮》大宗伯之職。

彤，纁也。

祭服皆玄衣纁裳。

太保受遺。

受成王臨崩前一日之遺命。

太史奉冊。

成王顧命之言，先已書之於冊，於此奉之，以進康王。

太宗相禮。

宗伯掌邦禮。

大圭，天子之守，長尺有二寸。

《考工記·玉人》云：「鎮圭尺有二寸，天子守之。」

瑁，方四寸，邪刻之，以冒諸侯之圭璧，以齊瑞信也。

《考工記》云：「天子執冒四寸，以朝諸侯。」

奉符寶以傳嗣君。

符指瑁，寶指介圭。

受同以祭。宿，進爵也。

祭，祭成王也。進爵，以爵進成王神座之前也。

吒，奠爵也。

新安陳氏曰：「吒有兩說。孔氏以為奠爵，諸儒多因之。蘇氏以為至齒不飲，與『嚌』同義。初疑吒字從口，意蘇說為是。及考字書，方知『咤』與『吒』同。叱，怒也。《禮記》『無咤食』，亦怒也。『詫』與『咤』同，陟駕

反，祭奠酒爵也。咤本㲉字，傳寫訛耳。孔《注》音釋下有云『《說文》作㲉』，由此觀之，則『咤』訓奠爵，不可易也。」

酢，報祭也。

新安胡氏曰：〔註12〕「報祭者，亞祼之類，即今之亞獻也。」

〔註12〕「胡」，文淵閣四庫本作「陳」。

書蔡氏傳旁通卷第六下

康王之誥

一曰皋門。

在外第一門，建皋鼓，詢事弊訟，朝士掌之。

二曰雉門。《周禮圖》作「庫門」。

自外入內第二門也，有寶藏之所。

三曰庫門。《圖》作「雉門」。

自外入內第三門也。畫雉，居五門之中，又曰中門，旁有兩觀，後有明堂。

四曰應門。

自外入內第四門也，建應鼓，又曰朝門。

五曰路門。路門，一曰畢門。

自外入內第五門也，又曰虎門，下建路鼓。

外朝在路門外，則應門之內，蓋內朝所在也。「內朝」當作「外朝」。

路門之外，即應門之內，實外朝所在也，又謂之治朝。經言「王出」，蓋出路門也。內朝在路門裏，《傳》文不得言應門內有內朝也，傳寫誤耳。

自陝以東。

陝於周時在虢國封內。今河南府路陝州也。

羑里。

在相州，今彰德路也。

成王初崩，未葬未諡，故曰「新陟王」。

新陟，後世謂之「大行」。

好惡在理不在我。

程子所謂「喜怒在事，則理之當喜怒者也」。又言：「顏子之怒，在物不在己。若舜之誅四凶也，可怒在彼，己何與焉？如鑑之照物，妍媸在彼，隨物應之而已。」

後世墜先王之業，忘祖父之讎，上下苟安，甚至於口不言兵，亦異於召公之見矣。

蔡氏此言，蓋有感而垂戒。周幽王為申侯、犬戎所殺，晉文侯迎立平王於申，遷於東都。西周故宮，鞠為禾黍，而平王以申侯立己為有德，而忘其弒父為當誅。及其錫命文侯，則曰「其歸視爾師，寧爾邦，柔遠能邇，惠康小民」，則其口不言兵可見矣。蔡氏固有感於此，其意又在於建炎、紹興之事也。

《春秋》嗣王在喪，亦書名。

昭公二十二年夏四月，景王崩，王子猛在喪，《春秋》書曰：「劉子、單子以王猛居於皇。秋，劉子、單子以王猛入王城。冬十月，王子猛卒。」《曲禮》云：「天子未除喪，曰予小子，生名之，死亦名之。」

孔子曰：「將冠子，未及期日，而有齊衰大功之喪，則因喪服而冠。」

見《曾子問》，《疏》云：「因喪服而冠者，因著喪之成服，而加喪冠也。」

蘇氏曰：「成王崩，未葬，君臣皆冕服，禮歟？曰：非禮也。」

《朱子語錄》：「潘子善問：『康王釋喪服而被袞冕，諸家皆以為禮之變，獨蘇氏以為失禮，使周公在，必不為此。未知當此際合如何區處？』先生曰：『天子、諸侯之禮，與士庶人不同，故《孟子》有「吾未之學」之語，蓋謂此類耳。如《伊訓》元祀十有二月朔，亦是新喪，伊尹已奉嗣王祗見厥祖，固不可用凶服矣。漢、唐新主即位，皆行冊禮，君臣亦皆吉服，追述先帝之命，以告嗣君。《韓文外集·順宗實錄》中有此事可考。蓋易世傳授，國之大事，當嚴其禮，而王侯以國為家，雖先君之喪，猶以為己私服也。五代以來，此禮不講，則始終之際，殊草草矣。』」○朱子又云：「康王釋斬衰而服袞冕，於禮為非。孔子取之，又不知如何。設使制禮作樂，當此之職，只得除之。」

畢命

《豐刑》。

孟康曰：「《逸書》篇名。」鄭玄云：「有冊霍侯之事，皆妄作也。」愚案：妄作者，但記聞《畢命》篇首數句有「自宗周至於豐」之文，謂康王在豐命畢公，故其書曰《畢命豐刑》，非《畢命》篇外別有《豐刑》篇也。

成周，下都也。

在瀍水之東，處商民之地。

十二年曰紀。

既歷三紀，三十六年也。成王即位七年，而周公始留治洛，治之七年，而周公薨。成王命君陳，繼周公之後。成王在位凡三十七年，則在成王時，君陳治洛凡二十三年；在康王時，又治十二年，而後命畢公，則通周公、君陳治東郊以來至此時，四十二年矣。言三紀者，舉大數也。

畢公輔導四世。

四世，文、武、成、康也。以年逆計之，康王此時已在位十二年，成王在位三十七年，武王十三年伐紂，克商後七年而崩，通二十年，則畢公自武王即位以來，已歷六十九年矣，又加之以在文王之時已為大臣，則此時必九十餘歲，可謂國之元老矣。

君牙

王，穆王也，康王孫，昭王子。

昭王名瑕，穆王名滿。

欲君牙以其祖考事先王者事我。

成、康之時，芮伯為司徒。此云「纘乃舊服，無忝祖考」，又曰「由先正舊典時式」，則君牙之祖父必嘗為周司徒矣，然則君牙或芮伯之子孫歟？不然，下文何故曰「追配於前人」？後世鄭武公父子並為周司徒，亦如此類。

弘敷者，大而布之也。式和者，敬而和之也。

即舜命契「敬敷五教在寬」之意。

司徒，兼教養之職。

即「既富之而後教之」之意。小民怨咨，而自傷其生之艱難，則救死恐不贍，奚暇治禮義哉？

冏命

穆王卒章之命，望於伯冏者深且長矣。此心不繼，造父為御，周遊天下，將必有車轍馬跡。導其侈者，果出於僕御之間？抑不知伯冏猶在職乎否也？

《史記》云：「蜚廉之後有造父，以善御幸於周繆王。繆音穆。得驥、溫驪、驊騮、騄耳之駟，西巡狩，樂而忘歸。徐偃王作亂，造父為繆王御，長驅歸周以救亂。」《左傳・昭公十二年》楚右尹子革對楚靈王曰：「昔穆王欲肆其志，周行天下，將皆必有車轍馬跡焉。祭公謀父作《祈招》之詩，以止王心，王是以獲沒於祗宮。其詩曰：『祈招之愔愔，式昭德音。思我王度，式如玉，式如金。形民之力，而無醉飽之心。』」

呂刑

書傳引此多稱《甫刑》，《史記》作「甫侯言於王，作修刑辟」，呂後為甫歟？

顏師古曰：「呂侯為周穆王司寇，作贖刑之法，謂之《呂刑》。後改為甫侯，故又稱《甫刑》。」孔穎達云：「呂侯子孫後改封甫，如《詩》云『與我戍甫』。穆王時未有甫名，後人以子孫國號名之，追稱《甫刑》。若叔虞封唐，子孫封晉，而《史記》作『晉世家』。」林氏曰：「呂與甫，猶荊與楚，殷與商。」

蚩尤始開暴亂之端。

古注云：「九黎之君，號曰蚩尤。」《史記注》應劭曰：「蚩尤，古天子。」臣瓚曰：「《孔子三朝記》曰：『蚩尤，庶人之貪者。』」《索隱》云：「此《紀》云『諸侯相侵伐，蚩尤最為暴』，則蚩尤非天子也。又《管子》曰：『蚩尤受盧山之金而作五兵。』明非庶人，蓋諸侯號也。」

苗民承蚩尤之暴。

《正義》云：「三苗之主，實國君也，頑凶若民，故謂之苗民。」

重，少昊之後。黎，高陽之後。重即羲，黎即和也。

此承上文，言帝舜之事，知「乃命」為帝舜之命。又據《楚語》「堯復育重黎」之說，遂依古注，訓重即羲，黎即和也。《史記索隱》曰：「據《左氏》，重是少昊之子，黎乃顓頊之胤。」

按《國語》曰：「少皥氏之衰，九黎亂德。」

見《楚語》，昭王問於觀射父曰：「《周書》所謂重、黎實使天地不通者，

何也？若無然，民將能登天乎？」對曰：「非此之謂也。古者民神不雜。民之精爽不攜貳者，而又能齊肅衷正，則神明降之。在男曰覡，在女曰巫。是使制神之處位次主，而為之牲器時服，於是乎有天地神民類物之官，謂之五官，各司其序，不相亂也。民是以能忠信，神是以能有明德，民神異業，敬而不瀆，故神降之嘉生。及少皞之衰也，九黎亂德，九黎，黎氏九人。民神雜糅，不可方物。夫人作享，夫人，人人也。家為巫史，無有要質。民匱齊盟，無有嚴威。神狎民則，不蠲其為。嘉生不降，無物以享。禍災薦臻，莫盡其氣。氣，受命之氣。顓頊受之，乃命南正重司天以屬神，南，陽位。正，長也。司，主也。屬，會也。所以會群神，使各有分序，不相干亂也。《周禮》則宗伯掌祭祀。命火正黎司地以屬民。唐尚書云：「火正，當為北。北，陰位也。」《周禮》則司徒掌土地人民也。使復舊常，無相侵瀆，是謂絕地天通。〔註1〕其後，三苗復九黎之德，其後，高辛氏之季年也。三苗，九黎之後也。高辛氏衰，三苗為亂，行其凶德，如九黎之為也，堯興而誅之。堯復育重、黎之後，不忘舊者，使復典之。育，長也。堯繼高辛氏，平三苗之亂，繼育重、黎之後，使復典天地之官，羲氏、和氏是也。以至於夏、商，故重、黎氏世敍天地，而別其分主者也。」

火正黎。

新安陳氏曰：「北正黎，或作『火正黎』。北字與火字相似，又黎以北正兼火正，黎即祝融也。所以秘注《楊子》曰：〔註2〕『北正黎即火正黎也。』『北正』對『南正』為是。」愚案：《月令》「孟夏，其神祝融」，鄭《注》云：「祝融，顓頊氏之子曰黎，為火官。」陳說是也。

禹平水土，以定民居。

愚案：「主名山川」者，即《爾雅》所謂「從《釋地》以下至九河，皆禹所名」是也。

命皋陶為士，制百姓於刑辟之中，所以檢其心而教以祗德也。

新安陳氏曰：「鰥寡得言其害於清問之下，其無蓋可知。《表記》引『德威惟畏，德明惟明』，繼之曰：『非虞帝，其孰能如是乎？』則皇帝為舜明矣。夫舜不輕於用刑也，〔註3〕先命重、黎，絕地天褻瀆之禮；次命伯夷，降天地

〔註1〕通志堂經解本、文淵閣四庫本無「絕」字，據余氏勤有堂本、日本正保四年本、清鈔本補。

〔註2〕「楊」，余氏勤有堂本、日本正保四年本、清鈔本作「揚」。

〔註3〕「用刑」，余氏勤有堂本、日本正保四年本、清鈔本作「刑用」。

人之禮；又命禹除民害，稷興民利，夫然後始命皋陶以刑，且本之以威明之德，繼期民以祗德、勤德。刑之本，必主於德，而刑之用，必合於中。德與中，為《呂刑》一篇之綱領，繼此曰『惟克天德』，曰『以成三德』，曰『有德惟刑』，無非以德為本也。曰『觀於五刑之中』，曰『中聽獄之兩辭』，曰『罔非在中』，曰『咸庶中正』，曰『非德於民之中』，曰『咸中有慶』，無非以中為用也。刑必合於中而後刑，即所以為德。以此意讀《呂刑》，其庶幾乎？」

後漢楊賜拜廷尉，自以世非法家。

賜，震之孫，事見《震傳》。「蓋吝之也」，《注》云：「吝，恥也。」

格，至也。

《正義》云：「格訓至。至命，不知何命。」新安胡氏曰：「下文有『敬逆天命』，此則當云庶幾有以感格天命。」

戒固善心也，而用刑豈可以或戒也哉？〔註4〕

言欲其無時而不戒也。苟或戒而或不戒，則不勤而刑不當矣。

及，逮也。

逮，連捕也。蘇氏曰：「罪非己造，為人所累，曰及。秦、漢間謂之逮。」

《周官》「以兩造聽民訟」。

《大司寇》云：「以兩造禁民訟，入束矢於朝，然後聽之。」

審克者，察之詳而盡其能也。

呂氏云：「審者，察之盡其心。克者，治之盡其力。」

《周禮》所謂「色聽」。

《小司寇》：「以五聲聽獄訟，求民情，一曰辭聽，觀其出言，不直則煩；二曰色聽，觀其顏色，不直則赧然；三曰氣聽，觀其氣息，不直則喘；四曰耳聽，觀其聽聆，不直則惑；五曰目聽，觀其眸子，〔註5〕視不直則眊然。」

墨，刻顙而涅之也。劓，割鼻也。剕，刖足也。宮，淫刑也，男子割勢，婦人幽閉。大辟，死刑也。

《正義》云：「五刑之名，見於經傳，唐虞已來，皆有之矣，未知上古起在何時也。漢文帝始除肉刑，其刻顙、截鼻、刖足、割勢，皆法傳於先代，孔君親見之。《說文》云：『顙，額也。』墨，一名黥。先刻其額為瘡，以墨塞瘡

孔，令變色也。伏生《書傳》云：『男女不以義交者，其刑宮。』是宮刑為淫刑也。男子之陰名為勢，割去其勢，椓去其陰，事亦同也。婦人幽閉，閉於宮，使不得出也。本制宮刑，主為淫者，後人被此罪者，未必盡皆為淫。昭五年《左傳》，楚子以羊舌肸為司宮，非坐淫也。漢除肉刑，除墨、劓、刖、耳，宮刑猶在。隋開皇之初，始除男子宮刑，婦人猶閉於宮。辟，罪也。死是罪之大者，故謂死刑為大辟。」《周禮注》云：「丈夫割其勢，女子閉於宮中，若今宦男女也。刖，斷足也。周改『臏』作『刖』。」《周禮音義》云：「涅，乃結反。」

六兩曰鍰。〔註6〕

百鍰，六百兩也；倍二百鍰，一千二百兩也；倍差五百鍰，三千兩也；六百鍰，三千六百兩也；千鍰，六千兩也。《正義》云：「古人贖罪，皆用銅，或稱黃金，或稱黃鐵。」

屬，類也。三千，總計之也。《周禮·司刑》所掌五刑之屬二千五百，刑雖增舊，然輕罪比舊為多，而重罪比舊為減也。

《秋官·司刑》云：「掌五刑之法，以麗萬民之罪，墨罪五百，劓罪五百，宮罪五百，刖罪五百，殺罪五百。」《注》云：「《書傳》曰：『決關梁、踰城郭而略盜者，其刑臏。男女不以義交者，其刑宮。觸易君命，革輿服制度，姦軌盜攘傷人者，其刑劓。非事而事之，出入不以其道義而誦不詳之辭者，〔註7〕其刑墨。降畔寇賊，劫略奪攘矯虔者，其刑死。』此二千五百罪之目略也。」輕罪比舊為多者，墨、劓舊五百，今一千，各多五百也。重罪比舊為減者，宮、大辟舊各五百，今宮減二百，大辟減三百也。

讞獄。

讞，逆結反。《說文》云：「議罪也。」

此章文有未詳者，姑闕之。

愚以意詳之云：「民之亂，罔不中聽獄之兩辭」者，謂治民之道惟在於聽其兩辭，而得刑之中也。「無或私家於獄之兩辭」者，不可以私意鬻獄，而圖利其家於兩爭之人也。「獄貨非寶，惟府辜功」者，謂舞文得貨，非所為寶，不過自積其枉法之罪狀也。「報以庶尤」者，言罪惡貫盈，則天必降之百殃也。

〔註6〕清鈔本無「六兩曰鍰」四字。
〔註7〕「詳」，日本正保四年本作「祥」。

「永畏惟罰」者，言深長思之，所可畏者，惟刑罰之事也。「非天不中，惟人在命」者，言非天不以中道待人，惟人自取殃禍，惟天所命也。「天罰不極，庶民罔有令政在於天下」者，謂獄貨之人，天若不極罰之，則庶民不得蒙令善之政於天下也。此章蓋言有忠厚之德，而後可以聽訟。舞文弄法，刻剝以取貨者，亦必自受其禍也。

文侯之命

幽王為犬戎所殺，晉文侯與鄭武公迎太子宜臼立之，是為平王，遷於東都。

自穆王之後，歷共王緊扈、懿王囏、孝王辟方、夷王燮，屬王胡無道，國人畔之，王出奔晉之彘，二相共和十四年，而王崩於彘。宣王靜立，周室中興，崩，子幽王宮涅立，嬖褒姒，為犬戎所殺。《汲冢紀年》云：「自武王滅殷以來至此，凡二百五十七年矣。」愚案：自武至幽，凡十二世，王室三亂，穆之遠遊，屬之監謗，幽之褒姒。周室之微，其所由來者遠矣。宗周、豐、鎬之基，以至岐、邠之地，上自后稷，下逮文、武，千有餘年，興王之業，平王一旦捐之以畀秦，自是以後，關西之勢駸駸為東國患，不可復制，君子固不待王叔之稽首，〔註8〕而後知繼周之為秦也。○夏氏曰：「古今謂《書》自此篇以下，無復王者之誥命。然此乃平王初年《書》，錫命文侯，猶有天子之權。苟能自是振刷周道，亦未至盡墜。奈何至魯隱之初，在位且五十年，竟以不振，故孔子託始隱公，而《春秋》作焉。《書》終《文侯之命》，孔子猶有望於平王。《春秋》始於隱公，孔子蓋絕望於平王也。」

諸侯受錫命，當告其始祖，故賜鬯。〔註9〕諸侯有大功，賜弓矢，然後得專征伐。

《王制》云：「諸侯賜弓矢然後征，賜鈇鉞然後殺，賜圭瓚然後為鬯，未賜圭瓚，則資鬯於天子。」按《周禮》有鬱人，有鬯人。鬱，鬱金草也。鬯，黑黍之酒，名曰秬鬯，取和鬯之義。《鬯人》注云：「秬鬯，不和鬱者。」詳此，則秬酒本名秬鬯，加鬱金煮之，則名曰鬱鬯。蔡氏於《洛誥》直訓鬯為鬱金香草，蓋亦因和鬯得名也。《鬱人》注云：「築鬱金煮之，以和鬯酒。鄭司農云：『鬱，草名。十葉為貫，百二十貫為築，以煮之鐎子遙反。中，停於祭前。

〔註8〕「王叔」，日本正保四年本作「叔王」。
〔註9〕「賜」，文淵閣四庫本作「錫」。

鬱為草若蘭。」《疏》云:「案《王度記》云:『天子以鬯,諸侯以薰,大夫以蘭芝,士以蕭,庶人以艾。』此等皆以和酒。諸侯以薰,謂未得圭瓚之賜,得賜則以鬯耳。《禮緯》云:『鬯草生庭,皆是鬱金之草,以其和鬯酒,因號為鬯草也。』」又按《本草》云:「鬱金香,十二葉,為百草之英。生大秦國,四月、五月採花,狀如紅藍花,即是香。十二葉為貫,捋以煮之,用為鬯,合而釀酒,以降神也。」

平王宜若衛文公、越勾踐然。

《左傳·閔二年》狄人侵衛,衛懿公戰於熒澤。衛師敗績,遂滅衛。宋威公逆諸河,宵濟。衛之遺民男女七百有三十人,益之以共、滕之民為五千人,立戴公以廬於漕。齊桓公使公子無虧帥車三百乘以戍漕。戴公卒,文公立。文公徙居楚丘,大布之衣,大帛之冠,務材訓農,通商惠工,敬教勸學,授方任能。元年革車三十乘,季年乃三百乘。哀元年,吳王夫差敗越於夫椒。越子勾踐以甲楯五千保於會稽,使大夫種因吳大宰嚭以行成。越及吳平,伍員諫,弗聽,退而告人曰:「越十年生聚,十年教訓。二十年之外,吳其為沼乎?」二十二年,越伐吳,棲吳王於姑蘇之山,自殺。勾踐已平吳,乃以兵北渡淮,與齊、晉諸侯會於徐州,致貢於周。周元王賜勾踐胙命為伯,諸侯畢賀,號稱霸王。

平王以申侯立己為有德,而忘其弑父為當誅,方將以復讎討賊之眾而為戍申、戍許之舉,其忘親背義,得罪於天已甚矣。

《揚之水》序云:「刺平王也,不撫其民,而遠屯戍於母家,周人怨思焉。」朱子曰:「先王之制,諸侯有故,則方伯連率,以諸侯之師討之。王室有故,則方伯連率,以諸侯之師救之。天子鄉遂之民,供貢賦,衛王室而已。今平王微弱,威令不行於天下,無以保其母家,乃勞天子之民,遠為諸侯屯守。故周人戍申者,以非其職而怨思也。又況申侯實啟犬戎,以致驪山之禍,乃平王及其臣民不共戴天之讎也。今平王知有母而不知有父,知其立己為有德,而不知其弑父為可怨,至使復讎討賊之師反為報施酬恩之舉,則其絕滅天理而得罪於民,又益甚矣。」又云:「申,今鄧州信陽軍之境也。甫、許,皆姜姓。許,今潁昌府許昌縣也。甫,即《呂刑》之『呂』,其地未詳。」

費誓

費,地名。

愚按:伯禽建國,今兗州曲阜縣也。費,今沂州費縣也。《寰宇記》沂在

兗州之東三百八十五里，費在沂之西北九十五里，曲阜在兗州之東三十里，是自曲阜至費邑，約二百六十餘里也。春秋之初，費自為國。《隱‧元年傳》曰：「費伯帥師城郎。」後為魯季氏之邑。《僖‧元年傳》曰：「公賜季友汶陽之田及費。」《論語》「使閔子騫為費宰」是也。然則伯禽時，費決非魯地，但魯為方伯，費在屬國之中耳。孔安國謂費為魯東郊之地，穎達附會，且言未出魯境，〔註10〕皆非也。伯禽之誓於費，如啟之誓於甘，湯於鳴條，武王於牧，皆臨敵境而後誓，所以申令吾將士。其時徐戎必寇費，故伯禽征之耳。

淮夷、徐戎並起為寇。

徐，州名，魯亦在徐州境內。淮夷，蓋自古有之，《禹貢》於徐州有淮夷蠙魚之貢，徐戎亦其類也。雖居中國，自為戎夷之俗，歷代帝王亦以戎夷待之，如後世之羈縻州縣也。伯禽分封於魯，實與為鄰，故此戎乘魯之新造，相挺而動，遠連商邑，近結奄民，周公故嘗征之，成王故嘗踐之，不知與此事先後如何耳。誓辭首以淮夷、徐戎並稱，甲戌則「惟征徐戎」，則此誓專為征徐戎而作也。然蠢茲戎夷為亂，必非一次，周公既沒，又復為亂。《禮記‧曾子問篇》子夏曰：「三年之喪卒哭，金革之事無辟也者，非與？」孔子曰：「吾聞諸老聃曰：『昔者魯公伯禽有為為之也。』」《注》云：「伯禽，周公子。有徐戎作難，喪卒哭而征之。」則在成王之十四年也。蔡氏於此引呂氏之說，則謂伯禽初封之時，而《洛誥》傳又謂《費誓》在周公東征之時，則伯禽就國已十年矣，終不可指其的年月也。

敹，〔註11〕縫完也。縫完其甲胄，勿使斷毀。

古注：「甲，鎧。胄，兜鍪。」《正義》云：「經典皆言甲胄，秦世以來始有鎧、兜鍪之文。古作甲用皮，秦、漢以來用鐵。鎧、鍪二字皆從金，蓋用鐵為之。鄭云：『敹，謂穿徹之。』謂甲繩有斷絕，當使敹理穿治之。」

敿楯，當有紛繫持之。

楯，即干，扞蔽之物。紛，即「紛帨」之「紛」，讀如焚。《周禮注》：「紛如綬，有文而狹。」孔穎達云：「繫紛於楯以為飾。」蔡氏謂繫而持之也。

攨，機檻也。

《正義》云：「攨以捕虎豹，穿地為深坑，又設機其上，防其躍而出也。

〔註10〕「未」，通志堂經解本作「夫」，據諸本改。
〔註11〕「敹」，余氏勤有堂本、日本正保四年本、清鈔本作「穀」。下同，不出校。

穽以捕小獸，穿地為深坑，入則必不能出，上不設機也。穽以穿地為名，攫以得獸為名。」

馬牛風逸。

《正義》云：「僖四年《左傳》云：『唯是風馬牛不相及也。』賈逵云：『風，放也。牝牡相誘謂之風。』然則馬牛風逸，因牝牡相逐，至於放逸遠去也。」

國外曰郊，郊外曰遂。天子六軍，則六鄉六遂。大國三軍，故魯三郊三遂也。

《司馬法》曰：「王國百里為郊。」《王制》注云：「百里之國，二十里之郊。七十里之國，九里之郊。五十里之國，三里之郊。」愚按：王國百里之郊，六鄉在焉。二百里為州，六遂在焉。五家為比，二十五家為閭，百家為族，五百家為黨，二千五百家為州，萬二千五百家為鄉，此一鄉之民數也。五家為鄰，二十五家為里，百家為酇，五百家為鄙，二千五百家為縣，萬二千五百家為遂，此一遂之民數也。五人為伍，二十五人為兩，百人為卒，五百人為旅，二千五百人為師，萬二千五百人為軍，此一軍之人數也。凡起軍，無過家一人。王國六軍，六鄉為正軍，六遂為副軍。大國三軍，〔註12〕三鄉出正軍，三遂出副軍。次國二軍，二鄉正，二遂副。小國一軍，一鄉正，一遂副。凡六遂之職，皆降六鄉一等，副亞於正也。凡一軍，伍長二千五百人，皆下士。在鄉為比長，亦下士也。在遂為鄰長，兩司馬五百人，皆中士。在鄉為閭胥，亦中士也。在遂為里宰，下士也。卒長百二十五人，皆上士。在鄉為族師，亦上士也。在遂為酇長，中士也。旅帥二十五人，皆下大夫。在鄉為黨正，亦下大夫也。在遂為鄙師，上士也。師帥五人，皆中大夫。在鄉為州長，亦中大夫也。在遂為縣正，下大夫也。軍將一人，皆命卿。〔註13〕在鄉為鄉大夫，亦卿也。〔註14〕在遂為遂大夫，中大夫也。此郊遂軍制之大數也。

秦誓

《左傳》：「杞子自鄭使告於秦。」

僖公三十年九月，晉文公、秦穆公圍鄭，鄭大夫佚之狐言於鄭文公，使燭之武見秦君曰：「越國以鄙遠，君知其難也，焉用亡鄭以陪鄰？」秦伯說，

〔註12〕「大」，日本正保四年本作「六」。
〔註13〕「卿」，日本正保四年本作「鄉」。
〔註14〕「卿」，日本正保四年本作「鄉」。

與鄭人盟，使杞子、逢孫、楊孫戍之，乃還，晉師亦去。三十二年冬，晉文公卒，杞子自鄭使告於秦曰：「鄭人使我掌其北門之管，若潛師以來，國可得也。」穆公訪其大夫蹇叔，蹇叔曰：「勞師以襲遠，非所聞也。」公辭焉，召百里奚之子孟明視，蹇叔之子西乞術及白乙丙，使出師伐鄭。過周，鄭商人弦高遇之，以牛十二犒師，且遽告於鄭。杞子奔宋，孟明曰：「鄭有備矣。」滅滑而還。晉原軫曰：「秦違蹇叔，天奉我也，必伐秦師。」欒枝曰：「未報秦施。」先軫曰：「秦不哀吾喪，而伐吾同姓，何施之為？」遂興姜戎。晉襄公墨衰絰。三十三年，夏四月，敗秦師於殽，獲秦三帥以歸。文嬴請三帥，使歸就戮於秦，公許之。秦伯曰：「孤違蹇叔，以辱二三子，孤之罪也，大夫何罪？」復使孟明為政。文二年，秦師復伐晉。晉侯禦之，先且居將中軍，戰於彭衙，秦師敗績。秦猶用孟明，增修國政。冬，晉伐秦，取汪及彭衙而還。三年，秦伯伐晉，濟河焚舟，取王官及郊。晉人不出，遂自茅津濟，封殽尸而還。遂霸西戎，用孟明也。君子是以知秦穆之為君也，舉人之周也，與人之壹也。孟明之臣也，其不解也，能懼思也。子桑之忠也，其知人也，能舉善也。

旅力既愆之良士，前日所詆墓木既拱者，我猶庶幾得而有之。

秦師出東門之外，蹇叔哭之曰：「孟子，吾見師之出，而不見其入也。」公使謂之曰：「爾何知中壽？爾墓之木拱矣。」古注云：「旅力，眾力也。」張氏曰：「眾力，如目力、耳力、手足之力，既愆已，皆不能及人也。」蓋言番番然老貌者，其眾力雖不能及人，前日謬以中壽詆之，今日思之，真良士也。蹇叔得不怨我，庶幾尚為我有乎？

射御不違之勇夫，前日所誇過門超乘者，我庶幾不欲用之。

秦師過周北門，左右免冑而下，超乘者三百乘。王孫滿尚幼，觀之，言於王曰：「秦師輕而無禮，必敗此。」蓋言仡仡然勇敢之夫，善射善御，而不違於法者，雖有超躍升車之力，然輕而無禮，不如旅力既愆者之善謀也。自今以往，自悔自艾，庶幾我不以此為欲乎？

勇夫我尚不欲，則辯給善巧言，能使君子變易其辭說者，我遑暇多有之哉？

此蓋深悔為杞子之言所惑，而失不用蹇叔之言也，故杞子奔齊而不敢復。此三節雖皆悔過之辭，然曰「我尚有之」「我尚不欲」，尚之辭，緩辭也，非決辭也。故卒用孟明而不見終謀於蹇叔，彭衙再敗，而猶未已焉，是蓋知悔而不知改者也。

　　蘇氏曰：「至哉！穆公之論此二人也。前一人似房玄齡，後一人似李林甫，後之人主監此足矣。」

　　《唐書》云：「玄齡當國，夙夜強勤，任公竭節，不欲一物失所。無媢忌，聞人善，若己有之。不以己長望人，取人不求備，雖卑賤，皆得盡所能。」玄宗時，張九齡由文學進，守正持重。林甫特便佞，得大任，每嫉九齡，陰害之。林甫有堂如偃月，號月堂，每欲排大臣，即居之，思所以中傷者。若喜而出，即其家碎矣。帝詔天下，士有一藝者，得詣闕就選。林甫恐士或斥己，即建言請委尚書省試問，御史監總，無一中程者。林甫因賀上，以野無留才。林甫居相位十九年，蔽欺天子耳目，諫官無敢正言者。杜璡再上書言政事，斥為下邽令。因以語動其餘曰：「明主在上，群臣將順不暇，亦何所論？君等獨不見立仗馬乎？終日無聲，而飫三品蒭豆，一鳴則黜之矣，後雖欲不鳴，得乎？」由是諫爭路絕。林甫疾儒臣以方略積邊勞，且大任，欲杜其本，以久己權，即說帝曰：「國家強富，而夷狄未滅者，由文吏為將，憚矢石，不身先，不如用蕃將。」帝然之，因擢安祿山、高僊芝、哥舒翰等為大將，卒蕩覆天下。帝之幸蜀也，裴士淹以辯得幸。肅宗在靈武，每命宰相，輒啟聞。及房琯為將，曰：「此非破賊才也。若姚元崇在，賊不足滅。」至宋璟，曰：「彼賣直取名耳。」因歷評十餘人，皆當。至林甫，曰：「是子妒賢嫉能，舉無比者。」士淹因曰：「陛下誠知之，何任之久邪？」〔註15〕帝默不應。

書序

　　小序雖出孔壁，然非孔子所作，蔡氏固不取之，猶存於卷末者，以其具百篇之目故爾。隸古本文，自《堯典》第一至《秦誓》五十八，中間《禹貢》《湯誓》《泰誓》不復更端。〔註16〕今虞、夏、商、周各有第一者，後人所次爾。今因小序次第，其目庶可一覽，而見百篇之舊，因以知存亡之相半云。

虞書
堯典第一
舜典第二
汩作第三　　亡〔註17〕

〔註15〕「邪」，余氏勤有堂本、日本正保四年本、清鈔本作「耶」。
〔註16〕「泰誓」，日本正保四年本作「秦誓」。
〔註17〕清鈔本無「汩作第三亡」五字。

畢命第九十四

君牙第九十五

冏命第九十六

呂刑第九十七

文侯之命第九十八

費誓第九十九

秦誓第一百

右百篇，存五十八篇，亡四十二篇。

《虞書》十六篇，亡十一篇，今存五篇。

《夏書》四篇，今皆存。

《商書》四十篇，亡二十三篇，今存十七篇。

《周書》四十篇，亡八篇，今存三十二篇。

陑在河曲之陽，鳴條在安邑之西。

《正義》云：「桀都安邑，即漢之河東郡安邑縣是也。」《史記》吳起對魏武侯云：「夏桀之居，左河濟，右太華，伊闕在其南，羊腸在其北，仁政不修，湯放之。」《地理志》云：「上黨郡壺關縣有羊腸坂。」在安邑之北，是桀都安邑明矣。陑在河曲之南，蓋今潼關左右。河曲在安邑西南，從陑向北渡河，乃東向安邑。鳴條在安邑之西，桀西出拒湯，故戰於鳴條之野。今安邑見有鳴條陌。上黨壺關，今潞州壺關也。河東安邑，今解州安邑也。古安邑城，在今解州夏縣。《寰宇記》雷首山，一名陑山，在河中府河東縣。此下《序》中地名，見前經文內者，茲不重注。

帝告。

新安陳氏云：「帝告，即帝嚳也。」

三朡，國名，今定陶也。

今曹州定陶縣也，有三朡亭。

大坰，地名。

《正義》云：「未知所在，當在定陶向亳之路。」

桐，湯葬地也。

《史記正義》云：「洛州偃師縣東六里，有湯冢，近桐宮。」又云：「尸鄉在偃師西南，東有城，太甲所放處也。」《寰宇記》云：「蒲州寶鼎縣，殷湯

陵，在縣北四十三里。後魏太和中，有縣人張恩破陵求貨。其陵下，先有石弩，以銅為鏃，盜開埏門，矢發，中三人，皆斃。恩更為他計，卒取得墓中物。其物多是鐘磬及諸樂器，再得其銘。恩恐人知，以銘投之汾水。後事泄，為主司所理，乃於水取其銘。銘曰：『吾死後二千年，終困於恩。』由是執事者不復深加其罪。劉向云：『湯無葬地。』蓋不練其處也。」愚案：此事不經，但其地則實耳。

囂、相在河北，耿在河東耿鄉。

《正義》云：「皇甫謐云：『仲丁自亳徙囂，在河北。或云：河南敖倉。』」相，即相州，今彰德路也，河亶甲所居。故殷城實在今滑州內黃縣內黃，元屬相州，改隸魏州，今又改隸滑州也。《史記索隱》：「河東皮氏有耿鄉。」《寰宇記》云：「蒲州龍門縣，古皮氏縣也。縣南十里，故耿城，殷王祖乙所都。」

傅巖。

在虞、虢之間，今名聖人窟。

武王觀兵。

觀，猶示也，古亂反。

馳車，戰車。革車，輜車，載器械、財貨、衣裝者也。

輜車，又名輦，人輓以行。《司馬法》曰：「夏后氏謂輦曰余車，殷曰胡奴車，周曰輜輦。輦一斧、一斤、一鑿、一梩、一鋤，二版、二築，十五人輓之。」

《司馬法》：「馳車七十五人，革車二十五人。」

《李衛公兵法》云：「周制，步卒七十二人，甲士三人者，以二十五人為一甲，一乘凡三甲，共七十五人也。」《曹公新書》云：「攻車七十五人，即馳車也。前拒一隊，一隊二十五人。左右角三隊，三隊共七十五人。守車一隊。守車，即革車也，一隊二十五人。炊子十人，守裝五人，廄養五人，樵汲五人，共二十五人。攻守二乘，凡百人。」即蔡氏所謂一兩也。又云：「諸家兵法，唯伍法為要，小列之五人，大列之二十五人，參列之七十五人。」

言「殺受立武庚」者，《序》自相顧為文。

顧，顧前後序也。《武成》序言「武王伐殷」，此序言「勝殷殺受」，《分器》序言「武王既勝殷」，是三《序》自相顧為文也。

宗廟彝尊也。

彝，酒尊也，上有虎蜼之狀，取其孝也。分與諸侯，如錫秬鬯二卣之類。

《史記》作「薄姑」。

《正義》云：「樂安博昌縣北有蒲姑城。」今按：博昌改為博興，舊屬青州，今改為博興州，為山東益都路支郡。

肅慎。

《後漢・東夷傳》：「挹婁，古肅慎之國，在夫餘東北千餘里，東濱大海，南與北沃沮接，不知其所極。」《五代・四夷附錄》云：「黑水靺鞨，本號勿吉，當後魏時見中國，其國東至海，南界高麗，西接突厥，北鄰室韋，蓋肅慎氏之地也。」

榮伯。

《史正義》云：「周同姓，畿內諸侯，為卿士。」

畢。

即畢原之地，在奉元路咸陽縣，文王、武王、周公墓皆在。

曲阜。

今兗州曲阜縣，其地古炎帝之墟，有大庭氏之庫。其阜委曲，長七八里，故名。古魯城凡十二門，上東門、鹿門、稷門、萊門、石門、子駒門，餘失不詳。

崤。

《正義》云：「在弘農澠池。」今河南路陝州澠池縣也。